新隐喻的诞生

一个强力新诗意象的认知研究

王诗客 著

中国国际广播出版社

前 言

诗歌隐喻本是文学研究的重要内容，有特别的功能指向，正如英国作家约翰·伯格（John Berger）所言："诗歌善于使用隐喻来发掘事物的相似之处，并不是为了进行比较（所有比较都带有等级性），也不是为了弱化事件的特殊性，而是为了用所有的共性来证明不可分割的整体性的存在。"[①]但是，自从概念隐喻理论把隐喻提升到概念的高度，开始有不少认知语言学家以诗歌隐喻为语料展开认知研究，这类研究的主要目的是证明这样一个观点：诗歌隐喻的认知机制本质上和日常隐喻是一样的。在一定的研究背景和历史条件下，这样的研究打开了隐喻研究的新维度，很有意义。但隐喻研究发展到今天，这样的研究又过于淡化了诗歌隐喻的特殊性。

本书主要以概念隐喻理论、概念整合理论、认知模型和文化模型等当代认知语言学理论为分析工具，结合批评隐喻分析等研究方法，在历时的维度上，对汉语新诗中祖国母亲的类型、生成及变迁进行描述，并在此基础上分别从认知机制、文化、社会的维度对这些描述和相关语料作出阐释。

本书的宏观架构如下：首先对诗歌隐喻研究的一般路径进行综述点评，指出传统诗学和认知诗学的成就和不足；在此基础上，引入批评隐喻分析，以界定本书的研究方法和研究问题。然后从表现类型和历史变迁两

---

① 伯格.简洁如照片［M］.祝羽捷，译.南宁：广西师范大学出版社，2021：142.

个方面对汉语新诗中涉及祖国母亲隐喻的语料进行呈现，为本书的对象提供一个全景式的隐喻学描述。对于前者，我们主要对关于祖国母亲隐喻的各种变式进行归纳和定量分析；对于后者，我们在对目标域进行语义溯源的基础上，采用了批评隐喻分析的方法，归纳各个不同历史阶段中祖国母亲隐喻的特点。之后，对汉语新诗中祖国母亲隐喻分别从语言认知、文化认知、社会认知三个维度进行了深度分析，得出如下结论。

首先，笔者从认知的角度考察"游子的母亲""受难的母亲""新生的母亲""复活的母亲"这几个隐喻的生成机制，发现这一系列的祖国母亲隐喻性表达在20世纪的嬗变，就是中国人家国意识变化的晴雨表。在它变换的过程中积累的祖国概念系统，至今仍然影响着中国人对祖国的认知行为。

其次，通过考证分析，笔者发现，中国传统的母亲的文化模型的要点是"孝"，能够教育出忠孝的子女——孝顺父母，忠于国家——"忠"其实是"孝"的社会化。由于文化模型对概念隐喻的重要作用，随着"祖国母亲"这个概念隐喻的不断深入和发展，传统母亲的文化模型中的要素借由祖国母亲隐喻辐射开来，深刻地影响了现代中国人的国家观念形成。

最后，笔者在研究语料和关注相关史料的过程中发现，近代以来，祖国母亲这一隐喻渐渐替代了"中国—狮子"这一隐喻，显示了帝国意识到民族国家意识的转变。在此基础上，根据前面的分析，可以得出这样的观察结论：祖国母亲隐喻作为近现代汉语中新出现的语言现象，其生成繁衍，积淀和记录了中国近现代以来的历史剧变的痕迹，与此同时，这个隐喻也渐渐形成某种影响着言说倾向的固定言语配置，促进了中国现代国家意识和中国爱国主义话语的生产和再生产，使之慢慢成为一种社会话语力量，规训着生活在汉语中的人们的国家观念。

通过对祖国母亲隐喻进行全景式描述和多维度的研究，本书呈现了该隐喻在一个历史时段里的基本图式，尽力勾勒出它与传统文化、历史语境、政治意识形态风尚和社会变革之间的微妙关系。以此可以帮助当下的人们重新认识在刚刚过去的近一百年里，是如何逐步形成今天左右着我们思维习惯的国家概念的，进而也反过来印证了认知语言学家提出的"我们赖以生存的隐喻"这一伟大命题。希望本书能提供以下几方面的认识。

第一，汉语新诗是白话汉语最为典型的体现之一，但很少被纳为汉语认知语言学的研究视野。在认知语言学刚刚兴起时，乔治·莱考夫（George Lakoff）和 R.吉伯斯（R. Gibbs）等认知语言学家都曾以诗歌为语料，前者分析诗歌中的概念隐喻，后者甚至直接指出，诗歌隐喻的认知机制和日常隐喻相同。本书以汉语新诗为语料分析祖国母亲隐喻，是基于对前人研究范式的本土化尝试。

第二，本书通过对汉语新诗中祖国母亲隐喻展开"两个方向、三个维度"的分析，讨论了祖国母亲隐喻的认知机制，得出如下结论：首先，现代中国人的国家观念中，包含了对传统国家观念的继承；其次，通过分析考察发现，一个隐喻的诞生、成长和变形都受到意识形态的影响和制约，同时，隐喻自身作为意识形态的语言展现，也参与和影响了意识形态的形成和运作。

本书亦存在许多问题，比如本书基于自建的语料库，该语料库中的语料主要是汉语新诗中涉及祖国母亲隐喻的诗歌作品。由于受客观条件限制，无法将所有语料都收集在内，这在一定程度上影响了本书分析的客观性和精确性。其次，受作者自身认识和水平之限，对祖国母亲隐喻的文化分析还显得粗浅，尤其是未能将中西文化比较的视野纳入讨论。

汉语新诗中的祖国母亲隐喻，除了本书所研究的维度，尚有许多有待开拓的研究视角。第一，从认知心理学的角度展开诗歌隐喻的情感功能研究。认知和情感是认知科学领域的两个关系密切、地位重要的概念，目前，有大量的研究从认知的角度来关注诗歌隐喻，但是鲜有研究关注诗歌隐喻的情感功能。如果能够为诗歌隐喻的情感功能提供实验数据，将会为本书讨论的诗歌隐喻研究打开一个新的维度。第二，中外诗歌中涉及祖国母亲隐喻的对比研究。这涉及比较语言学、比较文化学等诸多学科领域。

目 录
Contents

绪　论

汉语发展几千年，旧的表达被遗忘，新的表达被发明，循环往复，生生不息。在这些新旧表达交替中，中国人用不断发展的汉语描绘不断变化的世界。本书围绕一个"强力隐喻"展开，试图通过聚焦一个新诗隐喻，管窥蠡测，以点带面，透视百年间社会历史、语言文化观念的流变。

20世纪汉语新诗中，祖国母亲这一隐喻广泛分布。各种相关表述，历史变迁和表现类型丰富而复杂。本书拟从语言认知、文化认知、社会认知三个维度，探讨与该隐喻相关的诸多问题。本书采用的"强力隐喻"概念，借自德国哲学家汉斯·布鲁门贝格（Hans Blumenberg）。在《隐喻学范式》一书中他指出，西方文化的真理表述与"强力隐喻"或"绝对隐喻"之间有着复杂微妙的关系，比如光与真理、机械与近代西方哲学话语的关系等。受此启发，笔者认为对现代以来中国，关于个体与国家/民族关系的诸多隐喻表达中，祖国母亲堪称"强力隐喻"——它既蕴含了现代中国人的主观情感和集体无意识，也彰明了现代中国的客观遭遇。

汉语新诗与中国古典诗歌，常常被认为是两个彼此断裂的书写体系。经过数千年的发展，古典诗歌是"一种高度'成规'化的文学"，"在形式、技巧、情调等方面，拥有一套稳定的模式"。从19世纪后期到20世纪初，中国社会发生了巨大变化，原有诗歌形式逐渐难以满足人们的表达需求，"人的思想、意识、语言都处在动荡之中，许多异质的'新名物'与

'新经验'不断涌现","传统的诗歌形式不足以充分容纳这一切"，[①]因此，许多人提出新的诗歌主张。从黄遵宪的"我手写我口，古岂能拘牵"开始，到梁启超发动"诗界革命"，提出"然革命者，当革其精神，非革其形式。吾党近好言诗界革命。虽然，若以堆积满纸新名词为革命，是又满洲政府变法维新之类也。能以旧风格含新意境，斯可以举革命之实矣"[②]。之后，胡适提出"诗体的大解放"，认为"文学革命的运动，不论古今中外，大概都是从'文的形式'一方面下手，大概都是先要求语言文字文体等方面的大解放……新文学的语言是白话的，新文学的文体是自由的，是不拘格律的。初看起来，这都是'文的形式'一方面的问题，算不得重要。却不知道形式和内容有密切的关系。形式上的束缚，使精神不能自由发展，使良好的内容不能充分表现，若想有一种新内容和新精神，不能不先打破那些束缚精神的枷锁镣铐"[③]。尽管梁启超和胡适就形式与内容之变看法不同，但回望中国新诗发展，与古典诗歌相比，新诗的内容与形式确实发生了根本性变化，"汉诗写作从清末的'诗界革命'到五四时期的'诗体大解放'，经历了一个从旧到新的演变过程，其诗歌语言系统发生了近乎突变式的变易"[④]。因此，新诗之"新"，"不仅对应于一种新的语言、新的形式，更是对应于一种新的经验方式和新的世界观"[⑤]。

新隐喻的发明，则是这些变化中的一个重要"新"内容。近一百多年里，中国历经清末列强入侵、帝制结束后军阀混战、抗战和新中国的成立，接着是成立初期的曲折探索和改革开放等一系列重大历史事件。在一次次社会跌宕中，诗歌不断对个体与国家之间的关系进行思考和言说，其中暗含了中国现代社会、文化变化过程中的诸多密码。考察中国人的祖国

① 姜涛.新诗的发生及活力的展开［C］//谢冕，姜涛，孙玉石，等.百年中国新诗史略：《中国新诗总系》导言集.北京：北京大学出版社，2010：25.
② 梁启超.饮冰室诗话［M］.北京：人民文学出版社，1959：51.
③ 胡适.倡导与尝试［M］.哈尔滨：北方文艺出版社，2018：78.
④ PAN X X, LIU H T. "Uniformity" or "dispersion"?—the evolution of Chinese poetic word categories' distribution patterns［J］. Digital scholarship in the humanities，2021：662-681.
⑤ 姜涛.新诗的发生及活力的展开［C］//谢冕，姜涛，孙玉石，等.百年中国新诗史略：《中国新诗总系》导言集.北京：北京大学出版社，2010：27.

观念历程，对于重识中国现代化的本质，具有十分重要的现实意义。就现实而言，随着改革开放的不断深入、社会经济的高速发展，中国已成为名副其实的大国，在国际事务中扮演着越来越重要的角色。在这一背景下，有必要细致地追根溯源，深入认识祖国母亲隐喻蕴藏的社会历史文化内容，进而助力于更新中国形象的表达。

诗歌隐喻一直以来都是传统修辞学研究的重点之一。认知语言学兴起后，虽然隐喻的考察对象已经不再局限于诗歌隐喻，但诗歌隐喻依然是其重要内容。而目前，鲜有研究者以认知角度对这一重要的新诗隐喻展开讨论。

当然，讨论这个话题，诗歌不是可供分析的唯一文本，各个时期的政府公文、领导人演讲以及新闻报道等文本都可作为分析材料。本书选择诗歌文本有如下原因。一方面，诗歌和政府公文、新闻报道不同，它带有更强的个人色彩和自发性，或者说，处于不同历史的大背景下，个体的真实想法在自己所创作的诗歌文本中能够得到更加真实的体现。按亚里士多德（也译为亚里斯多德）的话说，诗的真实不同于历史的真实："诗倾向于带普遍性的事，而历史却倾向于记载具体事件。"① 因此，基于诗歌文本的分析结果从一定程度上更能超越时代具体语境的束缚。另一方面，在20世纪的历史进程中，汉语诗人大多兼为启蒙知识分子或社会精英，他们深入持续地参与了各种历史活动和话语的建设。他们精确敏锐地感受到社会激荡以及它带来的精神困惑，并将体验和感受用诗的文字表现。

一般而言，既然要探究中国人祖国概念的流变，应以汉语新诗中的祖国隐喻为分析对象，而本书只选取了涉及祖国的隐喻中的一个概念隐喻——祖国是母亲为研究对象，原因如下。首先，笔者经过梳理后发现，在现代汉语新诗涉及祖国的所有隐喻表达中，祖国母亲隐喻衍生出的相关表达占绝大部分。可以这样说，现代中国人的祖国观念，在很大程度上，是与"祖国是母亲"这个隐喻一起成长丰富起来的，许多其他表达都与此

---

① 亚里士多德.诗学［M］.陈中梅，译注.北京：商务印书馆，1996：81.

有直接或间接关联。因此，要了解中国人的祖国观念的流变，必须以此为研究重点。其次，经过分析发现，在汉语新诗中，"祖国是母亲"这一概念隐喻极富变化，在不同的历史条件和背景下，呈现不同特点，具有相当的分析价值和分析空间。

祖国母亲隐喻在现代汉语新诗中有着独特而重要的地位，它的重要性可以归纳为如下几个方面。

一、祖国母亲隐喻的繁衍和流行，丰富了汉语中"祖国"一词的概念网络和情感含义

在20世纪之前的汉语里，"祖国"是一个使用频率比较低的词语，经过了近一百年的流变，如今，它已经成为人们日常语汇的一部分，并成为中国人表达民族情感的一个重要主题词。其概念网络、隐喻含义通过汉语新诗的拓展，也得到了极大丰富。可以说，新诗中祖国母亲隐喻极大地丰富了"祖国"这个概念——它很大程度上塑造和凝聚了20世纪中国人对于祖国的形象感。

比如，1997年7月1日的《人民日报》的头版头条，曾以这样的方式来表述当时广受海内外瞩目的新闻事件："1997年7月1日零点，中华人民共和国国旗和香港特别行政区区旗在香港升起，经历了百年沧桑的香港回到祖国的怀抱，中国政府开始对香港恢复行使主权。"当时各种媒体都在复制和传达着这样一个主题和新闻事件。对于生活在汉语环境中的人来说，用"回到祖国的怀抱"来表达关于香港或澳门回归已是司空见惯的事，因为现代汉语教会了我们如何把抽象的、宏观的国家事件转换为与我们的切身经验更相关的事件。而在认知语言学的研究视野中，这句话非常值得深究。比如，现代汉语中何以产生"香港回到祖国的怀抱"这样一种表达方式？其中蕴藏着什么样的语言变迁的秘密风景和隐喻模型？

如法国年鉴学派历史学家们发现的那样，在一个比较长的时段里，我们更能看出一些看似细小的语言学现象是如何发挥自己的作用，"大由小

之"地参与和记录历史演变的痕迹。在认知语言学名著《认知语言学导论》中，德国认知语言学家弗里德里希·温格瑞尔（Friedrich Ungerer）和汉斯-尤格·施密特（H. J. Schmid）探讨了认知语言学理论的目标，其中比较重要的一条是经验观。所谓经验观，指的是一种针对词和其他语言结构的经验观，是描述我们对这个世界的体验的方法，简单地说，即当我们在造词、造句或者理解词句时，脑中到底浮现了什么画面。比如，20世纪40年代的诗人胡风说"祖国/忍受着面色的痉挛/和呼吸喘促"时，他是在把个体与祖国的关系转换为一种个体的身体经验。再比如，20世纪20年代郁达夫在日本海边哀鸣："祖国啊，你赶快强大起来吧，你的儿女正在受苦呢。"这句话背后的概念隐喻就是"祖国是母亲"。本书正是针对近一个世纪中的这些微观语言经验。

弗里德里希·温格瑞尔和汉斯-尤格·施密特指出："我们对世界共有的经验储存于我们日常使用的语言中，所以这种经验也可以从我们表达观念的方式中搜集。然而，为了打开这个矿藏，我们必须超出小句句型的'逻辑'并考察比喻性的语言，特别是隐喻。"[①]按照他们的指引，让我们继续端详"香港回到祖国的怀抱"这一表达。因为其中涉及一个重要的隐喻，即"祖国是母亲"。首先，在这一表达中，"回"的本义指的是一种物理移动，并特指某种目的地指向起始点的移动。显然，香港这个地方并没有发生物理学意义上的位移，不存在字面意义上的"回"，而是发生在观念世界里的"回"。也就是说，在这样的表述中，字面意义在偏离或反驳其描摹的对象图景，这种反驳和差异，正是由隐喻造成。此外，我们都知道，"香港回到祖国怀抱"，指的是香港的主权发生变化，这种变更最外在的表现是符号标志的变更，而符号系统的变更，是它们所支撑的事件变更的象征。比如，中华人民共和国香港特别行政区政府成立，香港政府大楼前面不再升起大不列颠及北爱尔兰联合王国国旗，取而代之的是中华

---

① 温格瑞尔，施密特.认知语言学导论：第2版［M］.彭利贞，许国萍，赵微，译.上海：复旦大学出版社，2009：2.

人民共和国国旗五星红旗和香港特别行政区区旗紫荆花红旗；香港的外交军事不再由英国政府掌管，而由中国政府掌管；中国人民解放军驻香港部队进驻香港，取代驻港英军接管香港防务；香港警察集体更换了帽徽、臂章等。

不见得每一个普通读者都详细了解类似细节，但没有人会误解上述新闻表达的意思。从这个例子中，可以看出祖国母亲隐喻在中国公共话语中的价值，以及诗歌隐喻对此的影响和贡献。中国人非常容易理解"香港回归祖国的怀抱"这一表达的概念背景。这个表达用我们熟悉的离家的孩子回到母亲怀抱的经验，来诠释香港主权归还中国这一事件。也就是说，中国的媒体是通过每一个个体置身其中的具体世界的共有经验，来传达这样一个重要历史事件的。

其次，从历史的角度看，到20世纪90年代，祖国与母亲之间的对举，已成为中国人在现代汉语中形成的普遍认知习惯。下面的材料可证明其"普遍性"。通过北京大学汉语语言学研究中心的现代汉语语料库检索，我们发现，"香港回归"和"祖国"相连的表达法超过534条；"香港回归"和"国家"相连的表达法为零；"香港回归"和"中国"相连的表达法为32条。而与此形成鲜明对照的，是在当时全世界各个英语媒体上，对此事件的描述多用"Hong Kong handover"，handover一词，意为"移交"，《剑桥高阶英汉双解词典》（*Cambridge Advanced Learner's Dictionary*）将handover解释为"the giving of control of or responsibility for something or somebody else"（把对某人某事的控制或责任交给其他人）。显然，这和"回归"所指有差别，handover强调的是控制者身份的变化，鲜有情感色彩。在这种区别中，似乎可以看到隐喻使用和传播中携带的隐形含义，以及身份、文化和政治认同的功能。

如果对现代汉语新诗中的祖国母亲隐喻有所了解的话，就会发现，香港、澳门的"回归"话语，直接承袭了《七子之歌》这样的爱国主义诗歌所发明的祖国母亲隐喻。

二、祖国母亲隐喻体现了不同文化的交互

就现代汉语新诗的发展而言，其诞生和成熟，与外国诗歌的引进有莫大的关系。如诗歌评论者所指出的，19世纪以来，"随着世界范围内的民族国家进程的加快，工业化进程，以及殖民主义和反殖民主义运动的起落，东西方先后都出现了形态各异的爱国主义诗歌。建立民族国家作为一个风靡世界的政治理想，让人类各族群的文化感和世界感中，渐渐大面积产生有关'祖国'的想象共同体，'祖国'作为衬托、覆盖乃至淹没个体的新的背景，成为与政治美学伦理对称的集体生活理想"①。在这样的背景下，不少新诗隐喻在汉语中的兴起和传播，也与中西语言和文化的碰撞相关。近代以来的世界民族国家运动，与诗歌中的浪漫主义运动，可谓步调一致，汉语新诗的主要发起者，大多受欧美浪漫主义诗歌的影响。在西方诗歌进入中国的同时，祖国母亲隐喻也随之而来。

现代中国兴起的过程，是从封建帝国向现代国家渐渐转变的过程。现代中国的诞生，也是近现代世界民族国家运动中重要的部分，汉语中的祖国母亲隐喻也是近现代以来全世界各种语言中祖国隐喻兴起的一部分，它蕴含了现代民族国家运动进程中，中国式的祖国情怀。

只要稍稍举一些其他国家的祖国母亲隐喻为参照，就可探知其中微妙的异同。比如，对应"祖国"一词，葡萄牙语里面日常交流中比较常用的说法是 País natal，字面意思是出生地国家（birth country）。跟祖国母亲比较接近的表达是 Pádria mãe，或者词序倒一下 Mãe pádria，意思都是祖国母亲。即使在一定的语境下，这两个单词分开，表示的也是祖国母亲。不过，Pádria 这个单词的词根 padr- 包含着父亲的意思，所以如果单独讲 Pádria，翻译成 fatherland 会更合适。在葡萄牙语的诗歌里，也有祖国母亲这样的表达。比如巴西国歌就是一个很好的例子。

---

① 颜炼军.象征的漂移：汉语新诗的诗意变形记［M］.桂林：广西师范大学出版社，2015：121.

巴西国歌歌词（部分）：És tu Brasil Ó pátria amada! Dos filhos deste solo és mãe gentil，Pátria amada，Brasil!

现代口语化葡萄牙语：Você，Brasil，É o país que amamos. Você é a bondosa mãe dos que nascem aqui，País que amamos，Brasil!

中文意思：你，巴西，是我们热爱的祖国。你是慈爱的母亲，我们都是这片土地的子女。我们热爱的祖国，巴西！

在英语中，祖国一词可对应fatherland、motherland、mother country，其中两个词语都包含了母亲（mother）。相较于土地（land），国家（country）是一个更新的事物，因此相较其他两个词语而言，mother country历史更短一些。而fatherland和motherland两个词语都具有极其悠久的历史。据考证，古希腊哲学家斐洛（Philo）在谈及离散在各地的犹太人和他们的故乡耶路撒冷时，同时使用了fatherland和motherland两个词；斐洛通过一个家谱隐喻，将故乡称为"母亲的城市"，而离散的身份则被定义为父系的，因为在斐洛看来，犹太人口数量庞大，故土无法容纳，因此他们离散在各地，这不是软弱的表现，恰恰是男性的象征[①]。而在现代诗歌的表达中，似乎更多地将祖国和母亲联系在一起。比如，英国大诗人华兹华斯对自己的祖国写道："如果一位诗人不时在心内/对你的千思万虑中把自己当成/你的情郎或孩子，有什么稀奇！"[②] 当然，不是说所有与祖国相关的隐喻表达都指向母亲，英国诗人威廉·布莱克在《为英国人所作的战歌》一诗中，通过隐喻，将"祖国"的事业与上帝/天国的事业等同起来[③]，但这种基督教化的比喻不算多。在更多的诗人笔下，是把祖国比喻为一位女性，而这位女性大多数情况下，都是母亲。当然，这个说法也存在于其他语言的诗歌

① LIEBER A. Between motherland and fatherland：diaspora，pilgrimage and the spiritualization of sacrifice in Philo of Alexandria［C］//LIDONNICI L，et al. Heavenly tablets. Leiden：Brill，2007：193-210.

② 华兹华斯."我记得是什么驯服了伟大的国家"［M］//英国历代诗歌选：上.屠岸，选译.南京：凤凰出版集团，2007：346.

③ 布莱克.布莱克诗集［M］.张炽恒，译.上海：上海三联书店，1999：32.

中，俄国诗人布宁在《致祖国》一诗中，把祖国比喻为穷苦疲惫的母亲。①德国诗人海涅在《德国，一个冬天的神话》中，把诗人与祖国之间的关系，比喻为古希腊神话中巨人安泰与大地母亲的关系②。安泰，又译为安泰俄斯，是大地女神盖亚和海神波塞冬的儿子。安泰力大无穷，而母亲是他的力量源泉，只要他保持与大地的接触，他几乎可以战胜一切。在近代以来的各国诗歌中，类似的比喻非常多。

通过上述参照，我们亦可得知祖国母亲隐喻在汉语中的诞生和蔓延，具有独特的意义。在近代大规模的民族解放运动中，"祖国"使用的频率越来越高，成为文学抒情的关键词之一。无论在其他语言中，还是现代汉语中，"祖国"一词都呈现比较持久和广泛的分布，在诗歌中尤其明显。但在不同语言中，"祖国"一词的含义又有各自的特点。中国的特殊性在于，中国在20世纪历经数次劫难和变革后，诗人将其中的甘苦编织成动人的诗歌。在这些诗歌中，祖国成为非常重要的概念。质言之，汉语新诗中祖国母亲隐喻的变迁，是与中国近现代历史的发展纠缠在一起的。从历史语言学的角度来说，一个核心隐喻的诞生，蕴含着不同语言与社会历史背景之间的复杂互动关系。

三、祖国母亲隐喻促进了国家概念的现代化

以祖国为目标域，不同的源域与它之间的映射，给"祖国"这个概念注入了现代要素。而"祖国是母亲"这一隐喻则为中国人带来了具有中国特色的现代化国家观念。新诗于此的作用，如当代诗人萧开愚所言："在古典诗时期，是美刺言志；新诗时期，是重建人和世界的关系。前者依据孔子西周王道模式的道德政治系统，后者期待'新民'与'民主社会'的理想实现。两者性质一致，均为'政治性'。"③而从19世纪后期开始，何

① 诗刊社.诺贝尔文学奖获得者诗选［M］.北京：中国文联出版公司，1986：42.
② 歌德.海涅诗选［M］.魏家国，译.合肥：安徽文艺出版社，1996：196.
③ 萧开愚.此时此地：萧开愚自选集［M］.开封：河南大学出版社，2008：391.萧开愚即肖开愚。

为理想中国，各种设计框架涌现，又不断被修改，而在现代汉语新诗中持续的、有关"祖国"的修辞盛宴，将日常经验和宏大抽象的祖国观念结合起来，把祖国概念图腾化；因此，现代汉语新诗中形形色色的、有关"祖国"的抒情，不仅让汉语新诗获得一种前所未有的抒情发力点和一个可以内化的抒情主体，也切实影响着现代汉语的抒情表达和现代汉语的诗意编织逻辑①。从语言自身的文化特征来说，祖国母亲隐喻网络自身的特点，也蕴含了汉语和中国文化的特征。正如萨丕尔曾指出的，每种语言自身具有的语音、节奏、象征、形态，是不能和任何别的语言全部共有的②。祖国母亲隐喻作为汉语隐喻的特征，也是值得我们关注的要点之一。

随着现代汉语的发展，祖国隐喻种类繁多，人们总是试图用各种各样的隐喻来表达个体和国家的关系，但在祖国隐喻中，"祖国是母亲"这个隐喻最具普遍性。首先，它在日常语言中普遍存在。以"祖国母亲"为搜索词，可以搜索到的百度网页数以亿计，足见其在各种现代汉语表达中的广泛分布。只要稍稍浏览文学、政治、体育、经济等各领域的语篇，常常都能见到这个隐喻及其变形的踪迹。其次，它在汉语新诗中也具有普遍性。甚至可以说，在某种程度上，它在汉语新诗中的普遍存在，使得它在日常语言中迅速蔓延。而它在汉语新诗中的普遍性主要体现在以下两个方面。

就涉及的诗人而言，在本书涉及的语料中，至少有60位不同时期的诗人写过关于祖国的作品。而这还不包括许多散落在语料库之外，比如完成于20世纪六七十年代等时期的有关诗歌。如此多的诗人来书写同一题材，在诗歌史上是非常罕见的；因为在一般情况下，书写同一题材就意味着诗艺的竞争，只有在诗人们对同一题材有非常高的认可度和关注度时，才会在一百年内前赴后继地对祖国进行隐喻建构。

---

① 颜炼军.象征的漂移：汉语新诗的诗意变形记［M］.桂林：广西师范大学出版社，2015：121-127.

② 萨丕尔.语言论：言语研究导论［M］.陆卓元，译.北京：商务印书馆，1985：201.

就涉及的时段而言，如果以十年为一时段，这一隐喻广泛分布于20世纪的每一时段。许多诗人，如闻一多、艾青、贺敬之、郭小川、舒婷、北岛等，在不同时段，对祖国隐喻都有不同的表现。这也从另一方面体现了祖国隐喻的普遍性和更新祖国隐喻对于国人的必要性。笔者根据自建语料库的统计，"祖国"一词先后在151行诗中出现。从词频的角度看，也显示了分布的普遍性。

本书为现代汉语新诗建成了一个小型语料库，文中涉及的所有语料及分析均基于这一语料库。该语料库的主要语料来源是两套新诗选，第一套是2010年出版的《中国新诗总系》（10卷），谢冕总主编，人民文学出版社出版，共收录了新诗4000余首，总字数约700万字；第二套是2013年出版的《中国新诗百年大典》（30卷），洪子诚、程光炜主编，长江文艺出版社出版。这两套新诗选是目前最全面的汉语新诗大型选本，几乎收录了新诗诞生以来所有重要的作品，为本书的语料收集提供了很好的基础。当然，为避免遗珠之憾，笔者还参阅了以下在文学界被认为是非常重要的诗歌文献：《中国当代名诗人选集丛书》（包括郭沫若、艾青、臧克家、田间、闻捷、李季、贺敬之、郭小川、李瑛、昌耀、余光中、食指、舒婷、顾城、海子等诗人的选集十五种，人民文学出版社，2006年版）、蓝星诗库系列（包括多多、西川、芒克、于坚、骆一禾、戈麦、翟永明、张枣、陈东东、于坚、孙文波、王家新等当代诗人的诗集17种，人民文学出版社，1998年至今）、"标准"诗丛（包括欧阳江河、臧棣等当代诗人选集四种，作家出版社，2013年版）、"天星诗库"（包括柏桦、陆忆敏等诗人选集多种，北岳文艺出版社，2013年至今）、"中国二十一世纪诗丛"（包括哑石、雷平阳等当代诗人选集数十种，长江文艺出版社，2013年版）、"六点诗丛"（包括杨小滨、朱朱、陈东东等诗人选集，华东师范大学出版社，2017年至今）、《红色诗歌集》、《艾青诗全编》（上中下）、《闻一多全集》、《冯至全集》、《九十年代中国诗歌》（6本）、《千高原诗丛》（12种）、《穆旦诗文集》（2卷）、《望舒草》、《五指诗丛》（5种）、《现代派诗选》、《象征派诗选》、《新月派诗选》、《九叶派诗选》、《白色花》。这些诗歌出版物共计超过两千万字，都是诗歌研究界公认的较为重要的汉语新诗出版物，它们代表了当代新诗研究家的最合理全面的新诗视野。

在这些诗歌出版物中，我们遴选出所有包含"祖国"一词的诗歌，共有75首，共计9361行，58325字。需要特别指出的是，汉语新诗中，相关作品绝不止于此。为了让本书更全面，本应将涉及的语料收集完全，但是，不得不承认，一定还有遗漏，且数量不少。一方面，当代众多诗歌民刊上刊发了数量及其丰富的新诗作品，但是，这些民刊上的诗歌作品质量良莠不齐，若要完整收集亦有相当难度，故未将这类作品纳入其中。20世纪80年代以来，诗歌写作的数量异常庞大芜杂，虽然迄今未有一个边界清晰的文献库能够将所有的诗歌作品包含进来，不过，笔者已经做了全力搜索，将把在文学史上具有相当地位的重要诗歌作品基本收全。

第一章
诗歌隐喻观源流

　　动人的诗歌，可能会激起我们各个层面上的认知热情。比如，当读到顾城《一代人》中"黑夜给了我黑色的眼睛，我却用它寻找光明"这样的诗句时，你可能对人生有一些幽微的感悟和思考。如果你是一个专业文学读者，可能会研究诗人写作此诗的时代背景，考察什么样的时代背景让众多读者喜欢上这句诗，分析它的"生产"过程。但对于语言学家们来说，它可能意味着许多别的问题。比如，从修辞学的角度看，这是悖论修辞（oxymoron），黑夜/黑眼睛/光明之间形成一个悖论。从音韵学看，眼睛与光明之间有一种特别的押韵效果。在结构主义语言学看来，黑眼睛的能指和所指之间，有着一种相互选择和博弈的关系。而认知语言学家看来，这两句诗构成了较为新奇的隐喻。简言之，面对同一语料，不同的视角会提出完全不同的问题。

　　在很长一段历史时期，文学语言一直是语言学的主要研究对象之一，虽然文学和语言学两个学科的研究角度完全不同。后来，随着语言学家们越来越关注日常语言，文学语言逐渐淡出语言学研究的视野。当代以来，认知语言学的发展，为应用语言学研究形成了新的天地。由于认知隐喻观的诞生，不仅对传统的隐喻观做出有力修正，也让语言学研究不止于语言自身的形式问题，还可以介入许多社会文化现象。认知语言学家常常可以通过认知隐喻理论，通过对某一类语篇中的隐喻的观察和分析，来澄清和回答许多社会文化问题，当然，这样的研究也反过来验证和丰满了隐喻学自身。

与此前许多人分析的各种应用性语篇中的隐喻不同，本书打算以认知语言学的隐喻理论，来讨论现代汉语新诗中的隐喻现象。诗歌语篇与应用性语篇最大的不同之处在于，前者与社会意识形态之间的互动模式更加隐秘和复杂，而且由于古典隐喻学对于诗歌语篇的倚重，某种程度上让现代隐喻研究似乎都不"吃回头草"。的确，在某种程度上，古典隐喻观正是从诗歌文本中归纳出的。从古希腊和中国先秦时代开始，诗歌、隐喻、修辞之间就紧密相关。在全世界汗牛充栋的文学研究文献中，冠之以隐喻的诗学研究成果数不胜数。对于汉语古诗和现代汉语新诗，也已有许多研究者就其隐喻问题提出各种见解。这似乎给人一种错觉，诗歌隐喻研究已经足够充分。事实上，认知语言学对诗歌语篇的研究刚刚开始。

作为抒情性文本，诗歌中的隐喻现象肯定有其独特之处。令人兴奋的是，近年以来，除了对社会各领域的应用性语篇进行研究，国外的认知语言学家已经开始对现代诗歌文本进行认知研究。而在汉语认知语言学界，因为各种主客观因素，对汉语新诗进行过系统的认知隐喻研究，但并不充分。本书试图以现有成熟的认知隐喻理论，以现代汉语新诗中分布广泛的祖国母亲隐喻为样本，通过不同角度，分析隐喻与社会、社会形态、文化构成之间的互动关系。

面对诗歌这样一门如此古老的艺术和学问，当我们拿起新的语言学理论武器来到它面前时，为了稳妥起见，首先得梳理一下前人是如何理解诗歌隐喻的。

第一节 传统的诗歌隐喻观

中国先秦诸子典籍中，大多都有对诗、文、乐的见解，虽然零散，却不乏真知灼见，一般被认为中国诗学的滥觞。从新近发现的竹简《孔子诗论》到汉代的《诗大序》，汉语诗学渐渐丰富起来。到汉魏南北朝时期，已经有了《文赋》、《诗品》和《文心雕龙》这样全面系统的诗学著作，此后历代的诗学著作更是汗牛充栋。

古代贤哲在不同场合谈论过"喻"（谕）这一概念。其中有的关涉辩说和雅言的艺术，比如：

> 喻，告也。（《广雅》）
>
> 教之以事而喻诸德者也。（《礼记·文王世子》）
>
> 善歌者，使人继其声。善教者，使人继其志。其言也，约而达，微而臧，罕譬而喻，可谓继志矣。（《礼记·学记》）
>
> 天下之命，县于太子；太子之善，在于早谕教与选左右。夫心未滥而先谕教，则化易成也；开于道术智谊之指，则教之力也。若其服习积贯，则左右而已。（《汉书·贾谊传》）

有的则涉及诗歌审美结构的阐释和接受，尤其从汉魏时期开始，诗歌理论渐渐增多，谈论诗歌修辞特征的文本也增多。比如，钟嵘《诗品序》中说"故诗有三义焉：一曰兴，二曰比，三曰赋。文已尽而意有余，兴也；因物喻志，比也；直书其事，寓言写物，赋也"[①]；《文心雕龙·论说第十八》中说"至于邹阳之说吴梁，喻巧而理至，故虽危而无咎矣；敬通之说鲍邓，事缓而文繁，所以历骋而罕遇也"[②]等。这些都论及"喻"的功能。但是，隐喻这一概念的明确出现，却比较晚。

纵览我国古代诗学文献，"隐喻"一词最早可能见于宋代陈骙所著的《文则》，他将"隐喻"列为"比喻十法"之一：

---

① 钟嵘.诗品译注［M］.周振甫，译注.北京：中华书局，1998：19.
② 刘勰.增订文心雕龙校注［M］.黄叔琳，注.李详，补注.北京：中华书局，2012：250.

二曰隐喻。其文虽晦，义则可寻。《礼记》曰："诸侯不下渔色。"（国君内取国中，象捕鱼然，中网取之，是无所择。）《国语》曰："没平公，军无秕政。"（秕，谷之不成者，以喻政。）又曰："虽蝎谮，焉避之。"（蝎，木虫，谮从中起，如蝎食木，木不能避也。）《左氏传》曰："是豢吴也夫。"（若人养牺牲。）《公羊传》曰："其诸为其双双而俱至者与？"（言齐高固及子叔姬来，其双行匹至似兽。《山海经》有兽名双双。）此类是也①。

在这段论述中，陈骙将"隐喻"模糊地解释为"其文虽晦，义则可寻"，也就是说，尽管字面意思较为难解，但依然可以揣摩而知晓其意。虽然这不是一个严格精确的定义，但通过他所举的例证，可得出如下结论：陈骙所说的"隐喻"即修辞格中的"暗喻"，比喻中没有本体，也没有比喻词或判断词，而只出现喻体。陈骙举了这样一个例子："吴将伐齐，越子率其众以朝焉，王及列士，皆有馈赂。吴人皆喜，唯子胥惧，曰：'是豢吴也夫！'"②此句出自《左传·哀公十一年》，大概意思是说，吴国将要讨伐齐国，越人为此率众前往朝贺壮行，从吴王到百官一一送礼。吴国朝野皆欢，只有伍子胥为此担忧。他说，这是越国人在豢养吴国呢！伍子胥的话显然是一个隐喻，激活该隐喻的词为"豢"。豢，即豢养，指的是喂养畜生，也就是说，越国贿赂吴国，是把吴国当作牲畜一样喂养，待养到肥得走不动了，再宰了吃。陈骙将此例归为"取喻"之一法，未作详述。

通过检索中国古代诗学文献，可以发现，"隐喻"并不是一个高频词。当然，这绝不意味着中国古人没有注意到这一语言现象；只是他们对隐喻的大部分讨论都已经在对"比"和"兴"的论述中完成了。如朱自清指出："论诗，从唐以来，'比兴'一直是最重要的观念之一。"③的确，"比""兴"

① 陈骙.文则注释［M］.刘彦成，注释.北京：书目文献出版社，1988：41.
② 洪亮吉.春秋左传诂［M］.李解民，点校.北京：中华书局，1987：867.
③ 朱自清.诗言志辨［M］.长沙：湖南人民出版社，2010：82.

贯穿了古典文学中的各类文体，有关论述数量众多、异常繁杂。由于"兴"与"比"的分辨只有在相互参照中才能明晰，所以二者常被各时代的诗人和学者放在一起谈论：

> 郑玄：比者，比方于物也；兴者，托事于物也。（孔颖达《周礼注疏》卷二十三）
>
> 刘勰：起情故兴体以立，附理故比例以生……盖写物以附意，飏言以切事者也。①
>
> 孔颖达："兴"者，起也。取譬引类，起发己心，《诗》文诸举草木鸟兽以见意者，皆兴辞也。②
>
> 朱熹：兴者，先言他物以引起所咏之词也。……赋者，敷也，敷陈其事而直言之者也。比者，以彼物比此物也。③

古典诗学文献中将"兴""比"做比较的文献很多，我们只选择了其中较有代表性的几条。简要地说，"兴"总是呈现为一种诗歌描写物象的修辞，许多论家都认为，通过描写物象呼唤出的一种意指，即形成了"兴"。对兴的具体含义，历代也争议不休；相较而言，对"比"的理解比较一致，"比"是将所要表达的主旨主动地跟相关事物相联系的一种方式。在《诗经》阐释传统中，"兴"和"比"的"写物"方式，总要使诗人之旨与物象直接或间接相连，这就是所谓"意"与"象"的关系。比如，月亮与思念、关雎与婚恋、桃花与故人、芣苢与生育等。与《诗经》并称的《离骚》也多用比兴的方法。司马迁说：《国风》好色而不淫，《小雅》怨诽而不乱，若《离骚》者，可谓兼之矣……其文约，其辞微，其志洁，其行廉。其称文小而其指极大，举类迩而见义远。"④这与现代认知语言学中的隐喻

---

① 刘勰.增订文心雕龙校注［M］.黄叔琳，注.李详，补注.北京：中华书局，2012：460.
② 十三经注疏整理委员会.毛诗正义［M］.北京：北京大学出版社，2000.
③ 朱熹.诗集传［M］.赵长征，点校.北京：中华书局，2011：2，4，6.
④ 司马迁.史记［M］.北京：中华书局，1959：2482.

理论有吻合之处：以比较熟悉的经验来比对相对陌生的经验。

诗骚发端以来形成的"诗言志"和"诗缘情"，几乎可算是我国古典诗学的总纲①，其内涵——感物起兴，托物言志或言情，都是人事与物象之间相似性比照的展现。钟嵘在《诗品序》中的著名论断，"故诗有三义焉：一曰兴，二曰比，三曰赋。文已尽而意有余，兴也；因物喻志，比也"②，是从功能的角度来理解比兴，即"比""兴"有"使味之者无极，闻之者动心"的情感功能。明代李东阳说："诗有三义，赋止居一，而比兴居其二。所谓比与兴者，皆托物寓情而为之者也。盖正言直述，则易于穷尽，而难于感发。"③李东阳从结构特征的角度来描述比兴，他指出比兴就是"托物寓情"。后世对比兴的理解和发挥，大抵不出于此二端。也就是说，在古典诗学中，隐喻一直是作为一种重要的诗歌修辞手段被认识的——只关注它的构成方式和修辞效果。直到近现代以来的研究中，人们才注意到它与原始思维的关系④，但始终没有人把它作为一种普遍存在的认知模式，来探讨诗歌隐喻现象。

在现代汉语新诗的研究中，因受结构主义以及其他西方现代文艺思潮的启发，已经有人比较集中地关注诗歌隐喻。最具代表性的著作是耿占春于20世纪90年代初完成的专著《隐喻》⑤，他集中阐述了当代汉语诗歌中的种种隐喻现象。但他主要是把诗歌隐喻作为一个文学问题来阐释，而非以诗歌隐喻为研究案例，来解释作为普遍性思维模式的隐喻本身。

综上概之，在中国诗学领域，诗歌隐喻研究，并非针对隐喻自身，而是针对作为隐喻载体之一的诗歌发言。在西方，从古希腊开始，隐喻就是诗歌研究的重要领域。亚里士多德在研究古希腊诗歌和悲剧时，已经注意

---

① 关于这个问题，除了朱自清著名的《诗言志辨》，还有学者裴斐写过《诗缘情辨》（四川文艺出版社，1986年）。

② 钟嵘.诗品译注［M］.周振甫，译注.北京：中华书局，1998：19.

③ 李东阳.麓堂诗话［C］//丁福保.历代诗话续编.北京：中华书局，1983：1374.

④ 比如郭沫若、顾颉刚和陈世骧等人的诗经研究。具体可参阅陈世骧《原兴》一文。参见陈世骧.陈世骧文存［M］.沈阳：辽宁教育出版社，1998：142-178.

⑤ 耿占春.隐喻［M］.北京：东方出版社，1993.

到其中广泛存在的隐喻现象。他一反柏拉图对隐喻的暧昧态度：虽然柏拉图本人使用了包括太阳喻、线段喻、洞穴喻在内的三个非常著名的比喻来解释自己的学说，且效果显著，但有意思的是，他反对使用隐喻，认为隐喻破坏了表达的严谨与精确。某种程度上，我们可以说，亚里士多德的隐喻观是基于诗歌修辞学的隐喻观。在《诗学》中，他这样论述隐喻："隐喻字是把属于别的事物的字，借来做隐喻，或借'属'（genus）作'种'（species），或借'种'作'属'，或借'种'作'种'，或借用类比字。"[①]相比较而言，亚里士多德的诗歌隐喻讨论，更加注重隐喻本身。他将隐喻定义为词的替换，更准确地说，是名词的替换。所以，他将隐喻分为四种类型：以属代种、以种代属、以种代种和类推。也就是说，多数隐喻是属于不同的种属范畴的名词之间的替换。虽然亚里士多德将隐喻定义为词语的替换，但是，他对隐喻的探讨并没有局限在语义层面，而是把隐喻的功能从词语的更替上升到了范畴和逻辑的层面展开辨析。亚里士多德将隐喻看作对日常语言的一种偏离：他不止一次强调，隐喻是一种语言的装饰品，因此其相关论述都以诗歌为例证。在他看来，隐喻不是日常语言的必需品，而是和天才和创造力有关。亚里士多德的名言——"善于使用隐喻字表示有天才，因为要想出一个好的隐喻字，须能看出事物的相似之处"[②]，作为诗歌隐喻发明的格言，一直流传至今。在隐喻研究史上，亚里士多德的理论被称为隐喻"替代论"。认知语言学家通常将亚里士多德的隐喻研究归入修辞学的范畴，把他对隐喻的论述与当今学界热门的"认知"研究划清界限。

近年来，有不少哲学家开始为亚里士多德平反。比如，美国学者基泰指出，既然隐喻值得重视，那么它必须得产生效果，而哲学家们所感兴趣的效果就是它有认知上的意义，因此，亚里士多德已经指出了隐喻的认知

---

① 亚里斯多德.诗学［M］.罗念生，译.北京：人民文学出版社，2022：73.
② 亚里斯多德.诗学［M］.罗念生，译.北京：人民文学出版社，2022：81.

重要性，尤其是从类推（analogy）的角度[①]。但亚里士多德关注的，仍旧是隐喻的修辞功能，而且关注对象仍然是以诗歌语篇为主。

自亚里士多德去世以后，古希腊文明开始分化衰败、罗马帝国建立。古罗马时期对隐喻的主流态度是贬斥的。在中世纪，隐喻的地位更加边缘化。尽管《圣经》中有大量隐喻，但是经院哲学家们依然排斥隐喻，其中枢机主教阿尔伯里克（Alberic of Monte Cassino）一段提醒世人小心隐喻的话常常被提及："使用隐喻来说话具有这样的特点：它使人的注意力偏离谈论对象的某特点，而且由于注意力的偏离，这对象似乎成了另一对象；由于该对象成了另一对象，它可以说是穿上了一件新的'嫁衣'；由于穿上了新的'嫁衣'，对象似乎有了某种新的尊贵……如果吃饭的时候碰到这种情况，我们会觉得厌恶，觉得恶心，吃下去的东西会全吐出来……当你迫不及待地要取悦别人，给对方一份新的喜悦时，你可千万不要胡扯。我是说，当你请人来散散心的时候，千万别让人家烦透了，甚至呕吐不止。"[②]阿尔伯里克显然是想强调使用隐喻带来的问题，但有意思的是，他为了更好地表达也自相矛盾地使用了"使用隐喻如穿新衣"的隐喻。

尽管隐喻在很长一段时间内被贬斥，但是，亚里士多德从诗歌分析中得出的隐喻观延续了上千年，直到现代，还常常闪现在许多人的文学隐喻表达中。比如，阿根廷诗人、小说家豪尔赫·路易斯·博尔赫斯认为，诗歌的前进，体现为发明新的隐喻[③]，这与亚里士多德的天才隐喻论一脉相承。现代德语作家卡夫卡的一段话，其实可以作为传统诗歌隐喻观的绝好注脚："智者的话往往只是一些譬喻（metaphor），但在日常生活中却用不上，而我们唯独只有这种日常生活。当智者说'走过去'，他的意思并非要我们走到另一边去，如果这条道路的结果有价值，我们毕竟会走到那边

---

① KITTAY E F. Metaphor: its cognitive force and linguistic structure ［M］. Oxford: Clarendon Press, 1987: 2.

② 转引自朱锋颖.中外隐喻理论及篇章隐喻解读［M］.长春：吉林大学出版社，2019：34.

③ 博尔赫斯.比喻［C］//博尔赫斯文集：文论自述卷.王永年，陈众议，等译.海口：海南国际新闻出版中心，1996：197-201.

去的；他指的是某种神话般的对面，某个所不知道的地方，对这个地方，他也没有进一步地加以说明，所以，对我们来说，他说的话一点儿用也没有。"①这段话里有一个主体的意思：智者的隐喻和日常生活是两回事。

显然，认知隐喻理论完全可以反驳这段话包含的隐喻观念。我们不妨用"人生是一条道路"这个极为常见的概念隐喻来理解智者所说的"走过去"。当然，"走过去"只是这个概念隐喻的其中一个表述，根据卡夫卡之言，或许这个表述在日常生活中不见得常用，但是这个概念隐喻有各种各样的表述，包括"一步一个脚印""他就这样走完了自己的人生路"等。从这个意义上说，智者的譬喻和日常生活并不是两回事，而把两者连接在一起的，就是隐喻研究的"认知"视角。

正如乔治·莱考夫和马克·泰纳（Mark Turner）指出的那样：诗歌语言总被认为超越了日常语言，但伟大的诗人往往使用和我们一样的工具。他们的特别之处在于他们使用这些工具的才能和技术，而这些才能和技术，需要靠持续的关注、学习和训练来获得②。

第二节　认知诗学与诗歌隐喻研究

20世纪下半叶，认知科学的蓬勃发展，引发了许多学科的"认知"转向，催生出一系列新兴的交叉学科。在这个大背景下，认知诗学应运而生。相较于传统诗学，认知诗学强调的显然是"认知"二字，简而言之，是从认知的视角来解读文学作品。

认知（cognition），是一个非常重要的心理学概念，它和意愿（conation）、

① 卡夫卡.卡夫卡短篇小说全集［M］.叶廷芳，主编.赵登荣，张荣昌，等译.北京：文化艺术出版社，2003：467.
② LAKOFF G，TURNER M. More than cool reason：a field guide to poetic metaphor［M］. Chicago：The University of Chicago Press，1989：xi.

情感（affect）并列成为心理学研究的三大领域。从19世纪末开始，逐渐开始了一些有关认知的探索研究，包括威廉·冯特在莱比锡大学建立的第一个心理学实验室、皮亚杰用实验研究儿童认知等。1967年，认知心理学之父奈瑟（U. Neisser）在认知心理学的开山之作《认知心理学》（*Cognitive Psychology*）中指出：认知是指感觉输入到转换、简约、加工、储存、提取和利用的全部过程①。也就是说，认知既包括内容，也包括过程。认知科学是指"从哲学、心理学、计算机科学、语言学等多个角度研究人类智能系统的性质和工作原理的一门综合学科"②。这是一门由多个学科组成的交叉学科。1978年在美国斯隆基金会（Sloan Foundation）的支持下、由12位杰出科学家共同拟定的《学科状态报告》提出了"认知六边形"的概念，描绘了认知科学与心理学、语言学、计算机科学、人类学、脑科学和哲学等六门学科的交叉关系，为这门学科的发展制定了一幅蓝图，阐明基本假设。只是，当时许多读者都对此提出了反对意见、引起诸多争议，因此这个文件最后并没有发表。③

今天，没有人会否认认知科学的交叉性，而认知诗学的形成和发展，也得益于认知语言学、认知心理学、认知科学等诸多学科的发展，其中，它和认知语言学的关系尤为密切。众学者采撷认知科学，特别是认知语言学的不同理论契合点来讨论文学作品，为古老的诗学研究开辟了新的学术空间。

随着认知学科的不断发展以及越来越多的学者加入，认知诗学的研究范式还在不断地丰富和发展。学者们也从不同的学科背景出发，对这门学科作了不同的定义。

影响较大的一种定义，是从广义和狭义认知语言学之间的区分出发的。广义上的认知语言学，是以语言和认知的关系为研究对象，即把人的语言能力定位为一种认知能力进行研究。因此，乔姆斯基率领的生成语法

---

① NEISSER U. Cognitive psychology［M］. Hoboken：Prentice Hall，1967：5.
② 赵艳芳.认知语言学概论［M］.上海：上海外语教育出版社，2001：3.
③ 加德纳.心灵的新科学［M］.周晓林，张锦，郑龙，等译.沈阳：辽宁教育出版社，1989：47.

学派和莱考夫领衔的认知语言学军团所代表的都是这个意义上的认知语言学。显然，他们的观点并不相同，前者认为语言能力是一种特殊的认知能力，和人的其他认知能力完全不同；后者认为语言能力并不是一种特殊的认知能力，但它和人类一般认知能力之间关系密切。因为这个区分，一般认为，以莱考夫、福康涅（G. Fauconnier）为代表的语言学是狭义上的"认知语言学"。需要说明的是，如无特殊说明，本书在论及认知语言学均指的是狭义的认知语言学。简而言之，按照认知语言学的观点，语言能力是认知能力的一个组成部分，它与一般认知能力没有本质的不同；语言能力依附于一般的认知能力。句法不是自治的，句法受制于多种因素，尤其受制于概念结构或语义结构。而语言本身是人类感知、认识世界，通过心智活动将对世界的经验加以概念化，形成概念结构，从而对概念结构进行编码的产物，是来自各种内在因素和经验因素（身体因素、生物因素、行为因素、心理因素）以及社会因素、文化因素和交际因素的互动，每一种因素都成了限制原因和构形压力。①

与此呼应，斯汀（G. Steen）和盖文思（J. Gavins）认为，认知诗学也有两个发展分支：一分支与认知科学的联系更密切一些，另一分支与认知语言学结合得更为紧密一些②。

前者代表人物有以色列语言学家楚尔（R. Tsur）。他于20世纪80年代首先提出了"认知诗学"这个说法，并于1992年推出关于"认识诗学"的首部专著——《走向认知诗学理论》（*Toward a Theory of Cognitive Poetics*）。在此基础上，此书的修订版于2008年出版。楚尔将其理论建立在分析哲学的基础上，借鉴了俄国形式主义、"新批评"理论、读者接受理论、捷克及法国结构主义等从语言学成果出发的文学研究流派的成果，主要运用了第一代认知科学的研究成果，从认知心理学、心理语言学、人

---

① 王寅.认知语法概论［M］.上海：上海外语教育出版社，2006：5.

② STEEN G，GAVINS J. Contextualising cognitive poetics［M］//GAVINS J，STEEN G. Cognitive poetics in practice. London and New York：Routledge，2003：1-12.

工智能和生成语言学等学科中汲取营养，对诗歌进行综合性分析。具体地说，他主要是从语音、意义单位、世界层、概念调控、定位和非定位诗歌、意识变幻的诗歌，以及批评家与批评等方面，来讨论诗歌欣赏过程中处理信息的心智工具，阐释读者细微的知觉机制，发现在编码和解码信息处理过程中，制约和影响诗歌语言和形式的机制，以探究文本结构和所感知效果之间的关系，为系统探讨审美效果和非审美元素结构之间的关系，提供认知理论和模型[①]。

后者的代表人物有莱考夫、泰纳、弗里曼（M.Freeman）、波克（M. Burke）、斯托克维尔（P. Stockwell）和吉伯斯等。虽然这一研究分支起步较晚，但是，他们的影响力更大。他们主要在狭义认知语言学的基础上对文学语料展开研究，其理论来源主要包括概念隐喻理论、概念整合理论、认知转喻理论、认知语法、图形背景理论、图式理论、原型理论等。[②]

尽管楚尔最先提出了认知诗学的理论，但是英美学派对认知诗学的研究有着更为广泛和深远的影响。该领域代表人物包括斯托克维尔、盖文思、斯汀、弗里曼、塞米诺（E. Semino）、考沛勃（J. Culpeper）等学者。他们的代表作有《认知诗学导论》（*Cognitive Poetics: An Introduction*）、《认知诗学实践》（*Cognitive Poetics in Practice*）、《认知文体学：文本分析中的语言和认知》（*Cognitive Stylistics: Language and Cognition in Text Analysis*）、《认知诗学：目标、收获和差距》（*Cognitive Poetics: Goals，Gains and Gaps*）、《伊丽莎白·毕肖普的认知诗学解读：心灵思维的写照》（*Cognitive Poetic Readings in Elizabeth Bishop: Portrait of a Mind Thinking*）。

1989年，莱考夫和泰纳合作完成了《不止冷静的理智：诗歌隐喻指南》（*More Than Cool Reason: A Field Guide to Poetic Metaphor*）。此研究以大量

---

① TUSR R. Toward a theory of cognitive poetics［M］. Tel Aviv：The Katz Research Institute for Hebrew Literature，1992.

② 这种简单的二分法越来越捉襟见肘。随着认知科学的不断发展、认知诗学的不断进步，众学者似乎已不再满足于单一理论的撷取和吸收。比如，2006年美国学者弗里曼提出了认知诗学的四分法，具体可参见 *The Fall of the Wall between literary studies and linguistics: cognitive poetics* 一文。

诗歌为语料，总结了关于生命、死亡和时间等常见概念的概念隐喻，并进一步充实、明确了概念隐喻理论。他们在该书中指出，文学作品中的概念隐喻和日常生活中的概念隐喻是一致的，并用认知语言学和认知心理学的日常认知机制来理解文学作品中的隐喻①。泰纳甚至直接提出："文学源于语言，语言源于日常生活，文学研究必须依附于对语言的研究，而对语言的研究必须依附于对日常心智的研究。"②正是基于这些观点，西班牙认知语言学家易巴内（F. Ibanez）认为，莱考夫和泰纳是最早将认知语言学的理论运用到认知诗学研究的先锋③。

认知诗学把文学研究同语言学、心理学和广义上的认知科学联系起来。比如，著名认知心理学家、认知语言学界的另一重量级学者吉伯斯在其著作《心智的诗学：比喻思维、语言和理解》（*The Poetics of Mind: Figurative Thought，Language，and Understanding*）中，从认知心理学视角切入，以大量的诗歌语料为基础，进一步论证人类的认知从根本上是由各种各样的修辞工序（poetic and figurative processes）决定的。这种"跨界合作"，将人类普遍的语言处理机制及认知过程的认识运用到理解文学作品上。或许，认知诗学最引人注目之处，就在于它将文学作品进行重新定位——作为人类认知和交流的一种形式；也就是说，文学有它的独特地位，但进行艺术层面的特殊交流与互动时，仍然根植于无数普遍的人类经验和认知模式中。认知诗学不再将文学视为少数精英读者的盛宴，而是将它置于人类日常经验中：文学作品只是其中的一种特殊形式，只有拥有了可以理解周围世界的普遍认知能力，才可能理解文学作品。随着各种新媒体不断诞生，新的读者和观众也正在形成，传统文学形式的魅力正遭遇新的挑战。受到认知诗学研究的启发，我们也会产生如下思考：文学和这些

① LAKOFF G，TURNER M. More than cool reason：a field guide to poetic metaphor［M］. Chicago：The University of Chicago Press，1989.

② TURNER M. Reading minds：the study of English in the age of cognitive science［M］. New Jersey：Princeton University Press，1991：4.

③ IBANEZ F，et al. Cognitive linguistics：internal dynamics and interdisciplinary interaction ［M］. Berlin：Mouton de Gruyter，2005：35.

新媒体形式，在心理效益（psychological effects）和社会效果方面，异同点何在？①

斯托克维尔在2002年出版的《认知诗学导论》一书中以"身体、心智（mind）和文学"作为其前言的副标题。其实，这三个概念可被视为这门交叉学科的三个关键词。无论其研究范式和所用理论有何移换，都逃不出这三个概念的辐射。认知诗学肯定是一门解读文学作品、探究文学文本意义的学科；而其直接基础显然是认知语言学和认知心理学。②该书被认为是英美学派在这一领域的第一部有价值的入门书。作者将认知诗学定义为"一种思考文学的新方式，将认知语言学和心理运用于语言分析"。该书论及认知语法、图式理论、可然世界、文本世界、语境框架和图形—背景理论和智力空间等理论。作者在介绍理论的基础上，还通过自己的分析来演示和分析不同文本，探讨该领域的最新趋势及对该理论的展望。斯托克维尔的认知诗学有机地融入认知语言学和诗学的理论，吸收了泰纳关于寓言的概念，认为"文学可以改变我们的视角、知识和思维的方式"，其分析涉及广泛，包含了英国文学中各个时期的诗歌。由于该书影响广泛，2020年出版了第二版，作者对这一学科的新近发展和未来跨学科的发展趋势等内容做了诸多补充。

2003年出版的《认知诗学实践》是前一本书的姐妹篇。该书是一本论文集，众多学者在斯托克维尔提出的理论框架下面，将各种认知学科的理论运用到更广泛的文本分析中。书中每一篇论文按顺序与前一本书对应，是对前一本书的理论视角的展开与分析应用。此书也一再强调，认知诗学不是横空出世的学科，它既是认知科学的分支，也是诗学研究的一个新领域；它是文学理论研究的一个新方向，根植于历史悠久的文学传统。

2003年还出版了另一本相关著作——《认知文体学：文本分析中的

---

① GAVINS J, STEEN G. Cognitive poetics in practice［M］. London and New York：Routledge，2003：1.

② STOCKWELL P. Cognitive poetics：an introduction［M］. London and New York：Routledge，2002：4.

语言和认知》。该书由两位英国语言学家塞米诺和考沛勃主编，收集了多篇认知文体学方面的论文。需要指出的是，文体学是对文学文本的一种清晰、严密与详细的语言学分析。塞米诺和考沛勃将认知文体学定义为"跨语言学、文学研究和认知科学的新的文体学流派"。由其定义可见，认知文体学与认知诗学有较大交叉内容。在 2001 年出版的《文体学词典》（第二版）中，凯蒂·威尔士（Katie Wales）指出，两者可视为同义名称①。其实，两者的理论框架和研究方法极为相似，都是从认知语言学、认知心理学，甚至是更加宽泛的认知科学的角度来分析语篇，因此，该领域的学者一般将两个概念通用。

2006 年，美国学者丽莎·詹塞恩（Lisa Zunshine）出版了《我们为什么阅读小说：心智和小说的理论》（*Why We Read Fiction: Theory of Mind and the Novel*）一书。该书结合认知心理学、人类学、叙事学和各种认知方法来分析心智论（Theory of the Mind），并且将该理论运用于各种小说的分析与阐释。她通过分析不同文本，试图证明当下的确存在"一种认知科学和文学研究之间的真正互动的可能性"。2008 年，她还完成了另一本专著《奇怪的概念和让它们可行的故事：认知、文化、叙事》（*Strange Concepts and the Stories They Make Possible: Cognition，Culture，Narrative*），被认为是认知诗学领域的又一重要成果，主要是用认知心理学的相关理论来研究文学是如何影响读者的。

2009 年出版的《认知诗学：目标、收获和差距》则对这一学科的发展进行了阶段性总结。2010 年，丹麦学者莉梓（Elzbieta Wójcik-Leese）对美国著名女诗人伊丽莎白·毕肖普（Elizabeth Bishop）的诗歌作品展开了认知诗学分析，并完成《伊丽莎白·毕肖普的认知诗学解读：心灵思维的写照》一书。这是第一本对一位诗人及其作品进行深度认知诗学分析的专著，作者应用了范畴化、意象图式、概念隐喻、概念整合、转喻等认知语言学理论，结合叙述结构等文艺批评理论分析了毕肖普的八首诗歌作品及其相关手稿、笔记、信件等内容。

---

① WALES K. A dictionary of stylistics［M］. 2nd. London：Routledge，2001：64.

除了上述围绕着"经典认知诗学"范式展开的研究，还有一批学者试图以新的方式开拓这个领域，并对其研究路径进行新的命名。2012年，波缇洛（Isabel Jaén Portillo）等主编的《认知文学研究：现有主题和新方向》（*Cognitive Literary Studies: Current Themes and New Directions*）出版。布朗诺（Mark J. Bruhn）和韦斯（Donald R. Wehrs）合编的《认知·文学·历史》（*Cognition，Literature，and History*）出版。2015年，丽莎·詹塞恩主编的《牛津认知文学研究指南》（*The Oxford Handbook of Cognitive Literary Studies*）出版。这些专著都指向一个新名词"文学认知研究"。何为文学认知研究？这一方向的领军人物丽莎·詹塞恩认为美国学者理查森（A.Richardson）给出的定义最恰当，"对认知科学和神经科学非常感兴趣的文学批评家和理论家们的研究"。"相较于文学文本中有什么（如文本的隐含意义），认知文学研究更关注作者和读者大脑中发生了什么"，因此，认知文学研究试图揭示与文学现象相关的人类有意识和无意识的具身心智的运作方式，以及用科学的理论来改造文学批判。① 此外，2016年，凯伏（T. Cave）在其专著《用文学思考：走向认知批判》（*Thinking with Literature: Towards a Cognitive Criticism*）中采用了"认知批评"这一术语。2017年，波克和托斯安可（E. Troscianko）在其合著的《认知文学科学：文学与认知的对话》（*Cognitive Literary Science: Dialogues between Literature and Cognition*）提出"认知文学科学"的概念。2018年，布莱克威尔（W. Blackwell）在其专著《文学理论手册》（*A Companion to Literary Theory*）中则提出"认知文学批评（cognitive literary criticism）"的说法。新分支、新专著、新名词层出不穷，也从侧面反映了这个学术领域的发展欣欣向荣。国内学者熊沐清、冯军等对此有较为全面的梳理②。

① 转引自冯军.文学研究的认知转向：从认知诗学到认知文学研究［J］.外语研究，2022（5）：104-111.

② 具体可参阅论文：《文学研究的认知延展——广义认知诗学原理与方法》（熊沐清《湘潭大学学报》2022年第3期）、《"认知转向"：文学研究的新机遇》（冯军《重庆社会科学》2019年第4期）和《文学研究的认知转向：从认知诗学到认知文学研究》（冯军《外语研究》2022年第5期）。

另外，1998 年，"文学研究的认知路径（cognitive approaches to literature）"讨论小组在美国现代语言学会（MLA）年会上成立，标志着文学研究的认知路径首次得到国际主流学术团体的认可。2012 年，这个讨论小组升级成为美国现代语言学会的一个分会。牛津大学出版社出版的"认知与诗学（Cognition and Poetics）"系列丛书包括数本论文集和专著，涵盖了对不同文学题材的各种角度的讨论。简言之，近年来，西方文学研究领域的"认知"转向是一个非常热门的话题，其中"认知诗学"最受人关注，"认知文学研究"也吸引了越来越多的学者。包括《语言与文学》（*Language & Literature*）、《文体学》（*Style*）、《今日诗学》（*Poetics Today*）等国际期刊也出版了不少相关研究和特刊。

随着国外认知诗学以及相关研究的不断前进，国内认知诗学亦有相当发展。在较早阶段，国内学者从概念隐喻的角度，围绕着诗歌隐喻展开认知研究，包括许多硕博士论文，其中的研究对象多聚焦古典名篇或外国名家，更准确地说，是将国外的研究理论和方法"拿来"分析汉译外国诗歌和古诗。比如《艾略特诗歌隐喻研究》综合了概念隐喻、概念整合等隐喻理论，并结合列维 – 布留尔（Lucien Lévy-Bruhl）的"原逻辑隐喻思维"理论和艾略特的"初始经验"论，就诗学问题对艾略特诗歌中的隐喻展开了认知研究[①]，也有多篇专论以狄金森、博尔赫斯、伊万·布宁、戴安娜·狄·普里玛、华兹华斯、惠特曼、爱伦坡、约翰·邓恩、丁尼生、玛丽·奥利弗、萨拉·蒂斯代尔、西尔维娅·普拉斯等诗人的诗歌文本为分析对象，从认知层面探讨其中的各类隐喻。也有一部分研究以中国古典诗词或《红楼梦》等古典作品中的诗词以及这些作品的英译本为研究对象，展开认知隐喻分析。比如《陶渊明诗歌中的概念隐喻》分析了陶渊明的 120 首诗歌，总结了其中的概念隐喻，包括人生是旅行、生命是一日、死亡是睡眠等 16 种隐喻结构，不仅呈现出陶渊明诗歌中的隐喻特色，也有助

---

① 参见陈庆勋.艾略特诗歌隐喻研究［M］.上海：上海人民出版社，2008.

于我们从隐喻的角度了解当时的文化背景和诗性思维模式①。关于汉语古诗的研究很多，涉及的诗人也不少，包括《诗经》这样的经典典籍和李白、杜甫等多位重要诗人的作品。

随着认知科学和认知诗学学科本身的不断发展，国内对此的关注和研究也逐渐增多、进一步深入。2006年，《外语教学与研究》刊发的书评《语言·认知·诗学——〈认知诗学实践〉评介》，让这一学科在国内迅速获得关注。《语言学与文学研究的新接面：两本认知诗学著作述评》（熊沐清，2008）、《试论认知诗学研究的演进、现状与前景》（蒋勇军，2009）、《国外认知诗学研究概观》（苏晓军，2009）等数篇专论探讨了认知诗学的定义、与相邻学科的关系、若干发展阶段、最新研究进展等。2014年，国内第一本认知诗学专著《认知诗学研究》（刘文，赵增虎）出版。这本书从介绍认知诗学这一学科的发展缘起开始，涉及这一学科的概念隐喻、概念整合、图式理论、脚本理论等诸多理论。就其本身而言，"新世纪的认知诗学已是一个被公认的对象明确、理论充分、规模宏大、成果斐然的学科领域"，它"融认知科学、认知心理学、语言学、文体学和20世纪文学批评理论和方法于一体，为文学批评提供了新视角，并激发了许多新的跨学科研究领域"。②

2014年，四川外国语大学熊沐清教授发起并创办了辑刊《认知诗学》。该刊物系中国比较文学学会认知诗学分会会刊，不仅是"国内第一个专注于当代'认知科学'与'文学艺术'跨学科交叉研究的学术平台，而且也是国内外唯一一部聚焦于认知诗学、认知美学与认知文化研究的学术刊物"③。该刊物已连续出版了8年共12辑，每年出版两辑，为认知诗学的相关讨论提供了很好的平台。

另外，高旭宏和雷茜通过用可视化知识图谱技术手段，通过分析中国

---

① 唐汉娟.陶渊明诗歌中的概念隐喻［D］.长沙：湖南大学，2008.
② 封宗信.认知诗学：认知转向下的后经典"文学学"［C］//认知诗学：第4辑.北京：外文出版社，2017：14.
③ 该杂志官方网站：http://www.cognitive-poetics.com/cn/periodical。

知网（CNKI）以及 Web of Science 上的相关论文，揭示认知诗学领域的研究热点与演化进程。他们发现，现阶段国外认知诗学研究的主要力量集中在美国、德国等国家，形成了语言学和文学主导的心理学、教育学等多学科交叉的复合型学科群，研究热点主题包括隐喻、图形背景理论、文本世界、指示转移理论等，近年研究热点逐渐开始向神经认知诗学倾斜，雅各布斯（Jacobs）、斯托克维尔等人的文献共同构成了丰富的共被引网络。国内认知诗学研究热点与国外基本类似，但在作者合作、学科交融尤其是认知神经科学领域的交叉探索上还有很大发展空间①。

就认知诗学研究本身而言，诗歌隐喻研究，是其中的重要内容。而概念隐喻和概念整合理论是认知语言学领域隐喻理论的两大基石，它们为理解隐喻的生成和运作机制提供了相对清晰的图景。文学研究者也常常借用这些研究成果来重新整理文学作品中的隐喻。

1980年，两位美国语言学家莱考夫和约翰逊推出的《我们赖以生存的隐喻》(*Metaphors We Live By*)一书，其核心内容之一就是：隐喻不再专属于极具天赋和创意的文学大师们，它在人们的日常语言、思维、行动中无处不在，是人类赖以生存的思维基础。此书中提出的崭新的隐喻观念，成为后来认知语言学家们研究诗歌隐喻的基础。

莱考夫将隐喻定义为一种"跨域映射"②，其中"源域的意象图式结构，以一种和目标域内在结构一致的方式，被映射到目标域上"③。换言之，隐喻使我们能够用一个较为具体的、更加结构化的概念（源域）来理解一个相对抽象和缺乏结构的概念（目标域），这样的理解转换是通过意象图式实现的。所谓的意象图式，指的是"在我们的感知互动和运动程序过程中，

---

① 高旭宏，雷茜.国内外认知诗学研究前沿热点与演化分析：基于科学知识图谱的可视化研究［J］.认知诗学，2022（1）：45-67.

② LAKOFF G. The contemporary theory of metaphor［C］//ORTONY A. Metaphor and thought. Cambridge：Cambridge University Press，1993：203.

③ LAKOFF G. The contemporary theory of metaphor［C］//ORTONY A. Metaphor and thought. Cambridge：Cambridge University Press，1993：245.

一种反复出现的动态程序，它为我们的经验提供连贯性和结构性"①。而映射指的是"两个概念域之间的一个对应集合（a set of correspondences）"②，莱考夫对映射的内容的具体说明和分类如下：第一，源域中的空槽（slot）被映射到目标域的空槽上；第二，源域中的关系被映射到目标域的关系上；第三，源域的特征被映射到目标域的特征上；第四，源域的知识被映射到了目标域上。③

迪奈（P. Deane）将莱考夫的概念隐喻的假设进一步归纳总结如下：

> 源域和目标域之间的映射受到"恒定原则"（Invariance Hypothesis）的限制。由若干抽象的、以身体经验为基础的基本概念构成了"意象图式"，比如局部和整体的概念、原因和结果的概念、中心和边缘的概念。根据"恒定原则"，隐喻的映射不会改变意象图式的结构。也就是说，源域中的局部—整体关系，映射到目标域后，依然是局部—整体关系。同样的道理，源域中的因果关系也会以同样的形式映射到目标域上。因此，这种形式的映射才有可能将源域的知识转移到目标域上。比如，源域中得到的推理形式可能会同样应用到目标域上。许多隐喻映射都是常规化的，在某一语言和文化中会经常使用。④

基于此，不少学者将概念隐喻理论应用于文学语篇，尤其用来研究诗歌隐喻。在传统的诗歌研究中，"寓言""意象""明喻""隐喻"等都是经常被提到的概念——这些概念在认知诗学的视域内都有了新的解读方式。

---

① LAKOFF G.Women，fire，and dangerous things：what categories reveal about the mind［M］. Chicago：The University of Chicago Press，1987：xiv.

② LAKOFF G，TURNER M. More than cool reason：a field guide to poetic metaphor［M］. Chicago：The University of Chicago Press，1989：4.

③ LAKOFF G，TURNER M. More than cool reason：a field guide to poetic metaphor［M］. Chicago：The University of Chicago Press，1989：63.

④ DEANE P. Metaphors of center and periphery in Yeats' the second coming［J］. Journal of pragmatics，1995（6）：627-642.

比如，斯托克维尔用概念隐喻理论分析20世纪初源于法国的超现实主义诗歌。该流派流行于20世纪二三十年代的欧洲大陆，他们将当时风靡一时的精神分析学和心理学中有关"无意识"的发现转换到诗歌创作中，对当时以及后来的文学作品、绘画作品都有深远的影响。超现实主义的诗歌往往包含了令人出乎意料的突兀意象。比如，美国超现实主义诗人和艺术家查尔斯·亨利·福特（Charles Henri Ford）曾写过这样一句诗：

With the forks of flowers，I eat the meat of morning.

（我手握花朵之叉，吃清晨之肉。）

如果缺乏阅读超现实主义作品的经验，大概很难理解这个句子，因为这样的隐喻实在有些不合常理。但是，在超现实主义的视域中，这样的说法是被接受的。如果用概念隐喻理论来解读这个诗句中的隐喻，也不容易。因为"花朵之叉"和"清晨之肉"究竟指的是什么，似乎并不容易从这句诗歌中的用词中直接得出结论；这是一个概念隐喻衍生出的两个隐喻性表述，还是分别两个不同的目标域发生映射？在理解超现实主义作品时，不能用常规的方式。受到弗洛伊德的精神分析影响，超现实主义的作品致力于发现人类的潜意识心理，所以，他们主张放弃以经验记忆为基础的现实形象，而直接呈现形象世界。在此前提下，"花朵之叉"很有可能就是指花朵的形状，而"清晨之肉"则和"清晨"这个概念发生映射，强调清晨是一段令人垂涎、丰富的时光。按照斯托克维尔的解读，这句诗想要表达的意义大概就是：今天，我要让我的感觉达到极致①。

因为认知语言学家们一再强调，概念隐喻源于人类日常的、共有的经验，所以认知诗学不仅关注超现实主义作品中的新奇隐喻，也对常规诗歌隐喻的新奇用法进行了较为深入的分析。比如，英国学者克里斯普（P.

---

① 参见 STOCKWELL P. Cognitive poetics：an introduction［M］. London and New York：Routledge，2002：111-115.

Crisp）从认知隐喻的视角，对著名诗人 D. H. 劳伦斯诗歌作品（*The Song of a Man Who Has Come Through*）中的隐喻进行了较为深入的分析。他发现，即便是如 D.H. 劳伦斯这样非常强调个人创造力的作家，其作品中的隐喻依然是根植于人类共有的常规概念系统[①]。

　　随着隐喻研究不断深化，两位美国认知语言学家福康涅和泰纳对概念隐喻理论的研究不断深入。虽然他们一再强调传统的源域—目标域的映射模式意义重大，在隐喻理论发展演变过程中有着不可磨灭的作用，但是该理论对许多复杂隐喻不具备充分的解释力。于是，在概念隐喻理论的基础上，他们提出了一种新的意义构建理论——概念整合理论（conceptual blending theory）。该理论是在福康涅提出的心理空间理论基础上发展而来的。

　　在"概念整合"的理论框架下，"四空间"说代替了莱考夫的源域和目标域的"双域"说。这里的"四空间"指的是两个输入空间，类似于为莱考夫所指的源域和目标域；类属空间指的是两个输入空间共有的抽象特质；合成空间里则生成了新概念，并且还引入了新显结构（emergent structure）的概念。在概念隐喻理论里，概念是存在于"域"里，而在概念整理理论中，心理空间的概念代替了认知域。该理论认为，心理空间是人类普遍的认知机制，它指的是我们"在思考和说话时，为了完成当下的理解和行动，而建构的概念集"[②]。和概念隐喻相比，这是一个非常有意思的变化：因为心理空间是在语言表达形式的引导下，由框架和认知模型建构的非常局部的集合，包括要素与要素之间的关系，因此，随着思考和交流的不断展开，心理空间可以不断被修改，新的元素和关系可以被加进来，心理空间之间的连接也可以被建构起来[③]。也就是说，心理空间具有某

---

① CRISP P. Conceptual metaphor and Its expresions［M］//GAVINS J，STEEN G. Cognitive poetics in practice. London and New York：Routledge，2003：99-113.

② FAUCONNIER G，TURNER M. The way we think：conceptual blending and the mind's hidden complexities［M］. New York：Basic Books，2002：102.

③ FAUCONNIER G. Mental spaces［M］. Massachusetts：The MIT Press，1985：16.

种临时性和动态性，因为它是可以在交流过程中被临时构建。正因为心理空间所具备的临时性和动态性，使得概念整合理论更具解释力。

格雷迪（J. Grady）曾对概念隐喻理论和概念整合理论进行了较为详细的对比。他以英语中一个常见的隐喻表述"医生是屠夫（This surgeon is a butcher）"为例，显然，在一般情况下，这个隐喻是要突出这个医生并没有医生理应具有的细致和专业。虽然我们可以在源域和目标域之间建立其映射关系，但是，因为概念隐喻理论强调两域之间的映射是直接的，那么其解释力还是存在一定的缺陷：虽然屠夫这个职业不见得比医生更加体面、更加难，但并不意味着，屠夫就是不细致、不专业的；因此，当源域和目标域以上述的方式映射时，并不能解释为什么这位医生的不称职[①]。但是，概念整合理论却可以把这个问题说清楚：合成空间将两个输入空间（概念隐喻理论中的源域和目标域）的概念的部分结构引入，在屠夫概念的输入空间里，有这样一个方式—目的关系——通过把动物杀死谋生，而在另一个输入空间的方式—目的关系却是通过为病人开刀手术而治愈其疾病。于是，这两对方式—目的关系在合成空间里产生错位，即用屠夫的方式来达到医生的目的。

尽管如福康涅和泰纳一再强调的那样，概念隐喻理论有其特殊的重要意义，它所强调的概念、隐喻和语言的关系对任何概念结构感研究都有借鉴和参考意义；但我们必须承认，相较于概念隐喻理论，概念整合理论确实又向前走了一步。

作为认知隐喻研究的新成果，概念整合理论也被一些认知语言学家用于诗歌语篇研究，而且已经有令人兴奋的成果。

日本的认知语言学家平贺正子（M. Hirage，2004）曾以日本俳句和英语诗歌为语料，用概念整合理论分析诗歌隐喻和象似性的关系，以及诗歌形式和意义的关系：英国玄学派诗人乔治·赫伯特（George Herbert）曾写

---

① GRADY J, et al. Blending and metaphor［M］// GIBBS R W, STEEN G J. Metaphor in cognitive linguistics: selected papers from the 5th international cognitive linguistics conference. Amsterdam and Philadelphia: John Benjamins Publishing Company, 1997: 103.

过一首名为《复活节的翅膀》的短诗，这首诗的最大特点为其书写方式与内容之间的呼应。

Lord，who createdst man in wealth and store，

Though foolishly he lost the same，

Decaying more and more，

Till he became

Most poore：

With thee

O let me rise

As larks，harmoniously，

And sing this day thy victories：

Then shall the fall further the flight in me.

My tender age in sorrow did beginne：

And still with sicknesses and shame

Thou didst so punish sinne，

That I became

Most thinne.

With thee

Let me combine

And feel this day thy victorie：

For，if I imp my wing on thine，

Affliction shall advance the flight in me.

如上所示，诗行被排成翅膀的形状，和本诗的题目形成呼应。在诗歌内容里，"人类是鸟"这个概念隐喻贯穿全诗。作者别具匠心的书写形式

也与诗歌内容形成映射，因此平贺正子用下图来表示这几方面之间的相互映射关系。

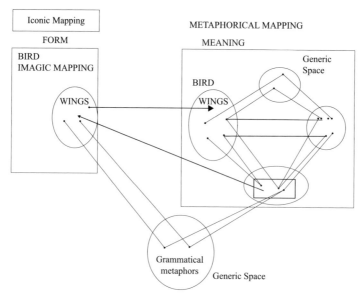

图 1-1　《复活节的翅膀》的隐喻与象征结构

图 1-1 较为全面地反映了这首诗的各种映射关系，而如此复杂、动态的映射图是概念隐喻理论的双域论所不能完成的[①]。

2008 年，伊朗语言学家凯沙瓦茨（F.Keshavarz）和舍赫拉查德（H. Ghassemzadeh）则用概念整合理论分析波斯大诗人哈菲兹的诗作，这是概念整合理论首次应用于波斯语诗歌的分析。作者指出，哈菲兹诗歌中也出现了诗歌作品中较常出现的一个隐喻——"人生是条河流（溪水）"。由于隐喻其实是多层面的结构，融合了许多认知、情绪和激发性过程，而诗歌隐喻则更是世界观形成的启发性途径。因此，通过分析概念整合中各个域的整合，可以发现，读者不仅以观察者之姿被哈菲兹的诗歌作品吸引，更是作为一位积极动态的参与者，在诗歌隐喻整合过程中的各个域之间

① HIRAGE M K.Metaphor and iconicity：a cognitive approach to analysing texts［M］. New York：Palgrave Macmillan，2004：20-60.

转换①。

这样的研究不仅为概念整合理论的应用提供一个绝佳的典范，更是为文本阅读中读者的积极作用提供了科学的证据。

随着诗歌隐喻认知研究的不断发展，也有学者将此用于其他领域的研究，比如布朗（A. Brown）曾分别以著名诗人艾略特的现代诗名篇《J. 阿尔弗瑞德·普鲁弗洛克的情歌》《空心人》为对象，通过梳理其中有关会计和会计师的隐喻②，展开相关探讨。

借助认知语言学理论，相较于传统诗学中的诗歌隐喻研究，认知诗学往前迈出一步。传统诗学的隐喻研究的前提是隐喻是一种语言修辞现象，因此他们的研究也多局限于文学自身，而认知诗学的诗歌隐喻研究，将隐喻上升到人类认知的概念系统的高度，把诗歌隐喻作为我们"赖以生存的隐喻"的一个特殊部分。这对诗歌研究来说，是一个标志性的转向。遗憾的是，作为一个有着丰厚诗歌传统的国家，中国有极其丰富的汉语诗歌语料，但中国学者对汉语诗歌语料的相关研究并不充分，尤其需要进行更多关于汉语新诗的诗歌隐喻研究，因为它们跟我们的生活语言更接近。

中国古诗传统悠久、体式多样、题材丰富、杰作无数，吸引学者的广泛关注，但诞生于20世纪的汉语新诗却获得关注较少，其实汉语新诗对于现代汉语、现代中国均有特殊意义。新文化运动起源就和新诗有关，在和主张"诗文截然两途"的梅光迪等人的论战中，胡适对新的诗歌方式的摸索逐渐成熟。他不仅提出"白话作诗"的具体方案，还率先用白话写诗。现在讨论新诗的起点，往往从1917年2月的《新青年》杂志说起，胡适在该杂志发表了《朋友》《湖上》《风在吹》等八首白话诗。如"两个黄蝴蝶，

① KESHAVARZ F，GHASSEMZADEH H. Life as a stream and the psychology of "moment" in Hafiz' verse：application of the blending theory ［J］. Journal of pragmatics，2008（40）：1781-1798.

② BROWN A. A metaphorical analysis of *The Love Song of J. Alfred Prufrock* by T. S. Eliot ［J］. Accounting forum，2018（1）：153-165. BROWN A. The accounting meta-metaphor of *The Hollow Men* by T. S. Eliot ［J］. Qualitative research in accounting & management，2021（1）：26-52.

双双飞上天。不知为什么，一个忽飞还。剩下那一个，孤单怪可怜。也无心上天，天上太孤单"（《蝴蝶》），①"水上一个萤火，水里一个萤火，平排着，轻轻地，打我们的船边飞过。他们俩儿越飞越近，渐渐地并作了一个"（《湖上》）②。今天看来，这样的句子，似乎并不够"新"。不过，"它们虽未脱五七言的旧格式，但引入了平白的口语，已和一般的旧诗有所差异"。1918年1月的《新青年》刊发了胡适、刘半农、沈尹默三人创作的九首白话诗。"这组诗的面貌焕然一新：不仅完全采用白话，而且分行排列，采用标点，旧诗的形式规范被基本打破。由此开始，新诗面向了公共的接受，正式登上了历史的舞台。"中国文学从此翻开新的一页。"在'不拘格律，不拘平仄，不拘长短'的诗体解放背后，一个自由表达、自我反思的现代主体，也随之浮现。"③

在隐喻层面，如《蝴蝶》这样的作品也有别样新意。在中国古典文学中，蝴蝶有两个相当著名的典故：一是源自《庄子》的庄周梦蝶，这个故事中的蝴蝶象征着灵魂自由；另一只著名的蝴蝶来自《梁山伯与祝英台》，这里的蝴蝶象征着美好的爱情。但是，在胡适笔下，这两只蝴蝶"不知何来何往"，古典系统中的被赋予蝴蝶的意义指向，"都不再具有左右新诗的'新'意"。"胡适将一切关于蝴蝶的已有寓意都悬置在诗意之外，对所见之物进行直观性命名。因此，与现代汉语需要重'写'的一切物一样，蝴蝶在白话汉语中只剩下自己，一个等待新的隐喻空间的自己。可以说，蝴蝶的无依所凭的'可怜'和'孤单'，某种意义上象征着白话汉语寻找属于自己的诗意生长系统的孤单开始。"④

因此，汉语新诗，不仅极大地丰富了现代汉语本身，"诗人们所进行的把诗歌作为一种语言艺术来经营的努力，其根本动因就是如何为先天不

① 李怡.中国新诗百年大典：第1卷［M］.武汉：长江文艺出版社，2013：3.
② 胡适.尝试集［M］.北京：人民文学出版社，2000：64.
③ 姜涛.新诗的发生及活力的展开［C］//谢冕，姜涛，孙玉石，等.百年中国新诗史略：《中国新诗总系》导言集.北京：北京大学出版社，2010：25-27.
④ 颜炼军.象征的漂移：汉语新诗的诗意变形记［M］.桂林：广西师范大学出版社，2015：93.

足的白话语言注入诗性的营养";同时,在某种意义上,相较古典诗词形式,汉语新诗能够更准确地表达现代中国人的生活、思维与困境。诗歌形式与生活经验之间的矛盾,并不是20世纪才产生的新问题。自宋代开始,随着市民生活的近代化倾向,诗人的生活经验和诗歌的固有表达系统产生隔膜和疏远,因此,古典诗歌采用的语言表意体系和人们实际使用的语言之间是有"脱节的,而且是自我封闭的"。"诗人和他用来写作的语言之间那种亲密无间的关系在宋以后不复存在,新的经验和现成的文学之间互相冲突,而伴随着新经验产生的新的语言成分几乎难以融入旧有的表达系统之中。"① 可以说,这种冲突在20世纪初达到顶点,这也是胡适发起白话诗运动的背景。

"现代汉语的构成基础是白话,但白话不仅是语言资源的一个方面,更指向一种语言的'思维'能力和方式。""现代汉语不只是白话对于文言的地位取代,而更是语言思维的扭转。"② 因此,新诗百余年的发展,不仅见证了现代汉语的发展,诗人们优秀的创作也极大地丰富了现代汉语本身,而百余年创作出的巨大的新诗作品体量,也记录、映照了时代风云的变换、无数个体的沉浮。我们也可以说,汉语新诗创造了数量极为丰富、反映当下生活的诗歌隐喻,而这些隐喻也反过来影响着现代中国人的思维方式和表达习惯。

第三节 批评隐喻分析与诗歌隐喻研究

批评隐喻分析(critical metaphor analysis)是认知语言学实践的另一成果。在语言学的研究范畴内,说隐喻无所不在,其实是在说它充满着话语

---

① 西渡.灵魂的未来 [M].开封:河南大学出版社,2009:269.
② 张桃洲.现代汉语的诗性空间:论20世纪中国新诗语言问题 [J].中国社会科学,2002(5):164-174,207.

（discourse）。什么是话语？奥斯汀（J. L. Austin）认为，话语指的是"书面或口头表达中一个大的语言片段"或"使用中的语言"①，我们生活中接触的各类口语和书面语的真实语篇，自然都属话语的范畴。

隐喻在话语中的主要功能，是描绘某一方面或某些方面的现实。由于隐喻是用彼事体来构建此事体，因此，源域的选择，必然对如何构建目标域产生影响。具体说，隐喻在语篇中有着如下功能：劝说、推理、评价、解释、理论建构、重新对现实概念化等。考威塞斯（Zoltan Kövecses）曾举过一个例子来说明同一隐喻在不同的语篇中的不同作用。英国前首相托尼·布莱尔为了向大众解释自己为何发动对伊战争，他在一篇演讲中这样说：

> Get rid of the false choice：principles or no principles. Replace it with the true choice. Forward or back.I can only go one way. I've not got a reverse gear. The time to trust a politician most is not when they're taking the easy option. Any politician can do the popular things. I know，I used to do a few of them.

在这里，布莱尔使用了两个较为常见的概念隐喻："进步就是向前运动（Progress is motion forward.）"和"有目的的活动是旅行（Purposeful activities are journeys.）"。通过这种隐喻策略，他把自己比喻为一辆没有倒车挡的车子，言下之意，即表扬自己是一位勇往直前的政治家，有清晰的政治理想，愿为实现理想而孜孜不倦。英国广播公司（BBC）的一位记者恰好抓住了上述隐喻形象"没有倒车挡的车子"，由此对布莱尔的演说和鼓吹提出疑问。他说，如果当你在悬崖边上，最好还是有个倒挡。（But when you are on the edge of a cliff, it is good to have a reverse gear.）显然，这

---

① AUSTIN J L. How to do things with words［M］. Beijing：Foreign Language Teaching and Research Press，2002：1.

位记者意思明确，建议布莱尔赶紧装个倒车挡是想强调发动对伊战争是危险的，布莱尔应该改变主意，从伊撤兵，这才是明智之举；他抓住了布莱尔使用的隐喻，"顺藤摸瓜"，"反将一军"。[1]

可见，隐喻可以服务于说者的需要，用于劝说他人；而被劝说者也可能抓住这个隐喻，"以子之矛，攻子之盾"，这样的情况在政治辩论中较为常见。这印证了前面谈论过的意思，即在同一隐喻建构过程中，由于取舍不同，会导致不同的隐喻效果。

另外，隐喻还有一个重要功能：连贯。比如，某个隐喻或隐喻性类比，有时可以串联起一篇文章；甚至是让不同语篇之间产生互文性。在宗教语篇中，这种情况很多。比如在基督教语篇中，牧人（shepherd）一词出现频率很高，但无论在何时何地的语篇中，它的目标域总是上帝或耶稣。连贯还表现在同一语篇中。比如，卡梅伦（L.Cameron）对口语中的隐喻进行分析时，发现人们交谈中使用的隐喻，和前后的对话都有诸多关系。也就是说，虽然这些隐喻属于概念隐喻的范畴，但是，它们并不孤立存在。人们在交谈时，必然会考虑对方的想法、情绪等。因此，当对话中出现一个隐喻性表达后，人们会再次使用、发展或者摒弃它。卡梅伦称之为"系统隐喻"[2]。她举了这样一个例子：

> A：…did you see it as like individuals,
>
> or did you see it as a sort of a
>
> …the big…political picture,
>
> the IRA,
>
> or
>
> …the war,

---

[1] KÖVECSES Z. Metaphor：a practical introduction ［M］. 2nd. New York and Oxford：Oxford University Press，2010：288.

[2] CAMERON L. Patterns of metaphor use in reconciliation talk ［J］. Discourse and society，2007（2）：197-222.

...um, you know what I mean,

er,

B：Yeah,

A：...you were –

you were aware that there's a –

...it's going to be an individual who you'd be sitting down with.

B：Hmh...I saw it as both.

在这段简单的对话中，see 先后出现了三次，其中两次出自同一人之口。我们知道，在这里，see 并不是指用眼睛"看"，而指的是"理解"（understand），因为 seeing is understanding 是一个常见的概念隐喻。而另一个表达"a big picture"也是由这个概念隐喻衍生而来，see a big political picture 指的就是理解宏观的政治情况。可见，一个隐喻性表达，在同一语篇中会有重复和发展。

认知隐喻理论，特别是概念隐喻理论，在话语分析中应用广泛，为其他学科输送了新的研究视角。同时，它也在输送过程中不断得到调整，通过研究各种语篇的隐喻意义及理解，反过来可以帮助我们从理论的角度回答诸如"到底该如何理论隐喻"这样的根本性问题。

既然在《我们赖以生存的隐喻》中，作者坚定地表示，隐喻并非语言大师的专利，在日常的生活、思想和行为中，隐喻无处不在。因此，各种话语中都充满着隐喻。随着认知隐喻研究的不断深入，研究者们深刻地意识到，脱离语境研究隐喻并不合适。分析概念隐喻，亦不能脱离概念隐喻所依存的文本。于是，有不少学者开始着重关注语境中的隐喻。

对于政治话语中的隐喻现象，莱考夫（1991）的研究非常经典。他分析了美国政府为海湾战争的合法性进行辩护的隐喻系统[①]；沿着莱考夫的思

---

① LAKOFF G. Metaphor and war：the metaphor system used to justify war in the gulf［J］. Peace research，1991，23（2-3）：25-32.

路，鲁尔（J. Lule）[①]和帕里斯（R. Paris）[②]分别分析了美国2003年对伊战争前夕以及科索沃战争期间的新闻报道中的隐喻。此外，莱考夫（1996）还通过考察美国两大党的施政纲领、总统发言等文本，指出两党政策的不同，体现为他们深层概念隐喻的不同。他指出，虽然两党都认同国家就是家庭的隐喻，但是，共和党认为，这个"家庭"中应该有一个严父（a strict father model），而民主党则认为，抚育孩子是父母的主要责任（a nurturant parent model）。在莱考夫看来，由此可解释两党在堕胎、同性恋合法化、社会福利等问题上的差异[③]。德国认知语言学家赞肯（J. Zinken）指出，按照概念隐喻理论，无论把爱情理解成一辆转着轮子的汽车，还是一列脱轨的火车，似乎都是一回事。因为它们的源域虽为不同的交通工具，但都已被概念隐喻高度概括，这样一来，不同"车辆"的具体运动方式、运动阻碍等差异都被过滤了，而通过分析政治语篇，他发现关于水壶（kettle）的隐喻更多地出现在谈政治压力的语境中，而关于水罐（pot）的隐喻，则一般用在细分政治版图的语境中；关于船（ship）的隐喻一般用于谈论复杂系统的语境，而关于舟（boat）的隐喻则用在谈合作的语境里。可见，船和舟的隐喻义不同，水壶和水罐的隐喻义也不同[④]。

　　在经济领域，迄今已有许多研究者对其中的隐喻做了卓有成效的整体性研究。库尔拉内（M. Koiranen）（1995）以调查问卷为基础，将北欧的创业隐喻归纳为六大类：创造性活动、特殊品质和特征、机器或物品、大自然、运动和游戏、战斗[⑤]。托德（S. D. Dodd）（2002），则以大众商业刊

① LULE J. War and its metaphors：news language and the prelude to War in Iraq，2003［J］. Journalism studies，2004（2）：179-190.

② PARIS R. Kosovo and the metaphor war［J］. Political science quarterly，2002（3）：423-450.

③ LAKOFF G. Moral politics：what conservatives know that liberals don't［M］. Chicago and London：The University of Chicago Press，1996：4.

④ ZINKEN J. Discourse metaphors：the link between figurative language and habitual analogies［EB/OL］.［2010-10-09］. http://scholar.google.com.hk/scholar?cluster=17787120507094679972&hl=zh-CN&as_sdt=0,5.

⑤ KOIRANEN M. North European metaphors of 'Entrepreneurship' and 'an Entrepreneur'［EB/OL］.［2010-08-10］. https://journals.sagepub.com/doi/full/10.1177/1042258717734369.

物中的企业家人生故事为语料，在近百篇文章中筛选出24篇文本，并在其中归纳出描述美国企业家精神的七个喻体：旅行、赛跑、抚养子女、造房子、战争、疯狂行为、激情动作。以上述概念隐喻为起点，托德进一步建立了有关美国企业家精神的文化模型[①]。中国学者吴恩锋运用概念隐喻理论，以《中国经营报》《经济观察报》《21世纪经济报道》为语料库，总结出我国经济媒介的文本中常见的八个概念隐喻，用翔实的数据阐释了对经济认知域的概念的隐喻思维模式，让我们能更好地认识中国经济现象的内核[②]。也有一些研究者，通过深入关注某种经济社会话语中的隐喻，来揭示背后的社会文化现象。比如，库雷（V. Koller，2004）通过分析商业话语语料库中的隐喻，发现了"战争隐喻"在商业话语中的核心地位，进而指出女性在当代商业活动中边缘处境[③]。卡敦（M. S. Cardon，2005）等人深入探讨了用于描述企业家精神的"亲子关系"隐喻，全面分析了"抚养子女"与"商业行为"之间的对应关系，并且对该隐喻的局限性进行了深刻的反思。他们认为，"隐喻分析能清晰地揭示情感因素与企业家行为之间的内在关联，因此，它比现有理论更容易获得企业家的共鸣"[④]。格特雷（A. Goatly，2007）探讨了现行经济体制下某些概念隐喻是如何增多不平等、非正义和环境破坏事件的发生的[⑤]。

在教育学领域，卡梅伦（2003）研究了教学环境中使用的隐喻以及背后潜藏的教育理念。她集中研究了不同版本的《自然科学》教材以及相关课堂教学话语。通过分析其中的隐喻，她探讨了隐喻在帮助学生理解和学

---

① DODD S D. Metaphor and meaning：a grounded cultural model of US entrepreneurship［J］. Journal of business venturing，2002，17（5）：519-535.

② 吴恩锋.经济认知域的隐喻思维［M］.杭州：浙江大学出版社，2010.

③ KOLLER V. Metaphor and gender in business media discourse：a critical cognitive study ［M］. Basingstoke：Palgrave Macmillan，2004：102-105.

④ CARDON M S，ZIETSMA C，SAPARITO P，et al. A tale of passion：new insights into entrepreneurship from a parenthood metaphor［J］. Journal of business venturing，2005（1）：22-45.

⑤ GOATLY A. Washing the brain-metaphor and hidden ideology［M］. Amsterdam and Philadelphia：John Benjamin Publishing House，2007：3.

习知识时的作用及其局限①。格特雷（2002）通过分析香港官方教育话语中潜在的概念隐喻，探讨了其中的局限性和不一致性②。

2009年，《隐喻和话语》（*Metaphor and Discourse*）一书的问世，是这个研究走向的阶段性成果。这是一本论文集，在认知语言学的大框架内，学者们就公共话语中隐喻识别和分析进行大量的方法论层面的讨论和案例分析，也对隐喻思维的具身性和其社会文化背景的复杂关系展开讨论。

在此背景下，J. 查特里斯－布莱克（J. Charteris-Black）提出了一种以认知隐喻理论为中心的研究方法：批评隐喻分析。它综合运用了批评话语分析③、认知语言学和语料库分析学科等三门学科，来分析语篇中隐喻的语言、语用和认知特征，不仅为批评话语分析、认知语言学研究等提供另一种研究取向，更为如何深入地研究文本中的概念隐喻的意识形态提供了很好的思路④。

经过认知语言学的洗礼，已经达成如下共识：话语中大量存在的隐

① CAMERON L. Metaphor in education discourse［M］. London and New York：Continuum Press，2003：14.

② GOATLY A. Conflicting metaphor in the Hong Kong Special Administrative Region education reform proposal［J］. Metaphor and symbol，2002（4）：263-294.

③ 话语分析又称话语研究，它是一个较为宽泛的概念。在进行话语分析时，不同学科为完成各自的研究假设，会采取相应的研究路径和方法。从这个角度来划分，话语分析方式目前大致可分三派：福柯学派、英美学派和批评话语分析（critical discourse analysis）学派。福柯学派继承了福柯的理论和研究模式，他们的研究不关心话语本身，转而关注话语中折射出的社会关系、意识形态、社会联盟等问题。英美学派主要研究语言的使用，其研究重点是连贯、图式、体裁等关乎语言结构和语境的问题。批评话语分析则注重语言与社会之间的互动和同构关系，他们认为，语言本身即社会实践，社会结构和社会实践由话语建构，同时也被社会和社会实践所建构。因此，语言使用中都充满着意识形态因素，语篇发话者和受话者之间的权势关系，也呈现于语言使用中。通过分析话语，他们试图揭露和抵制现实社会中的不平等和权力的不平衡，进而改善语言的使用现状，促进社会进步，消除不公平。三个学派各有特长，侧重话语研究的不同层面。在许多学者的研究中，隐喻与话语分析常常相互借鉴。许多学者已注意到，批评话语分析模式与认知视角下的隐喻观念之间颇有渊源。比如，在巴尔肯（1998）那里，这种交叉性就得到了详细探讨，他将隐喻视为意识形态的认知机制，是产生意识形态的形态，这就把二者的核心观念统摄起来。斯托克维尔（2000）则更直接地指出，莱考夫和费尔克劳分别从概念隐喻和批评话语研究的角度，分析海湾战争语篇的案例中，就显示出很大的相似性，可谓殊途同归。

④ CHARTERIS-BLACK J. Corpus approaches to critical metaphor analysis［M］. New York：Palgrave Macmillan，2004：159.

喻并不只是为了增加文采，它们还常常影响着文本阅读者的价值判断，特别是把大量的隐喻放在语境中研究时，尤为如此。随着隐喻研究和话语分析的不断结合、相互影响和促进，学者们开始引入语料库语言学。他们要么先建立相关主题的语料库，要么采用现有的语料库，通过分析其中概念隐喻关键词的频率和聚类特征，归纳、演绎，提炼出概念隐喻，进而萃取出语篇背后的概念隐喻系统。也就是说，通过分析大量文本中的隐喻性表达，可以总结出背后的概念隐喻，以此对文本的意识形态进行较为准确的判断。

卡梅伦和罗尔指出，批评隐喻分析的方法分三个步骤：首先，搜集关于某个话题的隐喻性表达的例子；其次，通过这些例子来归纳出背后的概念隐喻；最后，通过这些分析结果来解读那些建设或者制约人们思维行动的思维方式[①]。质言之，隐喻、意识形态和思想，是批评隐喻分析的三个关键词。查特里斯－布莱克将批评隐喻分析法分为三个分析步骤。

第一步，隐喻识别（metaphor identification）。由于查特里斯－布莱克希望在语料库中实现其隐喻分析，因此，成功地识别出隐喻是一个关键。尽管现在有许多学者在展开机器识别隐喻的研究，但是在现有阶段依然不能完全实现。和其他语言现象相比，隐喻有其特殊性。在特定语境内，任何词都有可能是一个隐喻或者隐喻性表达，这给机器判断造成了一定的困难。当然，识别常规隐喻会相对容易一些，但是究竟哪些隐喻属于常规隐喻，也存在个体判断差异。查特里斯－布莱克提出如下解决办法：首先，精读一段样本语料，对文本中出现的隐喻一一判断；其次，通过语料库中的关键词检索，对检索词的出现语境再逐一判断。换言之，可以通过阅读者或者分析者的主观努力进行隐喻识别。

第二步是隐喻解读（metaphor intepretation）。隐喻解读主要指的是确定该隐喻的认知要素和语用要素，并明确它们之间的关系。因此，分析者

---

① CAMERON L，LOW G. Researching and applying metaphor［M］. Cambridge：Cambridge University Press，1999：88.

需要识别涉及的概念隐喻。在隐喻解读中，我们可以选择隐喻是如何在构建重要的社会表征时起积极作用的。

第三步是隐喻解释（metaphor explanation）。这一步其实就是需要明确隐喻在语篇中的功能。也就是说，通过分析文本中的隐喻，或者语料库中的隐喻，来明确这些隐喻的意识形态的动机到底是什么？如此分析出来的结果，显然比分析者的主观判断，更有说服力。因此，在这一个步骤中，我们需要识别出背后的概念隐喻、概念隐喻的生产者以及他们在整个用隐喻说服的社会角色。其实，这一步就是完成批评话语分析的研究目标，只是批评隐喻分析的分析步骤更加明确，因此结果也更具说服力。迄今为止，已有不少学者用批评隐喻分析模式来分析政治、宗教、教育、经济等语篇里的概念隐喻，探讨它们背后的态度、感情和理念。

查特里斯–布莱克提出批评隐喻分析后，较为细致地分析了许多类型的语料，包括英国工党和保守党的纲领、体育报道、金融报道、《圣经》、《古兰经》等各种类型的文本。中国学者纪玉华分析了英美政客在跨文化交际语境中的演讲，揭示演讲背后隐藏的意识形态、态度和信念，以此为出发点，梳理了语言、意识形态和社会语境之间的复杂关系[1]。

通过对各领域文本的隐喻分析，语言学研究者们证明了概念隐喻的普遍性，非语言学领域的学者也可以通过相关领域的文本中的概念隐喻分析成果，对各自的领域获得新的认知。概念隐喻理论在自己的"旅途"中，面貌也发生了改变。有不少学者通过分析话语中的隐喻，对概念隐喻理论提出修正意见。这恰恰表明："隐喻既是话语的产物，又是话语的创造者。"[2]但是，目前还没有人用这种分析方法来分析诗歌隐喻。本书拟适当地尝试以批评隐喻分析来研究诗歌隐喻。

① 纪玉华.跨文化交际研究和教育中的批评性话语分析 [M].厦门：厦门大学出版社，2007：5.
② GIBBS R. Studying metaphor in discourse：some lessons，challenges and new data [C] // MUSOLFF A，ZINKEN J. Metaphor and discourse. Basingstoke：Palgrave Macmillan，2009：251-261.

通过对中西传统诗学进行简要回顾，以及对认知诗学和批评隐喻分析的梳理，可以发现，诗歌隐喻是古往今来的隐喻研究中重要的部分。因不同时代的学术风尚和研究需要，诗歌隐喻被语言学家关注的方式和重心也不同。在汉语语言学学界，因为各种因素，对于诗歌隐喻的语言学研究尚待开拓，尤其是对现代新诗的语言学关注，研究者寥寥。①

莱考夫在一次演讲中曾强调基于认知语言学研究不同语言和不同语料类型具有相当的重要性，因为只有这样，才能丰满、加固甚至修正认知语言学的理论基础②。如他所期待的那样，认知语言学作为一门方兴未艾的语言学分支，已经衍生出许多应用性的语言学研究范式，并穿梭于不同的语言和语料中间。本章中讨论的认知诗学和批评隐喻分析，亦可视其为衍生性的分支。如前文所指出的，自从认知诗学兴起以来，国外学者已经大量地利用认知语言学的成果来考察各个语种中的诗歌隐喻。相比之下，自从查特里斯–布莱克提出批评隐喻分析以来，学者们更多地用它来研究政治、经济、新闻或者宗教领域的语篇，却几乎没有人研究诗歌语篇。确实，相较诗歌语篇而言，上述文本中的意识形态导向更为"明显"，更符合研究"期待"，但是，诗歌语篇作为语言艺术和社会文化的在个体语言创造中的"分泌物"，其中的隐喻现象一定也有着同样重要的内涵。只是，因为惯常对于诗歌语篇的偏见，容易导致研究选择偏差。笔者选择汉语新诗中的隐喻作为研究对象，亦算是弥补这一缺憾的初步尝试。

法国符号学家、文学批评家罗兰·巴特说："现代诗歌是语言历史上

---

① 目前，以诗歌为语料的汉语语言学专著较少，笔者仅发现一本专著《诗学语言学研究》（周瑞敏，河南大学出版社，2010年版）和博士论文《朦胧诗文学性的认知研究》（邓忠，湖南大学，2020年）。前者是基于俄国形式主义派开创的诗学语言学完成的，从现代语言学，特别是结构主义语言学的角度研究文学语言形态中诗歌语言的语音学、语法学、语义学和语用学问题。该书中涉及的语料大多是援引或复述外国诗歌文本，特别是俄语诗歌文本，少许地关注汉语古典诗歌文本，没有认真关注新诗文本，显示出某种偏见和缺失。后者是从认知语言学的跨学科路径探讨一个文学问题，即朦胧诗的文学性。另外，著名比较文学学者张隆溪教授在讨论中西诗学和诗歌时，曾援引认知诗学的成果，但其对象仅限于古典诗歌（《道与逻各斯》，冯川译，江苏教育出版社，2003年版）。

② 参见高远，李福印. 乔治·莱考夫认知语言学十讲［M］. 北京：外语教学与研究出版社，2007：229-254.

的新事件。"①这句话用来描述现代汉语新诗再恰当不过了。汉语新诗作为一门新的语言艺术，在中国有近一百年的实践。从胡适1917年出版的第一本新诗集《尝试集》迄今，已经有无数诗人投入这项语言创造的工程。虽然目前诗歌正处于一个被边缘化的低谷，但在整个20世纪里，诗歌曾几度被簇拥进社会话语的中心。20世纪初至20年代，诗歌是汉语白话运动的重要载体，而自三四十年代开始，汉语新诗又大规模地参与到民族主义和社会主义的话语运动中去。1979年后的十年时间里，汉语新诗的大众化程度超过了许多别的语言形式。可以说，在过去的一百年时间里，它深度地参与到中国人的心智构造和价值更新运动中。

作为用汉语白话写就的诗歌作品，汉语新诗发明了许多前所未有的隐喻方式。它们集中显示了现代汉语成熟过程中的许多问题和症候。当然，因为20世纪中国的特殊处境，汉语诗歌中的隐喻也一定与它们生长的社会语境相关。把这一时段内的汉语新诗隐喻作为认知语言学研究的样本，既有特殊的语料价值，又有不可或缺的社会历史意义。

由于本书的侧重和目的，在众多的汉语新诗隐喻里，笔者选择了关于"祖国母亲"隐喻作为集中研究的对象。在认知语言学的共识中，诗歌隐喻并不被简单地视为一种华丽或者非常规的语言现象；而认知诗学的研究焦点并不是隐喻本身，而是隐喻对文本的影响及其文学作品中的意义，这显然偏离本书的初衷。因此，笔者不但借鉴了认知诗学的分析方法，也试图局部引入批评隐喻分析的方法，把新诗中的祖国母亲隐喻作为一个重要的语言现象来研究，也就是说，本研究是一项以诗歌语料为对象的认知语言学研究。

如麦克马克（MacCormac）所强调的那样，隐喻的抒情功能亦有其重要性，这才是诗歌中存在大量隐喻的原因。②而关于"祖国"的抒情，是

---

① 转引自库克.二十世纪西方现代诗学要素论［C］//唐晓渡，西川.当代国际诗坛：3.赵四，译.北京：作家出版社，2010：296.
② GOATLY A. The language of metaphors［M］. London and New York：Routledge，1997：158.

20世纪中国社会中最为普遍和持久的抒情现象，它们集中地以各种隐喻分布在诗歌语篇中，显示了中国人在这一历史时段里与通过语言和世界发生的特殊关系。分析祖国母亲隐喻这一语言现象，其实是分析被这个语言现象占有的中国人，是如何与各种相关的社会概念发生关系的；因为隐喻，特别是那些常常被系统性使用的隐喻，隐含着系统的价值观。可以说，在汉语新诗中，鉴于祖国母亲隐喻的多样性和普遍性，为我们认知地、历史地研究中国人的集体价值观及其与社会之间的互动关系，提供了独特的案例。后面的章节将从认知语言学出发，借助各种理论工具对此展开分析。当然，笔者也希望通过对案例的细致研究，能够给认知隐喻理论提供反观自身的新角度——这大概是所有理论和方法走向完善的必由之路。

第二章

语词表现类型与历史变迁

在百年汉语新诗中，涉及国家、中国、祖国的隐喻为数不少，并且形态各异。虽然祖国、国家、国、中国等词语的含义有相似甚至重合之处，但是，为了让分析更加具有针对性，本书的分析对象将以祖国母亲隐喻为主，在必要的情况下，偶尔将以祖国为目标域或源域的其他隐喻作为参照。

在第一节中，笔者试图以隐喻的句法和结构特点为划分方式，来对汉语新诗中祖国母亲隐喻的表现类型进行描述。基于第一节的分析结果，第二节对"目标域祖国"一词展开语义梳理，并描述祖国母亲隐喻的历时变化。

在对其历时变化的描述过程中，笔者将适当采用批评隐喻分析的分析方法，来分析这一特殊的隐喻。批评隐喻分析向来注重隐喻与社会历史环境之间的密切互动关系，比如，查特里斯–布莱克曾经以英国保守党和工党在不同历史时期的施政纲领中的隐喻为语料，分析隐喻的历时变化[①]。面对贯穿百年的祖国母亲隐喻现象，借助这样的方法，勾勒20世纪汉语新诗中祖国母亲隐喻的历时变化，揭示出汉语表达中对于祖国这个概念的认知的丰富性和复杂性。

---

① CHARTERIS-BLACK J. Corpus approaches to critical metaphor analysis［M］. New York：Palgrave Macmillan，2004：65-85.

第一节 表现类型

在现代汉语新诗语料中，"祖国母亲"隐喻的类型多种多样，它们出现在句子的不同成分中，构成了不同的隐喻表现类型。从一个方面展示了这一隐喻在现代汉语新诗表现类型的多样性。按照标记性词汇划分，隐喻句一般分为有标记隐喻和无标记隐喻。所谓有标记隐喻指的是包含了"像"等比喻词的隐喻句。比如：

啊！黄河！
你是伟大坚强，
像一个巨人
出现在亚洲平原之上，
用你那英雄的体魄
筑成我们民族的屏障。①

——光未然《黄河颂》

祖国的天空
风暴已经起来了
我们都像地面的黄叶
被旋飞的飓风飞卷
飘到半空四处散落
我从此与你远离

---

① 吴晓东.中国新诗总系：1937—1949［M］.北京：人民文学出版社，2010：295.

颠仆着在外地流徙 ①

——杜谷《写给故乡》

我想起乡村里那些简陋的房屋——

它们紧紧地挨挤着，好像冬天寒冷的人们，

它们被柴烟薰成乌黑，到处挂满了尘埃，

里面充溢着女人的叱骂和小孩的啼哭；

屋檐下悬挂着向日葵和萝卜的种子，

和成串的焦红的辣椒，枯黄的干菜；

小小的窗子凝望着村外的道路，

看着山峦以及远处山脚下的村落。②

——艾青《献给乡村的诗》

我想起乡村里最老的老人——

他的须发灰白，他的牙齿掉了，耳朵聋了。

手像紫荆藤紧紧地握着拐杖，

从市集回来的村民高声地和他谈着行情。③

——艾青《献给乡村的诗》

直到今天，爱，隔绝了一切，

他在摇撼我们疲弱的身体，

---

① 杜谷.杜谷诗文选［M］.成都：四川人民出版社，2016：39.
② 吴晓东.中国新诗总系：1937—1949［M］.北京：人民文学出版社，2010：69-70.
③ 吴晓东.中国新诗总系：1937—1949［M］.北京：人民文学出版社，2010：70.

像是等待着有突然的火花突然的旋风

从我们的漂泊和孤独向外冲去。①

——穆旦《饥饿的中国》

去年我们活在寒冷的一串零上，

今年我们在零零零零零的下面我们呼喘，

像是撑着一只破了的船，我们

从溯水的去年驶向今年的深渊。

……

一切都在飞，在跳，在笑，

只有我们跌倒又爬起，爬起又缩小，

庞大的数字像是一串列车，它猛力地前冲，

我们不过是它的尾巴，在点的后面飘摇。②

——穆旦《时感四首》

他

屹立着像一尊塑像……

掌声和呼声静下来了

这会场

静下来了

好像是风浪停息了的海

　　只有微波在动荡而过

　　只有微风在吹拂而过

---

① 易彬.中国新诗百年大典：第8卷［M］.武汉：长江文艺出版社，2013：118.

② 吴晓东.中国新诗总系：1937—1949［M］.北京：人民文学出版社，2010：247-248.

一刹那通到永远——

时间

奔腾在肃穆的呼吸里面①

——胡风《欢乐颂》

我们开会

我们的视线

像车辐

　集中在一个轴心②

——何达《我们开会》

我们也愿

像榕树的根

张着粗大的多指的长爪

紧紧地

抓住你的泥土③

——何达《过昭平》

如上述例句所示，在这种类型的隐喻句中，比喻词的两端分别为目标域和源域，无论是"他屹立着像一尊塑像""我们也愿像榕树的根"，还是"这会场……好像是风浪停息了的海""我们的视线像车辐集中在一个轴心"

---

① 雷抒雁，程步涛.祖国，为你而歌［M］.合肥：安徽文艺出版社，2009：1.

② 本书编辑委员会.中国新文学大系1937—1949：第十四集　诗卷［M］.上海：上海文艺出版社，1990：447.

③ 卞之琳，冯至，穆旦，等.西南联大现代诗钞［M］.北京：北京联合出版公司，2021：276.

等，各隐喻句的意象意义都比较明确。而无标记隐喻为没有比喻词的隐喻句，可分为语用异常和语义异常两类。语用异常指的是语句的字面意义与语境意义发生对立或冲突，字面意义因而服从于语境意义，达成一种特殊的语用效果。语义异常的情况相对复杂一些，一般指字面意义之间发生对立或冲突，在相互的协调中形成了特殊的语义效果。这两种情况都会出现在无标记隐喻句中。当然，因为句子中发生异常的重心不一样，因此，无标记隐喻句也被语言学家划分为不同的类型。比较有代表性的，是格特雷以英语隐喻句为分析对象，基于句中隐喻驱动词，即表示源域的词语的词类，把无标记隐喻句按照名词、动词、形容词、副词、介词来划分①。受到这种分类法的启示，我国学者束定芳用类似的方法对汉语隐喻句进行归类，归纳出名词性隐喻、动词性隐喻、形容词性隐喻、副词性隐喻和介词性隐喻等种类②。王文斌对其的分析结果进行补充，并提出了量词性隐喻。③

　　基于上述研究者所设立的分类标准，下文将对汉语新诗中的祖国母亲隐喻的各种隐喻性表述展开类型分析。

　　格特雷曾指出，在各种隐喻类型中，名词性隐喻的数量最大，也最易识别。这个结论是针对英语而言的，其实在汉语新诗中亦是如此。亚里士多德讨论的隐喻——名词的替换就是名词性隐喻。所谓的名词性隐喻指的是由名词构成的隐喻，在句中的不同句法成分中出现。比如：

呵祖国

我受难的母亲

你海外的儿女回来了

它们载一车车南国的深情

---

① GOATLY A. The language of metaphors [M]. London and New York：Routledge，1997：82-92.

② 束定芳.隐喻学研究 [M].上海：上海外语教育出版社，2000：59-60.

③ 王文斌.隐喻的认知构建与解读 [M].上海：上海外语教育出版社，2007：58-62.

开进了祖国的怀抱①

——杜谷《车队》

车过鸭绿江，

好像飞一样。

祖国，我回来了，

祖国，我的亲娘！

我看见你正在

向你远离膝下的儿子招手。②

——未央《祖国，我回来了》

你们

在祖国的热烘烘的胸脯上长大③

——郭小川《向困难进军——再致青年公民》

让人们把我们叫作

母亲的最好的儿女，

在英雄辈出的祖国，

我们是年轻的接力人④

——邵燕祥《到远方去》

---

① 杜谷.杜谷诗文选［M］.成都：四川人民出版社，2016：30.

② 谢冕.中国新诗总系：1949—1959［M］.北京：人民文学出版社，2010：202.

③ 谢冕.中国新诗总系：1949—1959［M］.北京：人民文学出版社，2010：128.

④ 陈希，向卫国.中国新诗读本［M］.广州：中山大学出版社，2016：181.

"他写完他的信不是用笔,

是用他对母亲——祖国的忠诚,

是他对朝鲜人民的爱,

用他的非凡的功勋!"

连长最后一个发言,

他的话一句句打动我们的心,

"为了纪念我们最好的战友,

为了报答我们共同的母亲,[①]

……

——严辰《红旗手》

从指甲缝中隐藏的泥土,我

认出我的祖国——母亲[②]

——多多《在英格兰》

此时的杨靖宇他还能说什么呢

怨自己麻痹?恨自己轻信?

把他们痛骂?将他们宽容?

他的心儿碎了,他的伤口裂了……

苦难的祖国母亲啊!不幸的中华民族啊

你该知道你为什么苦难和不幸

---

① 谢冕.中国新诗总系:1949—1959[M].北京:人民文学出版社,2010:206-207.

② 李润霞.中国新诗百年大典:第11卷[M].武汉:长江文艺出版社,2013:160.

此刻的杨靖宇他还能说些什么呢[①]

　　——刘家魁《一个英雄和三个败类——献给杨靖宇

殉国44周年》

祖国！ 您骂她吧

怎么骂怎么打都不为过

是的，她的诗歌吃您的五谷，穿您的云雾

是您打开满天星斗，夜夜为她点灯

……

她比您早一些进入花甲

而怎么白发，都是您的女儿

她喊您的声音是带韵的，母亲

您的爱属于给予，属于照耀，笼罩着

存在于她一切文字的呼吸之中[②]

　　——傅天琳《表达》

祖国的健儿们的铁骑……

祖国呵，

你以爱情的乳浆，

养育了我；

而我，

也将以我的血肉，

---

①　刘家魁.刘家魁叙事诗选［M］.长春：时代文艺出版社，2004：154.

②　梁平，韩珩.中国2011年度诗歌精选［M］.成都：四川文艺出版社，2012：213.

守卫你啊!

……

祖国呵,

在敌人的屠刀下,

我不会滴一滴眼泪,

我高笑,

因为呵,

我——

你的大手大脚的儿子,

你的守卫者,

他的生命,

给你留下了一首

崇高的"赞美词"。

我高歌,

祖国呵,

在埋着我的骨骼的黄土堆上,

也将有爱情的花儿生长。①

——陈辉《为祖国而歌》

在上述例子中,祖国母亲隐喻的各种相关表达以名词的形式在诗句中出现,有些是直接称呼祖国母亲、亲娘,有些则自称祖国的儿女,有的则用"爱情的乳浆"这个意象来指代母亲的乳汁,或者强调祖国的"热烘烘的胸脯"。名词性隐喻作为最重要、最常见的隐喻类型,当代认知语言学对这个语言现象的研究成果比较丰富,包括突显不平衡模型(salience imbalance model)、特征归属模型(property attribution model)等。祖国母亲隐喻最基本的、概念层面的表达是祖国是母亲,在实际文本中,形式更

---

① 孙晓娅.中国新诗百年大典:第7卷[M].武汉:长江文艺出版社,2013:195-196.

加多元，如上文出现的"她比您早一些进入花甲／而怎么白发，都是您的女儿""我受难的母亲／你海外的儿女回来了"等表达，就是"祖国母亲"隐喻的不同表达形式。吉伯斯曾指出，名词性隐喻除了"X是Y"的结构，还包括由多个语义项参与形成的复杂结构，比如XYZ结构①。如果以此来探视祖国母亲隐喻，那么XY结构即祖国是母亲，XYZ结构即为"我是……的儿女""祖国是我的母亲（亲娘）"，这种表达在文本中非常常见，当然，实际表达中的丰富性绝不止于此。束定芳指出："名词性隐喻可以在句中充当主语、表语、宾语、同位语等成分。"②其实，这个归纳似并不精确，毕竟主语、谓语、宾语、定语、状语和补语是针对句子语法结构而言，而同位语则是基于另一逻辑层面的分类结果，同位语可作主语，也可作宾语。比如，上述例子中"呵祖国／我受难的母亲""祖国，我回来了，祖国，我的亲娘""他写完他的信不是用笔，是用他对母亲——祖国的忠诚"都是同位语，由于诗歌的特殊语言形式，名词性隐喻充当诗句同位语较为常见，但是它们在句子成分却不尽相同；"祖国，我回来了，祖国，我的亲娘"中的同位语可视为句子的主语；而同位语在"他写完他的信不是用笔，是用他对母亲——祖国的忠诚"中则充当定语，等等。

而需要指出的是，随着祖国母亲隐喻的不断发展，祖国和母亲逐渐成为一对约定俗成的同位语。通过Wordsmith③语料库软件对自建语料库检索，我们发现：以"祖国"为检索词，在其搭配词中，"母亲"出现的频率非常高。而"祖国母亲"这样的搭配，就是一个典型的名词性隐喻。鉴于其出现的如此高频率，可以说，"祖国母亲"在汉语新诗中，已经变成了一种规约化的指称，不再是新奇隐喻。下面是利用语料库软件检索的结果。

---

① GIBBS R.Researching metaphor［C］//CAMERON L，LOW G. Researching and applying metaphor. Cambridge：Cambridge University Press，1999：29-47.

② 束定芳.隐喻学研究［M］.上海：上海外语教育出版社，2000：60.

③ Wordsmith是英国语言学家Mike Scott研发的一个功能强大的语料库软件，自问世以来，其版本一直在不断更新。可通过这个语料库软件对文本进行词频（frequency）、主题词（keyword）、搭配（collocation）等方面的分析，从而展开更加精确的文本解读。将汉语文本进行一定的格式转化以后，亦可在该软件中检索。

表 2-1　语料库软件检索结果

N	L4	L3	L2	L1	Centre	R1	R2	R3	R4
1	的	的	我	的	**祖国**	的	的	的	的
2	我	我	的	在		啊	我	我	祖国
3	祖国		我们	亲爱的		我	你		你
4				为		啊	在		我
5				我们		在			
6						你			
7					**母亲**				

观察表2-1可以发现,"祖国母亲"这样的表述,在20世纪早期的汉语诗歌中并不常见,它只是作为概念隐喻,隐藏在各种诗歌表述中。也就是说,虽然"祖国是母亲"的隐喻贯穿整个汉语新诗发展史,但迟至20世纪七八十年代,这个隐喻才作为直接的表述,大面积地出现在日常语言中。

动词性隐喻句中的隐喻是由动词触发的,也就是说,句中的动词与逻辑主语或宾语形成冲突,从而形成隐喻[1]。而动词性隐喻的关键,为隐喻句中的隐喻性动词(metaphorically used verb)。从修辞的角度考虑,隐喻性动词能使被表达对象具象化,便于抽象意义的经验化,达到特殊的语义效果。而这一过程的实现,需要和所涉及动词的常规用法相联系。比如:

祖国睡去了,
枕着大海的涛声。[2]

——李瑛《月夜潜听》

当看到"睡"这个字时,一般总会把它和有生命的动物,特别是人联

---

[1]　束定芳.隐喻学研究[M].上海:上海外语教育出版社,2000:62.

[2]　洪子诚.中国新诗总系:1959—1969[M].北京:人民文学出版社,2010:106.

系在一起，也就是说，在我们的经验中，只有人才会睡觉。因此，这个例子中的"睡"字，激活了句子的隐喻义，并简洁生动地呈现了该隐喻的源域。把国家与个体之间的关系，转换为人与人之间的关系，进而暗中增进了两者之间，甚至是后者主动倾向于前者的亲近感。从中，我们可以看到在这种抒情话语中，诗人是如何通过动词隐喻来暗中建构个体之于国家的依附性关系和心理上的认同感的。

这样的例子还包括：

血迹斑斑的
祖国东部的原野呵
我怀念你
你是生我的故乡
我是由你肥沃的泥土
喂养大的①

——杜谷《写给故乡》

三更半夜时分，
祖国睡得正香；
可是兵士醒着，
他在守卫边防。②

——公刘《兵士醒着》

英雄永立在英雄塔上

---

① 杜谷.杜谷诗文选［M］.成都：四川人民出版社，2016：38.
② 公刘.边地短歌［M］.武汉：湖北人民出版社，1955：5.

塔旁的花儿凋了又长

祖国对他望了又望

　　——英雄呀，回来吧①

　　　　　　　　　——昌耀《我不回来了》

它告诉我们亲爱的领袖，

我们正按照您的意志改变荒山，

它告诉我们亲爱的祖国，

你的儿女战斗在云彩上面②

　　　　　　　　　——雁翼《在云彩上面》

江东岸的人民，

白天住着黑夜一样的地下室；

江西岸的市街，

夜晚像白天一样亮堂！

祖国呀，

一提起江东岸，

我的心又回到了朝鲜前方！

……

祖国呀，在前线，

我真想念你！③

　　　　　　　　　——未央《祖国，我回来了》

---

① 转引自高昌.公木传［M］.广州：广东人民出版社，2008：151.据学者李海英考证，这首
　诗最初发表于《文艺月报》1954年第12期。
② 谢冕.中国新诗总系：1949—1959［M］.北京：人民文学出版社，2010：240.
③ 谢冕.中国新诗总系：1949—1959［M］.北京：人民文学出版社，2010：203.

然而祖国啊

你毕竟留下了这么多儿子

留下劳动后充血的臂膀

低垂着——渐渐握紧了拳头①

——江河《祖国啊，祖国》

在祖国

忍受着面色底痉挛

和呼吸喘促

以及茫茫的亚细亚的黑夜，

……

为了你呵，生我的养我的教给我什么是爱，什么

是恨的，使我在爱里恨里苦痛的，辗转于

苦痛里

但依然

能够给希望给我力量的

我底受难的祖国！②

——胡风《为祖国而歌》

  在这些例子中，无论是士兵、英雄，还是普通百姓，都被与他们相连的祖国"生""养"着，这些隐喻性动词把祖国转换为人，转换为母亲。动词在其中起到的作用是，与动词相连的宾语事实上是对这一动词最为常规的宾语的置换，也就是说，只有我们想象这一动词的常规宾语时，才能体会到动作发出者和接受者在动词两端形成的隐喻效果。比如在上面的例

① 李润霞.中国新诗百年大典：第11卷［M］.武汉：长江文艺出版社，2013：95-96.
② 孙晓娅.中国新诗百年大典：第7卷［M］.武汉：长江文艺出版社，2013：18-22.

子中，喂养、养育的常规宾语是孩子，动作发出者是母亲，诗句中如果将孩子和母亲分别置换为抒情主体和祖国，而动词不变，就造成了语义异常或语用异常，与这一动词的常规语义和用法发生偏离，从而导致动词性隐喻。当然，许多"偏离"在不断衍生的过程中，也被常规化了。有些时候，为了达到特殊的表达效果，言语的发出者虽然使用的是同一对动作发出者和接受者，但往往突出其某一被忽视的特性，从而激活动词的隐喻效果。比如，在前面举的例子中，诗人总是想在个体与祖国之间建立起一种亲密关系——母子一样的关系，因此出现诸如"你毕竟留下了这么多儿子""生我的养我的教给我什么是爱""它告诉我们亲爱的祖国，你的儿女战斗在云彩上面"这样的表达。

形容词性隐喻多分为两类：一类为指示，一类为类比[1]。前者多为不太活跃的常规隐喻，比如"羽翼丰满""狼心狗肺""头破血流""焦头烂额""学富五车""才高八斗""罄竹难书""鸡飞狗跳""车水马龙""龙腾虎跃""凤毛麟角"等。这类词的隐喻义通常被纳入其常规意义之一，因此，其隐喻义多已被列入字典义项。汉语中的很多成语就是这种类型的形容词性隐喻。而所谓的类比型的形容词性隐喻，则多为新奇隐喻的隐喻性表述，这类隐喻与前文所述的动词性隐喻的工作机制存在相似之处。在新诗表达中，祖国母亲隐喻的形容词性隐喻多为类比型，比如：

祖国啊

你是不是也寒冷？

我可以为你的温暖，

将自己当作一束木炭，

燃烧起来……[2]

——牛汉《落雪的夜》

---

① GOATLY A. The language of metaphors [M]. London and New York: Routledge, 1997: 90.
② 张清华. 牛汉的诗 [M]. 北京：北京师范大学出版社，2016: 62.

　　是我底受难的祖国！①

　　　　　　　　　　　　——胡风《为祖国而歌》

　　我爱我的祖国

　　　　他多难

　　　　他美丽

　　　　他的前途无量②

　　　　　　　　　　——石方禹《和平的最强音》

　　可是我的中华，

　　我的慈爱的母亲大地，

　　我就是这样的死了：

　　没有人知道，

　　也没有人怜惜，

　　你也会把我紧紧地偎在你的胸怀里，

　　是那样温软的、深厚的胸怀呵，

　　发出那么迷人的大地的香气！

　　我知道，

　　我就是化为了飞灰，

　　变成了泥土，

　　你也不会抛弃我，

　　你是永远不会抛弃我的。

　　我的中华，

---

① 孙晓娅.中国新诗百年大典：第7卷［M］.武汉：长江文艺出版社，2013：22.

② 谢冕.中国新诗总系：1949—1959［M］.北京：人民文学出版社，2010：116.

我的慈爱的母亲大地。①

　　　　　　　　——周立波《可是我的中华》

五千多年的记忆，你不要动，

如今我只问怎样抱得紧你……

你是那样的横蛮，那样美丽！②

　　　　　　　　——闻一多《一个观念》

将要学习你的榜样，

像你一样的伟大坚强！③

　　　　　　　　——光未然《黄河颂》

　　在上述例句中，可以发现一个共同特征：发挥隐喻作用的形容词，在常规用法中大都是与身体或人有关的形容词，而且往往具有正面积极的语义，将它们作为祖国的特征，就使祖国这一概念的语义发生了偏离，使得这一抽象的概念具象化或身体化，正面化或积极化，进而建构其新的意义空间。

　　在英语中，副词性隐喻是不活泼隐喻（inactive metaphors）④。在祖国母亲隐喻所贯穿的汉语新诗作品中，笔者没有发现直接与祖国这一概念相关的副词性隐喻。即使在相关作品中有副词性隐喻，但也与我们所研究的关键词无关，比如，"我是你额上熏黑的矿灯，照你在历史的隧洞里蜗行摸索"中，"蜗行"就是副词性隐喻，但这个隐喻与祖国概念的建构和异

---

①　孙玉石.中国新诗总系：1927—1937［M］.北京：人民文学出版社，2010：645-646.

②　江弱水.中国新诗百年大典：第3卷［M］.武汉：长江文艺出版社，2013：114.

③　吴晓东.中国新诗总系：1937—1949［M］.北京：人民文学出版社，2010：295.

④　GOATLY A. The language of metaphors［M］. London and New York：Routledge，1997：90.

常没有直接关联，所涉语料中的出现的这类隐喻现象，不在我们的讨论范围内。

介词性隐喻与副词性隐喻相似，基本都属于不活泼隐喻。介词性隐喻往往派生于根隐喻或者概念隐喻，如空间就是时间，具体就是抽象①。蓝纯曾以英语中的"up"和"down"以及"上"和"下"这四个介词性隐喻，讨论英汉两种语言中的空间隐喻异同②。因此，虽然本语料库中出现过这种类型的介词性隐喻，但均与本书所讨论的中心概念隐喻无关，所以不再举例赘述。

在格特雷和束定芳的分类研究中虽然均没有提到量词性隐喻，而王文斌认为，量词是汉语中的一个专门词类，而在英语传统语法中虽然没有得到专门的设立，可是在英语和汉语中都存在大量的量词性隐喻，具有丰富的语言表现力；量词性隐喻，作为一种普遍语言现象是自成体系而存在的③。在涉及祖国母亲隐喻的诗歌作品中，也出现了一些量词性隐喻，比如：

> 有来自南方的
> 载重汽车队
> 它们披一身尘沙
> ……
> 它们载一车南国的温暖
> 开进了祖国的怀抱④

——杜谷《车队》

---

① 束定芳.隐喻学研究［M］.上海：上海外语教育出版社，2000：65.
② 蓝纯.从认知角度看汉语的空间隐喻［C］//束定芳.隐喻与转喻研究.上海：上海外语教育出版社，2011：233-248.
③ 王文斌.隐喻的认知构建与解读［M］.上海：上海外语教育出版社，2007：58-59.
④ 杜谷.杜谷诗文选［M］.成都：四川人民出版社，2016：29-30.

当然，这里的量词性隐喻同样与本书的中心概念祖国和母亲的意义建构之间关联较小，故也不纳入考察分析的范围。

而到21世纪，在一些诗人的笔下，则有意进行语言突破。毕竟，由于诗人经验的变化与诗歌处境的变化，促使汉语新诗写作以新的词语万花筒来展现抒情主体的反省和重构图式，诗歌对政治的关切方式，已匆匆地融入个体诗歌话语中，变异为前所未有的面貌①。比如，在下面的诗句中，祖国甚至被改变词性：

> 所以，我的问题是
> 你知道什么时候祖国是一个动词吗？
> 我现在就有两个例子：当你想祖国一下时，
> 请不要情感用事。
> 另一个是
> 当我祖国时，那一切是如何成为可能的。②

这里不仅没有直接提及祖国母亲等前文讨论的各种概念隐喻，诗人甚至改变常规的表达习惯，将祖国从名词变成了动词，发明了"祖国一下""当我祖国时"这样的表达。

第二节　历史变迁

通过对相关隐喻句表现类型的呈现，可以看到这一隐喻在现代汉语新诗中的基本存在方式。为了进行更为深入的探讨，需要纵向地探讨祖国概

---

① 颜炼军.象征的漂移：汉语新诗的诗意变形记［M］.桂林：广西师范大学出版社，2015：117.

② 臧棣.祖国学丛书［C］//臧棣.慧根丛书.重庆：重庆大学出版社，2011：164.

念在汉语中的基本流变情况。

在汉语中，相较许多词语，祖国并不是一个古老的词语。根据笔者检索，"祖国"一词的出现，或不早于明代早期。撰写于天顺五年（1461）的《大明一统志》在介绍"默德那国"的沿革时说："即回回祖国也。"[①]清初撰成的《明史》袭用了《大明一统志》的文字："默德那，回回祖国也。"[②]此后迟至晚清，"祖国"一词只是偶尔见诸史籍。魏源撰于道光二十二年（1842）的《圣武记》卷六记有"巴社者，回回祖国"。[③]王之春撰于光绪五年（1879）的《清朝柔远记》卷五中则有这样的表述："初，回教祖国曰天方，在葱岭西数千里。""当逆回霍集占为王师所败，假道巴达克山，称将赴阿富汗往默克祖国，为巴达克山擒杀，阿富汗酋爱哈默特沙及温都斯坦(北印度之塞哥，又称克什弥尔)兴师问罪。""再西则默克等回教祖国，皆古安息、条支境，过此即地中海，接欧罗巴洲矣。"[④]

这些材料，是笔者搜索相关古汉语文献仅有的几个发现。或许有遗漏，但依然可以想见，在古汉语中，"祖国"的出现频率很低，意义也相对单一。那么，"祖国"的义涵应如何把握?《辞源》对祖国的释义是"祖籍所在之国"，而《汉语大词典》对"祖籍"的释义是"祖先的原籍";[⑤]而《汉语大词典》则直接将"祖国"定义为"祖先以来所居之地"[⑥]。

在上引诸条中，"祖国"一词无一例外地与"回回""回教"有关，这一语言现象实非偶然，值得特别注意。"祖国"一词在上述引文中并非"回回""回教"对自身"祖籍所在之国""祖先以来所居之地"的称谓，而是

---

① 姚大力."回回祖国"与回族认同的历史变迁［C］//刘东.中国学术：第25辑.北京：商务印书馆，2004：90-135.

② 转引自《辞源》(合订本)的"祖国"条目，北京商务印书馆1988年版1231页。

③ 《圣武记·叙》："告成于海夷就款江宁之日。"(1842年8月清政府与英国签订《南京条约》)《汉语大词典》"祖国"条目曾引此条语料。

④ 王之春.清朝柔远记［M］.北京：中华书局，1989：107，113.

⑤ 汉语大词典编辑委员会，汉语大词典编纂处.汉语大词典：第7卷［M］.北京：汉语大词典出版社，1993：855.

⑥ 汉语大词典编辑委员会，汉语大词典编纂处.汉语大词典：第7卷［M］.北京：汉语大词典出版社，1993：851.

某些具有汉语文化背景的"他者",对某个"回回""回教"族群故居地的确证。从逻辑上讲,一个人既然能确证某一地理位置是某族群的"祖国",他对自身"祖籍所在之国""祖先以来所居之地"也应有明确的"祖国"意识。而事实是,从现有的汉语古文献看,在近代之前,似乎不曾出现过用"祖国"一词来指称中国自身的文献材料。不过,这并不难理解,中华民族在神州大地上久居数千年,悠久的历史与文明不曾间断,换言之,在中国历史上,有个体或少数人离开家乡的文化记忆,但少有集体大迁徙的经验。

由此,我们大抵可以推断,在近代之前,中国人似乎并不具备明确自觉的"祖国"意识。

从词源学上看,汉语"祖国"一词并非外来词,而是汉语自身发展繁衍的结果。在"祖国"一词产生之前,已出现不少与它含义相近的词语,诸如:国家、家国、邦国、邦土、邦社、邦圻、邦畿、社稷、江山、山河、故国、故土、故宇等。为了考察祖国与这些词语的关系,笔者参阅了《汉语大词典》对这些词的释义(与"祖国"意思较远的义项,不引)和第一疏证(由此可大致推断该词出现的较早时期。近现代的疏证,不引)。现摘引如下:

> 国家:统治阶级实行阶级压迫和实施统治的组织。古代诸侯的封地称国,大夫的封地称家,也以国家为国的通称。《易·系辞下》:"君子安而不忘危,存而不忘亡,治而不忘乱,是以身安而国家可保也。"(比较《辞源》:阶级压迫的工具,指实施统治的组织。古代诸侯称国,大夫称家。也以国家为国之通称。)《书·立政》:"其惟吉士,用励相我国家。"指西周。《韩非子·爱臣》:"社稷将危,国家偏威。"指诸侯国。①

> 家国:家与国,亦指国家。《逸周书·皇门》:"是人斯乃谋

---

① 汉语大词典编辑委员会,汉语大词典编纂处. 汉语大词典(缩印本):上卷[M].北京:汉语大词典出版社,1997:1713.

贼娼嫉，以不利于厥家国。"①

邦国：国家。《诗·大雅·瞻卬》："人之云亡，邦国殄瘁。"②

邦土：国土。《尚书·周官》："司空掌邦土，居四民，时地利。"③

邦社：指国家。前蜀杜光庭《皇帝醮仙居山章仙人词》："或明符邦社，旁济生民；或幽赞帝王，共清否塞。"④

邦畿：（1）王城及其所属周围千里的地域。《诗·商颂·玄鸟》："邦畿千里，维民所止。"（2）借指国家。明梁辰鱼《浣纱记·寄子》："侧闻吴国召戎衣，何日里静邦畿？"⑤

邦圻：古代指直属于天子的疆域。汉董仲舒《春秋繁露·爵国》："天子邦圻千里，公侯百里，伯七十里。"凌曙注："《尚书大传》：'圻者，天子之境也。'《诗笺》：'祈、圻、畿同。'"⑥

社稷：（1）古代帝王、诸侯所祭的土神和谷神。社，土神；稷，谷神。《尚书·太甲上》："先王顾諟天之明命，以承上下神祇，社稷宗庙罔不祗肃。"（2）旧时亦用为国家的代称。《礼记·檀弓下》："能执干戈以卫社稷。"⑦

① 汉语大词典编辑委员会，汉语大词典编纂处.汉语大词典（缩印本）：上卷［M］.北京：汉语大词典出版社，1997：2066.
② 汉语大词典编辑委员会，汉语大词典编纂处.汉语大词典（缩印本）：下卷［M］.北京：汉语大词典出版社，1997：6164.
③ 汉语大词典编辑委员会，汉语大词典编纂处.汉语大词典（缩印本）：下卷［M］.北京：汉语大词典出版社，1997：6163.
④ 汉语大词典编辑委员会，汉语大词典编纂处.汉语大词典（缩印本）：下卷［M］.北京：汉语大词典出版社，1997：6164.
⑤ 汉语大词典编辑委员会，汉语大词典编纂处.汉语大词典（缩印本）：下卷［M］.北京：汉语大词典出版社，1997：6165.
⑥ 汉语大词典编辑委员会，汉语大词典编纂处.汉语大词典（缩印本）：下卷［M］.北京：汉语大词典出版社，1997：6163.
⑦ 汉语大词典编辑委员会，汉语大词典编纂处.汉语大词典（缩印本）：中卷［M］.北京：汉语大词典出版社，1997：4420.

江山：（1）江河山岳。（2）借指国家的疆土、政权。《三国志·吴志·贺劭传》："割据江山，拓土万里。"①

山河：（1）大山大河。（2）指江山，国土。南朝宋刘义庆《世说新语·言语》："过江诸人，每至美日，辄相邀新亭，藉卉饮宴。周侯中坐而叹曰：'风景不殊，正自有山河之异！'"②

故国：（1）历史悠久的国家。《孟子·梁惠王下》："所谓故国者，非谓有乔木之谓也，有世臣之谓也。"（2）已经灭亡的国家；前代王朝。南唐李煜《虞美人》词："小楼昨夜又东风，故国不堪回首月明中。"宋苏轼《念奴娇·赤壁怀古》词："故国神游，多情应笑我，早生华发。"（3）本国；祖国。《战国策·燕策三》："昔者，柳下惠吏于鲁，三黜而不去。或谓之曰：'可以去。'柳下惠曰：'苟与人之异，恶往而不黜乎？犹且黜乎，宁于故国尔。'"（4）故乡；家乡。唐曹松《送郑谷归宜春》诗："无成归故国，上马亦高歌。"③

故土：（1）故乡；家乡。《汉书·严助传》："君厌承明之庐，劳侍从之事，怀故土，出为郡吏。"（2）原有的国土。（3）指前朝的天下。清江藩《汉学师承记·顾炎武》："逮夫故土焦原横流毒浪之后，尚自负东林之党人。"④

故宇：旧居。引申为故国；家乡。《楚辞·离骚》："何所独无芳草兮，尔何怀乎故宇？"游国恩《纂义》引汪瑗曰："故宇，

---

① 汉语大词典编辑委员会，汉语大词典编纂处.汉语大词典（缩印本）：中卷［M］.北京：汉语大词典出版社，1997：3122.

② 汉语大词典编辑委员会，汉语大词典编纂处.汉语大词典（缩印本）：上卷［M］.北京：汉语大词典出版社，1997：1771.

③ 汉语大词典编辑委员会，汉语大词典编纂处.汉语大词典（缩印本）：中卷［M］.北京：汉语大词典出版社，1997：2918.

④ 汉语大词典编辑委员会，汉语大词典编纂处.汉语大词典（缩印本）：中卷［M］.北京：汉语大词典出版社，1997：2916.

旧居也。"①

在上述列出的13个近义词中，"国家"在日常语言中与"祖国"最常被混用，可见两者关系十分密切，但毕竟不能等同。

再继续上溯组成这些词语的汉字的含义。《说文解字》："国，邦也。从口从或。"段（玉裁）注："按：邦、国互训，浑言之也。《周礼》注曰：'大曰邦，小曰国，邦之所居亦曰国。'析言之也。'从口，从或'，戈部曰：'或，邦也。'古或、国同用，邦、封同用。"《说文解字》："家，居也。从宀，豭省声。"段注："尻也。尻各本作居，今正。尻，处也。处，止也。《释宫》：'牖户之间谓之扆，其内谓之家。'引伸之天子诸侯曰国，大夫曰家。"《说文解字》："社，地主也。从示土。"段注："社，地主也。《五经异义》曰：'今《孝经》说曰：社者土地之主。土地广博，不可徧敬，封五土以为社。'"此外，"邑""封""或（域的本字）"等字也与"国"字紧密相关。《说文解字》上讲："邑，国也。"段玉裁说"古或、国同用，邦、封同用"，王国维说"古封、邦为一字"②。《说文解字》："或，邦也。"孙海波说，"口象城形，以戈守之，国之义也。古国皆训城"。甲骨文国（國）、或（域）本为一字③。《说文解字》："土，地之吐生物者也。"而当代学者据甲骨文分析认为，"土"字应"象土块在地面之形"；在甲骨文中，有时也通"社"，"乃土地之神"④。《说文解字》："宇，屋边也。"段注："宇者，言其边，故引伸之义又为大。"

可见，正是这种词素互通互融的盘根错节的关系，把"国家、家国、邦国、邦土、邦社、邦圻、邦畿、社稷、江山、山河、故国、故土、故宇"等词语构成了一个庞大的概念族群。这个概念族群，呈现了传统中国人对今人所谓"祖国"的体验和认识。

① 汉语大词典编辑委员会，汉语大词典编纂处.汉语大词典（缩印本）：中卷［M］.北京：汉语大词典出版社，1997：2917.
② 徐中舒.甲骨文字典［M］.成都：四川辞书出版社，2003：712.
③ 徐中舒.甲骨文字典［M］.成都：四川辞书出版社，2003：1362.
④ 徐中舒.甲骨文字典［M］.成都：四川辞书出版社，2003：1453-1454.

在古汉语中，"祖国"与"国家"的意义最接近。我们可以把"国家"的语义作为"祖国"语义的雏形。从众多古文献的具体语境判断，"国家"这个概念至少具有如下显著属性：

第一，一个国家应该具有一片土地。对此，古人很早就有着明确的意识。如《荀子·致士》中有言："国家者，士民之居也。"①从甲骨文看，国（國）、或（域）为一字，而"古国皆训城"；可见，在殷商时期，国家首先是指一座城池。它多半就是一个方国的王城，王城及其周围地域就叫"邦畿"。《诗·商颂·玄鸟》中也有类似的说法"邦畿千里，维民所止"。而《周礼·秋官·司寇》中曾说："邦畿方千里，其外方五百里，谓之侯服。"离王城较远的地域叫"啚（鄙）"②。在殷商时期，大小方国林立，商朝是在商方基础上，经过联合众多方国而形成的国家。与商朝不同，周朝是一个凭武力建立起来的统一国家，为了维护政权，周天子在各地分封了许多诸侯国。③周人的国土意识是整个"天下"，如《诗经·小雅·北山》所说："普天之下，莫非王土；率土之滨，莫非王臣。"不过，各诸侯国如国名所示，也有各自大致清楚的国土区域。到了东周时期，各诸侯的国土意识日益强烈，在这一时期发生的600多次大小战争④，多半是为了争夺和维护国土。自秦朝统一天下到清朝，历朝历代，国土是国家意识中不可或缺的要素。"家国、邦国、邦土、邦社、邦圻、邦畿、社稷、故国、故土、故宇"等词语家族均含与土地相关的词素，也直观地显示了国家与国土的密不可分的关系。

第二，民是组成国家的重要因素。在先秦文化中，"民惟邦本，本固邦宁"的"民本"思想是其突出特色。这一特色由"民"字在先秦著述中出现频次之高可见一斑：《尚书》276次，《诗经》99次，《左传》436次，《国

① 诸子集成3：荀子集解［M］.长沙：岳麓书社，1996：190.
② 徐中舒.甲骨文字典［M］.成都：四川辞书出版社，2003：610.
③ 赵诚.甲骨文与商代文化［M］.沈阳：辽宁人民出版社，2000：1-17.
④ 据"中国军事史"编写组《中国历代战争年表》统计，春秋时期战争为395次，战国时期为230次。解放军出版社，2003年，第1页。

语》428次，《论语》49次，《孟子》209次，《荀子》248次，《墨子》334次，《管子》1266次，《韩非子》508次，《老子》32次，《庄子》110次，《战国策》168次，《周礼》222次，《礼记》384次，《仪礼》4次。在众多著述中，"国家"常与"人民""百姓"并举。如《左传·隐公十一年》："礼，经国家，定社稷，序民人，利后嗣者也。"①《管子·君臣上》："布政有均，民足于产，则国家丰矣。"②《韩非子·外储说左上》："国家不定，百姓不治。"③《说苑·君道》："国家之危定，百姓之治乱。"这些都在强调人民之于国家的重要性。特别是《墨子》一书，"国家百姓"的说法出现14次之多，如《墨子·尚同下》中所言："知者之事，必计国家百姓所以治者而为之，必计国家百姓之所以乱者而辟之。"④可见，在众多思想家眼里，民是组成国家的主体，离开了民，国家就不能称其为国家了。

第三，国家的君主与臣民相依相存。这一属性其实与第二属性紧密相关，因为在封建制和君主制的国家里，君主往往直接维系着国家的安危兴亡。在君与民的关系上，传统中国人的基本观点是：君为民之主，不过，民的力量也不可小觑。这一基本观念在古老的《尚书》中就有了充分的表述。《尚书·太甲中》曰："民非后，罔克胥匡以生；后非民，罔以辟四方。"而《尚书·大禹谟》中说："可爱非君？可畏非民？众非元后，何戴？后非众，罔与守邦？"《尚书·周书·泰誓上》中则说："惟天地万物父母，惟人万物之灵。亶聪明，作元后，元后作民父母。"《尚书·仲虺之诰》中曰："惟天生民有欲，无主乃乱。"《尚书·盘庚中》："古我前后，罔不惟民之承保。"《尚书·蔡仲之命》中则说："皇天无亲，惟德是辅。民心无常，惟惠之怀。"这一观念在后代的典籍中时有回应，如《礼记·缁衣》引孔子语曰："民以君为心，君以民为体；心庄则体舒，心肃则容敬。心好之，身必安之；君好之，民必欲之。心以体全，亦以体伤；君以民存，亦以民

---

① 左丘明.左传：上［M］.杜预，注.上海：上海古籍出版社，2016：37-38.
② 诸子集成6：管子校正［M］.长沙：岳麓书社，1996：198.
③ 诸子集成7：韩非子集解［M］.长沙：岳麓书社，1996：209.
④ 诸子集成5：墨子间诂［M］.长沙：岳麓书社，1996：69.

亡。"《孟子·梁惠王下》建议国君顺从国人意志而"进贤","如此，然后可以为民父母。"西汉董仲舒在《春秋繁露·尧舜不擅移汤武不专杀》说："且'天之生民，非为王也，而天立王，以为民也'。故其德足以安乐民者，天予之；其恶足以贼害民者，天夺之。"[①] 东汉荀悦在《申鉴·政体》说："天下国家一体也，君为元首，臣为股肱，民为手足。下有忧民，则上不尽乐；下有饥民，上则不备膳；下有寒民，则上不具眼。徒跣而垂旒，非礼也。故足寒伤心，民寒伤国。"[②] 古籍中的这些言论以"为民父母""父母官""慈惠字民"等后世俗语的形式在现代汉语中继续流传，也是此观念深入人心的表征。

第四，国家的兴衰存亡与"天命"攸关。现代学者据甲骨文和金文研究认为，"天""天令（命）""配天""畏天""王为天子"等观念始于周代。[③] 其实，传世典籍《尚书》对此也有清楚的表述。《尚书·多方》中有言："天惟时求民主，乃大降显休命于成汤，刑殄有夏。"《尚书·康诰》则曰："天乃大命文王，殪戎殷，诞受厥命。"《尚书·梓材》中则说："皇天既付中国民越厥疆土于先王，肆王惟德用，和怿先后为迷民，用怿先王受命。"这些言论都在强调，真正决定国家命运的是"天"，而非一国之君。后世对此观念多予认可，如《孔子家语》卷一有言："夫国家之存亡祸福，信有天命，非唯人也。"[④]《春秋繁露·深察名号》中也表达过类似的意思，"受命之君，天意之所予也；故号为天子者，宜视天如父，事天以孝道也"[⑤]。在具体的政治行为中，自汉朝到清朝，历代君主的登基都自称"奉天承运"，并举行隆重的"告天"仪式，它的基本理论依据就是"国家天授"观。

第五，国家是某一家的天下。在世界各地的前现代的国家中，国家

---

① 董仲舒.春秋繁露 [M].周桂钿，译注.北京：中华书局，2011：96.
② 诸子集成9：申鉴 [M].长沙：岳麓书社，1996：3.
③ 陈梦家.殷墟卜辞综述 [M].北京：中华书局，1988：581.
④ 王国轩，王秀梅.孔子家语 [M].北京：中华书局，2009：58.
⑤ 董仲舒.春秋繁露 [M].周桂钿，译注.北京：中华书局，2011：133.

家族化的现象——其突出特征是国王世袭制——固然十分普遍，而这一现象在中国历史上起源之早、连绵持续的时间之久，很可能是举世无双的特例。从商朝的先公先王到后世各代的列祖列宗，历代文献都记载得清清楚楚，周朝是姬姓的天下，汉朝是刘家的天下……清朝是爱新觉罗氏的天下，早已成为中国人的历史"常识"。

第六，国家与神道攸关。这属性与第四、第五属性其实难以截然划清界限。此处论及的神道主要指"社稷"与"祖宗"。社稷是古代帝王、诸侯所祭的土神和谷神。在传统的农业社会里，天时地利、风调雨顺，是保证五谷丰登、人民安居乐业的前提。正是这种现实的需要，使社稷崇拜在君主的政治活动中显得非常重要，以致"社稷"就成了"国家"的代名词。在历代典籍中，"社稷"往往与"国家"并举，如《左传·隐公十一年》中有言："礼，经国家，定社稷，序民人，利后嗣者也。"[1]《左传·昭公二十七年》则曰："苟先君无废祀，民人无废主，社稷有奉，国家无倾，乃吾君也。"[2]《管子·枢言》也说："故存国家，定社稷，在卒谋之间耳。"[3]《墨子·尚贤中》说："今王公大人之君人民，主社稷，治国家，欲修保而勿失，故不察尚贤为政之本也？"[4]《荀子·臣道》也曾说："君有过谋过事，将危国家、殒社稷之惧也。"[5]《韩非子·安危》中有言："故社稷常立，国家久安。"[6]《新序》卷四说："赖国家之福，社稷之灵，使寡人得吾子于此。"[7]社稷定是国家治的保证，丧失社稷的祭祀权就意味着亡国。列祖列宗的亡灵冥冥之中的佑护对国家的长治久安也非常重要。古代君主的宗庙（太庙）与社稷坛分别设置在皇宫的两翼。《周礼·春官·宗伯》则曰："小宗伯之职，掌建国之神位，右社稷，左宗庙。"（这一形制在现今北京故宫仍有建筑遗

---

① 左丘明.左传：上［M］.杜预，注.上海：上海古籍出版社，2016：37-38.
② 左丘明.左传：下［M］.杜预，注.上海：上海古籍出版社，2016：896.
③ 诸子集成6：管子校正［M］.长沙：岳麓书社，1996：78.
④ 诸子集成5：墨子间诂［M］.长沙：岳麓书社，1996：38.
⑤ 诸子集成3：荀子集解［M］.长沙：岳麓书社，1996：181.
⑥ 诸子集成7：韩非子集解［M］.长沙：岳麓书社，1996：146.
⑦ 刘向.新序选注［M］.赵仲邑，选注.长沙：湖南人民出版社，1984：66.

存）。"宗庙"与"社稷"在典籍中也时常并举出现，如《周官·春官·宗伯》中曰："凡天地之大灾，类社稷、宗庙，则为位。"《管子·五辅》则说："暴王之所以失国家，危社稷，覆宗庙，灭于天下，非失人者，未之尝闻。"①《鹖冠子·泰录》也说："有道之士者也不然，而能守宗庙存国家者，未之有也。"②宗庙在国家中的地位如此重要，"宗庙"也如"社稷"一样，成了"国家"的另一个别称。

第七，国家等同于天下。"天下"一词，在先秦文献中出现的频次非常高，据统计：《尚书》18次，《诗经》1次，《左传》28次，《国语》40次，《论语》23次，《孟子》174次，《荀子》369次，《墨子》516次，《管子》463次，《韩非子》260次，《老子》61次，《庄子》278次，《周易》67次，《战国策》520次，《吕氏春秋》270次，《周礼》20次，《礼记》126次，《仪礼》1次。就这些文献出现的历史实际而言，"天下"这一概念在当时人们头脑中唤起的实际空间范围，应该是十分有限的。然而，由于受特殊地理环境的限制，传统中国人长期以来一直把中国等同于整个天下，而不知道"天下"之外其他国家的存在。所以，思想家们在著述中动辄把"国家"（中国）与"天下""四海"并举，类似说法不胜枚举。如《荀子·非十二子》有言："不知壹天下、建国家之权称。"③《成相》："明德慎罚，国家既治四海平。"④《礼记·中庸》也说："知所以治人，则知所以治天下国家矣。""凡为天下国家有九经，所以行之者一也。"《吕氏春秋·孝行览》则说："凡为天下，治国家，必务本而后末。"⑤《新序·卷二》还说："驰骋乎云梦之中，而不以天下与国家为事。"该书卷五中也说："故天下失宜，国家不治，则大相之任也。"《申鉴·政体》说："天下国家一体也，君为元首，臣为股肱，民为手足。"⑥《孔子家语·哀公问政》则说："知所以治人，则能成天下国

---

① 诸子集成6：管子校正［M］.长沙：岳麓书社，1996：55.
② 黄怀信.鹖冠子彙校集注（附通检）［M］.北京：中华书局，2004：270.
③ 诸子集成3：荀子集解［M］.长沙：岳麓书社，1996：66.
④ 诸子集成3：荀子集解［M］.长沙：岳麓书社，1996：33.
⑤ 诸子集成8：吕氏春秋［M］.长沙：岳麓书社，1996：154.
⑥ 诸子集成9：申鉴［M］.长沙：岳麓书社，1996：3.

家者矣。"①《礼记·礼运》还说："故圣人以礼示之，故天下国家可得而正也。"这种国家天下等同观在中国文化中持续了两千多年，直到明代中期后，因西方传教士的介入，在一小部分开明学者的头脑中才有所动摇。

第八，国家与文化攸关，由这个国家孕育出的独特文化，任何时候都优越于其他文化，这种独特的高人一等的文化甚至在它的母国灭亡之后仍然可以延续不绝。在中国历史上，华夏文明总是以主流文化自居，而把外来的文化看作未开化的"蛮夷"风习。在这种文化心理的影响下，"国家"概念的外延往往会发生灵活的伸缩。因此，著名学者萧公权有言："其结果遂致二千年间，中国势盛，则高唱'用夏变夷'之理论，外族入主，则迁就政治屈服之事实。只须征服者行中国'先王之道'，同化于我，则北面称臣，承认异类之政权，亦毫不愧恨。"②

基于上述分析，可以这样说，如果以"国家"为中心概念的话，它的重要下属概念包括土地、人民、君主、世袭、神道、天下（世界）、文化等概念，它们密切相关，互相勾连成为一个古汉语中有关国家的语义网络。

而现代意义上的祖国，它的首要属性是一个国家，一个现代意义上的国。换而言之，这个国家必须要有如下要素：主权；一片边界大致明确的土地，即国土、领土（不排除某些边界因与他国有争议而变得模糊）；一个组织整个社会正常运行的政府，这个政府可以代表自己的国家与他国交涉各种国际事务，政府中有一个最高首脑（国王、皇帝、君主、总统、元首、主席等）；生活于这片土地上的居民需遵循一整套显性或隐性的规则（文化、法律、习俗、伦理、信仰等）。如果将这些概念勾连起来，即可编织出一张现代意义上的国家概念网络图。

基于上述两种国家概念的比较，可以发现：进入现代社会以后，国家概念发生了变化；现代意义上的国家概念中，国家与主权的勾连更加明

① 王国轩，王秀梅.孔子家语［M］.北京：中华书局，2009：145.
② 萧公权.中国政治思想史：第1册［M］.沈阳：辽宁教育出版社，1998：13.

显，而国家领导人和政府机构领导人在很多情况下并不能完全等同；当然，现代国家概念也继承与保存了很多古已有之的概念要素，比如土地、人民、文化等。另外，在中国的传统概念里，国家常常等同于天下，也就是说，中国就是世界或世界的轴心。这个概念在中国传统文化中影响深远，这也在一定程度上影响着现代中国人对国家概念的建构。

通过上述梳理，有这样几个发现：首先，在古典汉语中，"祖国"一词虽然存在，但使用频率并不高，其情感附加值也不大；其次，通过梳理祖国的最常用的近义词——尤其国家的意义，可以说，这是一个相对客观的词语，所谓国家是一个客观存在，较少掺杂人类的感情因素，它和现代汉语中的"祖国"存在较大差别。也就是说，"祖国"一词在现代汉语中的呈现方式与它在现代汉语中的繁衍、发展关系更加密切，而这种繁衍和发展重要载体之一，就是现代汉语新诗。下文将通过对现代汉语新诗的具体分析，归纳出各时期的汉语新诗对祖国这一概念的丰富的具体贡献，笔者将通过勾勒祖国母亲隐喻的概念网络图来呈现。

通过对古典文献和语篇的梳理，可得出汉语中祖国语义的渊源雏形和基本特征，为理解祖国母亲隐喻提供了一个深远的历史和文化背景。这也凸显了现代汉语新诗中祖国母亲隐喻对于研究现代祖国概念的形成和演变的重要性。而前文已经阐明，在所有的祖国隐喻中，"祖国是母亲"这个隐喻具有绝对重要的地位。

20世纪初，新诗刚刚出现。这个时期诗人们的创作，"似乎并不刻意去写'诗'，更多是开放自己的视角，自由地在诗中'说理''写实'，无论是社会生活、自然风景，还是流行的'主义'和观念，都被无拘无束地纳入写作中国"[1]。就在这些"无拘无束的写作"中，祖国母亲隐喻和汉语新诗一起发展起来。作为"一系列社会制度、生活方式、文化结构变迁的

---

[1] 姜涛.新诗的发生及活力的展开[C]// 谢冕，姜涛，孙玉石，等.百年中国新诗史略：《中国新诗总系》导言集.北京：北京大学出版社，2010：29.

产物"①，汉语新诗并非少数诗人的凭空创造，但是，这些新隐喻确为他们敏锐的语言发明。这一时期的诗歌中，《炉中煤》《别少年中国》《七子之歌》三首作品的概念隐喻为"祖国是女性"。另一首前文论及过的《忆菊》，虽然贯穿全诗的概念隐喻为"祖国是花"，但依然可见"祖国是女性"的影子。也就是说，这一时期，和祖国发生映射的源域均为阴性，或是花，或是女郎，或是母亲。

在这一时期的诗歌中，"祖国是女性"这个概念隐喻往往和"回来""思念"这样的概念联系在一起。比如：

> 我常常思念我的故乡，
> 我为我心爱的人儿
> 燃到了这般模样！②
>
> ——郭沫若《炉中煤》

> 我要回看我的少年中国呵！
> ……
> 当我离开日本回来的时候，
> 从海上回望三岛，
> ……
> 我的妈呀③
>
> ——康白情《别少年中国》

在上述摘引的诗句中，"离开""回来""思念""故乡"等词语一再出现，

---

① 姜涛.新诗的发生及活力的展开［C］// 谢冕，姜涛，孙玉石，等.百年中国新诗史略：《中国新诗总系》导言集.北京：北京大学出版社，2010：27.
② 李怡.中国新诗百年大典：第1卷［M］.武汉：长江文艺出版社，2013：163.
③ 李怡.中国新诗百年大典：第1卷［M］.武汉：长江文艺出版社，2013：250-252.

它们都共同指向"回家""回到祖国"。当然，这也和诗人的具体处境有关。当时，这些诗人恰好都在海外，或者即将出国。因为20世纪初中国发生了一轮留日热潮，留学生数量大增。[①]

"回来"这个词语还是这个时期另一组重要诗作《七子之歌》（1925）的关键词。《七子之歌》是汉语新诗中关于"祖国母亲"隐喻的发轫之作，甚至可被视为现代汉语中"祖国是母亲"隐喻的重要起源。全诗抄录如下：

邶有七子之母不安其室，七子自怨自艾，冀以回其母心。诗人作《凯风》以愍之。吾国自《尼布楚条约》迄旅大之租让，先后丧失之土地，失养于祖国，受虐于异类，臆其悲哀之情，盖有甚于《凯风》之七子，因择其中与中华关系最亲切者七地，为作歌各一章，以抒其孤苦亡告，眷怀祖国之哀忱，亦以励国人之奋兴云尔。国疆崩丧，积日既久，国人视之漠然。不见夫法兰西之Alsace-Lorraine耶？"精诚所至，金石能开。"诚如斯，中华"七子"之归来，其在旦夕乎？

澳门

你可知"妈港"不是我的真名姓？

我离开你的襁褓太久了，母亲！

但是他们掳去的是我的肉体，

你依然保管我内心的灵魂。

那三百年来梦寐不忘的生母啊！

请叫儿的乳名，

叫我一声"澳门"！

母亲！我要回来，母亲！

[①] 这一方面是因为日本在近代的崛起，另一方面，也有现实原因（比如，据笔者的亲人回忆，当时江浙到日本的差旅费比到北京更为便宜，许多原计划到北京的人，都临时改道日本）。

香港

我好比凤阙阶前守夜的黄豹，

母亲呀，我身份虽微，地位险要。

如今狞恶的海狮扑在我身上，

啖着我的骨肉，咽着我的脂膏；

母亲呀，我哭泣号啕，呼你不应。

母亲呀，快让我躲入你的怀抱！

母亲！我要回来，母亲！

台湾

我们是东海捧出的珍珠一串，

琉球是我的群弟，我便是台湾。

我胸中还氤氲着郑氏的英魂，

精忠的赤血点染了我的家传。

母亲，酷炎的夏日要晒死我了；

赐我个号令，我还能背城一战。

母亲！我要回来，母亲！

威海卫

再让我看守着中华最古老的海，

这边岸上原有圣人的丘陵在。

母亲，莫忘了我是防海的健将，

我有一座刘公岛作我的盾牌。

快救我回来呀，时期已经到了。

我背后葬的尽是圣人的遗骸。

母亲！我要回来，母亲！

广州湾

东海和硇州是我的一双管钥，

我是神州后门上的一把铁锁。

你为什么把我借给一个盗贼？

母亲呀，你千万不该抛弃了我！

母亲，让我忙回到你的膝前来，

我要紧紧地拥抱着你的脚踝。

母亲！我要回来，母亲！

九龙

我的胞兄香港在诉他的苦痛，

母亲呀，可记得你的幼女九龙？

自从我下嫁给那镇海的魔王，

我何曾有一天不在泪涛汹涌！

母亲，我天天数着归宁的吉日，

我只怕希望要变作一场空梦！

母亲！我要回来，母亲！

旅顺·大连

我们是旅顺、大连，孪生兄弟。

我们的命运——强邻脚下的烂泥，

母亲呀，我们的昨日不堪回首，

我们的今日值得痛哭流涕，

母亲，归期到了，快领我们回来。

你不知道儿们如何的想念你！

母亲！我们要回来，母亲！　①

由于这个文本特殊而持久的影响力，我们将对此着重分析。

这首诗具有很强的时代特点，因此，在分析其中的隐喻之前，有必要简单介绍其历史背景。这组诗创作于1925年3月，当时，中国的七个重要城市已经先后变成殖民地。而20世纪20年代的中国国势衰弱、军阀混战，

① 江弱水.中国新诗百年大典：第3卷［M］.武汉：长江文艺出版社，2013：99-102.

在国际上也备受帝国主义列强欺凌，处于非常被动的地位。根据闻一多三子闻立鹏的回忆，创作此诗的时间，是闻一多留美归国前夕。在美留学期间，闻一多就读于芝加哥美术学院，该校规定，成绩优异的学生即可赴艺术圣地巴黎、罗马等地学习考察，这是观摩世界名画的大好机会，是该校学生的最高企望。1923年，闻一多成绩突出，本应获此殊荣，但因不是美国人而被取消资格。当时的美国种族歧视依然严重，在美生活的几年，使得闻一多更深切地体会到弱国子民被欺辱和歧视的痛苦[①]。

在这组篇幅不算太长的诗中，"母亲"是一个关键词，反复出现25次。诗人不断以"孩子"的口吻，声声呼唤着"母亲"，呼喊着"我们要回来"。如前所述，"回来"是它的另一个关键词，共出现九次。诗文中表达的离开母亲的孩子，被割让的土地，以及诗文外的离开故土的作者，都在强调"回家"的概念。

而根据这组诗歌的创作背景和字面意义，这里的七个孩子指的是七个被列强占领的中国城市。那么，母亲到底指的是什么？根据文本，既然这七个孩子是大连、旅顺的亲兄弟，香港是九龙的胞兄，侵占旅顺、大连的日俄两国是邻居（原诗中为"强邻"），那么，中国版图上的每一个区块都是"她"的一个孩子。在《广州湾》一节中，诗人这样写道："我是神州后门上的一把铁锁。"可见，在这里，中国的版图，即这些"孩子"的集合——神州大地，并不是诗人所呼喊的"母亲"，而是这些孩子住的房子，是"家"。而家里的、有责任照顾这些孩子的母亲是谁呢？在这首诗中，诗人或许本想将用母亲来比喻有几分抽象意义的"祖国"，或者说"国家"。

除了"母亲"，下列概念不断在诗中出现："襁褓""肉体""灵魂""生母""乳名""骨肉""哭泣号啕""怀抱""群弟""家传""死""回来""看守""盾牌""盗贼""膝前""拥抱""脚踝""苦痛""幼女""下嫁""泪涛汹涌""归宁""孪生兄弟""命运""想念"。其中，"襁褓""肉体""生母""乳名""骨肉""拥抱"等概念和母亲联系紧密，尤其是和生理意义上的母亲联系紧密，它们

---

① 闻立鹏.闻一多与《七子之歌》：纪念父亲百年诞辰［J］.新文化史料，1999（4）：11-13.

强调了母亲与孩子之间的血肉相连。通过强调这些概念，祖国不再只是普通意义上的母亲，而是一个"襁褓"中孩子的母亲，这个孩子需要妈妈的"拥抱"，也就是说，如果 X 与 Y 之间成功地发生隐喻类比，那么，二者之间就会生成一个复杂的关系系统，它们可以呈现为多种述谓结构，在不同的语境中，呈现出不同的面貌。上述的与"母亲"相关的所有表述，生动地说明了这一点。

基于上述语料，我们可以发现，在这一时期的祖国母亲隐喻的各种表述中，祖国是游子或被夺走孩子的母亲。其中，"主权""保护""远方"这三个概念与"祖国母亲"隐喻联系紧密，并丰富了"祖国"这个概念，具体如图 2-1 所示。

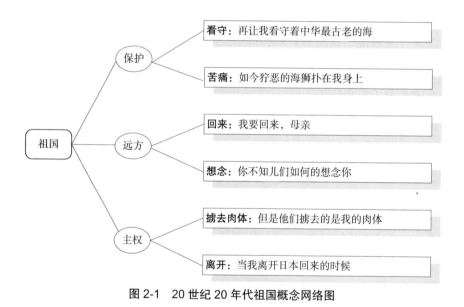

图 2-1　20 世纪 20 年代祖国概念网络图

通过这一时期的文本中经常出现的词语，可以推导出三个与祖国密切相关的三个概念，比如由"看守""苦痛"推导出"保护"，由"回来""想念"推导出"远方"，由"掳去肉体""离开"推导出"主权"；也就是说，"保护""远方""主权"并没有直接出现在诗歌文本中，但是，它们丰富了祖国概念，而这种丰富是通过这一时期的"祖国是游子（或被夺走的孩子）的母亲"这个概念隐喻实现的。

近代中国的落后和弱势，在国民，尤其是知识分子中孕育的爱国主义情绪，到了康白情和闻一多等诗人这里，被具象化为一种子女与母亲的关系。将国家视为一个身体，甚至是母亲的身体。通过源域和目标域之间的映射，母亲的概念赋予了祖国概念许多新的、丰富的概念组成。比如，在"请叫儿的乳名，叫我一声'澳门'"这句诗中，母亲用母乳喂养孩子的特性映射到祖国上，新生儿嗷嗷待哺，需要母亲的乳汁，唯有母亲的乳汁才能将孩子养大，在实际层面上，母亲确实将孩子养大。可是，在这个国家与它辖内的各个地区之间关系，并非喂养与被喂养的关系。这些地区的人们上班、种地、做生意、卖手艺、乞讨等，以自己的努力和劳动为生，可以说，养育他们的是他们自己，而不一定是他们的祖国。但是，对于在美国的闻一多来说，祖国的衰弱和落后，则让他备受歧视，他将作为个体的伤痛体验，在诗歌中转换为对集体性事件的表达。因为苦难中的国人，是如此需要表达苦难的话语。

当然，言语化的过程，也就是把概念从具体的事情中抽离出来的过程。当诗人说出"母亲"或者"妈妈"一词时，我们的脑海中很可能会闪现自己妈妈的身影，或者想起妈妈做的拿手菜、小时候妈妈拉着自己的手上学的情景，想起母亲对自己的教育等，从文化记忆上来说，我们也想起历史上无数平凡而伟大的母亲；但当我们提起祖国时，我们却不一定能想起母亲。即便祖国母亲现在已经是一个如此常规的隐喻，但许多研究在线（online）、实时（realtime）隐喻理解的学者依然相信：当人们在使用常规隐喻时，那些高度常规化的隐喻的源域形象，在隐喻的在线实时理解中，不见得能够唤起目标域的形象。

总而言之，在20世纪20年代，祖国母亲这个概念隐喻已经形成，特别是《七子之歌》的广为流传，将祖国母亲的类比在全中国的白话文中流行开来。它恰逢其时地表达了当时中国知识精英内心的家国之痛，于是许多人都纷纷借用这个隐喻，来表达游子离开母亲的痛苦。由此，祖国母亲开始慢慢向各种文本繁衍，编制了一个政治和民族主义抒情的话语网络。从20世纪20年代开始，现代以来的大多数重要诗人都以这个隐喻为基础，写过关于祖国的诗作。

卢卡奇在其分析意识形态的著名长文中，曾经谈论过一种话语成为意识形态的标志："它们只有成为克服社会冲突（无论是较大的还是较小的社会冲突，也无论是命运性的还是插曲般的社会冲突）的理论或实践工具之后，才能成为某种意识形态。"卢卡奇举了一个简明恰当的例子："以太阳为中心的天文学说和有机界的生命发展学说都是科学理论，不管它们正确与否，它们本身以及人们对它们的肯定和否定，当时都还未形成意识形态。只有在伽利略和达尔文以后，人们对他俩的观点和态度变成了克服社会矛盾的斗争手段，这些观念和表态才——在这一关联中——作为意识形态而发挥作用。"[①] 卢卡奇很精确，却难免过于社会学了。从认知语言学的角度看，一旦某一隐喻成为克服或表达某一集体性焦虑或矛盾的工具，它就开始在向意识形态转化了。比如，像闻一多笔下的"祖国母亲"这样的隐喻结构，通过源域和目标域的选择和适应，它可以克服个体在民族苦难中遭遇困难或死亡的失落和恐惧，让每一个个体都在想象的共同体中获得超越个体的集体性力量。

一旦一个隐喻向意识形态方向转化，它在语言中将势不可挡。为了对此进行更好的论证，需要先了解意识形态本身的内涵。

意识形态是个模糊得可怕的概念。关于它的讨论和研究已经持续了两百余年，不同学科不同趣味的学者都从各个角度论述过它。从安托万·德斯特·德·特拉西（Antoine Destutt de Tracy）开始，黑格尔、费尔巴哈、马克思、恩格斯、列宁、葛兰西、卢卡奇、布哈林、埃米尔·涂尔干（Émile Durkheim）、马尔库塞、阿尔杜塞、卡尔·曼海姆、阿多诺、福柯、丹尼尔·贝尔、伊格尔顿、阿伦特、哈贝马斯[②] 等先贤都对这个概念有过

---

① 李鹏程.卢卡奇文选［M］.多人，译.北京：人民出版社，2008：356.
② 参见麦克里兰.意识形态：第2版［M］.孔兆政，等译.长春：吉林人民出版社，2005.

各种论述。当代学者敬文东在参阅了大量关于意识形态的文献后，总结出下列六个意识形态的基本特征。

第一，无论意识形态是否具有欺骗性，无论意识形态在何种程度上真实地反映了现实，它都是一种客观存在。意识形态归根结底来源于我们对特定事情的结论性命题。

第二，无论意识形态如何扭曲了现实，无论意识形态在何种程度上真实地反映了现实，意识形态对社会现实都具有改造作用——无论是建设性的还是破坏性的。

第三，尽管意识形态是一种特殊的人造物，但它对个体之人始终具有独立性，对个体之人具有极大的教化和规训作用。

第四，意识形态往往具有超强的无意识特征。

第五，任何一种意识形态都是某种观念体系，都有它特定的观念内容，同时还是一种拥有权力支持的话语定式。意识形态就是话语定式，而且是所有话语定式中最极端、最具权势的话语定式。意识形态必须以话语定式为存在形式，才能挺立在世界上；必须以结论性命题为存在方式，才能成就和显现自身。

第六，意识形态要想作用于人和现实，最终要落实到语言上——这也是话语定式成为意识形态的存在形式的部分理论；正如传说中的上帝传说是用语言创造了世界，人也是用语言来创造自身、创造世界和改造世界的。①

上述六个基本特征基本对一般意义上的意识形态做了较为明晰的总结和概括。细究这六个基本特征，将会发现它和莱考夫等认知语言学家所阐述的概念隐喻有着微妙的相似性，并可以相互补充。意识形态和概念隐

---

① 敬文东.随"贝格尔号"出游：论动作（action）和话语（discourse）的关系［M］.开封：河南大学出版社，2010：30-31.

喻的相似之处，笔者以为至少也可以包括如下六个方面：第一，意识形态起源于我们对于世界的态度，而概念隐喻中目标域与源域之间的选择、交互和适应，也正表明我们对于世界的态度；第二，概念隐喻和意识形态一样，也往往具有无意识特征；第三，概念隐喻与意识形态一样，对现实有改造作用；第四，概念隐喻与意识形态一样，对个体之人有教化和规训作用；第五，概念隐喻也表现为一种话语定式，参与到社会和历史的意义竞争和建构中；第六，概念隐喻自身就是意识形态落实为语言的重要方式。

从20世纪20年代开始，中国社会阴晴不定，政党和政权更新，抗日战争的爆发更是社会波及面最广的事件。作为社会和文化表达的隐喻自身，也受到了这些社会事件的影响。如何表达这一战争笼罩下的中国，是所有社会意见和社会抒情的焦点。如果说二三十年代救亡与启蒙已经成为一种社会意识形态的话，那么它在语言中的重要表现之一，便是已经大规模蔓延开祖国母亲隐喻。文学史一般习惯把抗战爆发（1937年7月）到中华人民共和国成立（1949年10月）期间的中国文学活动称为40年代文学。抗战之前的30年代中期被研究者们认为是新诗史上诗艺探索的高峰期，战争的爆发中断了这个进程，七七事变后，中国诗歌开始呈现别样样貌，诗坛不再延续精致的"纯诗"写作，出现了各种直接适应战争语境的新诗体，故整个40年代的诗歌图景深深地根植于战争背景中；尤其是在抗战初期的诗坛，无论是诗歌观念还是具体的创作实践，都呈现空前一体化的特征；战争背景下的时代主题和全民族共同面临的生死存亡的困境都直接影响或制约了诗歌创作①。因此，理所当然地，这一阶段产生了大量关于祖国的新诗作品，许多诗篇都围绕着祖国母亲的概念隐喻展开，是这个隐喻繁衍最迅速广泛的阶段。

这一时期共有十六首文学史上重要诗人的作品中出现"祖国是母亲"的概念隐喻。在短暂的新诗历史上，这是一个很大的作品数目，没有哪个

---

① 吴晓东.战争年代的诗艺历程［C］// 谢冕，姜涛，孙玉石，等.百年中国新诗史略：《中国新诗总系》导言集.北京：北京大学出版社，2010：121-123.

母题被如此频繁地书写过。我们肯定，此外零星写到这个隐喻的不知名的写作者或作品一定更多，遗憾的是未能够悉数搜集。当然，下面这些在文学史上有影响的作品，已经具有相当的代表性和说服力。

在文学史上留下了较大影响的作品，包括胡风《为祖国而歌》（1937）、田间《给战斗者》（1937）、邹狄帆《江边》（1937）、光未然《黄河颂》（1939）、杜谷《车队》（1940）、杜谷《写给故乡》（1941）、穆木天《给小母亲》（1940）、穆旦《小镇一日》（1941）、戴望舒《我用残损的手掌》（1942）、艾青《献给乡村的诗》（1942）、夏穆天《在北方》（1942）、陈辉《为祖国而歌》（1942）、郭小川《一个声音》（1941）、牛汉《落雪的夜》（1947）、穆旦《饥饿的中国》（1947）、阿垅《去国》（1947）。这些诗人和作品，大多都在现代文学史上具有相当的影响。其中一些作者在战前因"脱离大众"而遭受非议，但在国难面前，也被"一种群体性所取代，最终汇入时代所要求的大众化、写实化的统一风格之中"[①]。在这些作品中不少都是经典作品，比如《黄河颂》，已经通过歌曲的形式为全中国人所熟悉，并成为现代中国爱国歌曲的经典，其他许多作品至今都是各种新文学作品选本必选的经典作品。它们代表了当时中国知识界乃至整个社会对于个体与国家关系的普遍性话语定式，一方面凝结了社会困境、个体情绪和社会愿景，另一方面参与了历史、现实和未来的建构。它们是如何实现这两方面的功能呢？

可以发现，祖国母亲隐喻，在这一时期，也发生了新的变化，祖国不再是"游子的母亲"，祖国变成了一位等待拯救的受难的母亲。比如：

> 在黑暗里　在重压下　在侮辱中
> 苦痛着　呻吟着　挣扎着
> 是我底祖国

---

① 吴晓东.战争年代的诗艺历程［C］// 谢冕，姜涛，孙玉石，等.百年中国新诗史略：《中国新诗总系》导言集.北京：北京大学出版社，2010：123.

是我底受难的祖国！①

——胡风《为祖国而歌》

如同所有的母亲一样，

你是在苦难中生活着的！

现在祖国的母亲都在苦难中，

有的失掉了丈夫，

有的失掉了儿子，

有的望着残废的子女成了疯狂！

一切的母亲在苦难中，

苦难——

就是中国的母亲的形象！②

——穆木天《给小母亲》

在上述摘引的诗句中，"苦难""侮辱""呻吟""挣扎"等意义相连的词语不断出现，修饰"母亲"。再比如：

我用残损的手掌

摸索这广大的土地：

这一角已变成灰烬，

那一角只是血和泥；

这一片湖该是我的家乡

……③

---

① 孙晓娅.中国新诗百年大典：第7卷［M］.武汉：长江文艺出版社，2013：22.

② 穆木天.穆木天的诗［M］.张清华，主编.北京：北京师范大学出版社，2016：246-247.

③ 吴晓东.中国新诗总系：1937—1949［M］.北京：人民文学出版社，2010：22.

> 在那上面，
>
> 我用残损的手掌轻抚，
>
> 像恋人的柔发，婴孩手中乳。

这几句诗来自戴望舒的名篇《我用我残损的手掌》，显然，这里的家乡和故土也是"受难"的，因为土地上有"灰烬"，也有"血和泥"。从诗歌的开篇来看，虽然这几个诗句是比较明显的隐喻性表述，源域似乎和母亲关系不大；该诗中"用残损的手掌摸索""这一角"等短语，似乎更像是"祖国是地图"的隐喻性表述。但是"我用残损的手掌轻抚，像恋人的柔发，婴孩手中乳"这样的表述，说明在这里，祖国依然是母亲，而且这位母亲带着"血和泥"，也是一位受难的母亲。

在这一时期，还有不少这种类型的语料：

> 我们的祖国呵，
>
> 我是属于你的，
>
> 一个紫黑色的
>
> 年轻的战士。
>
> ……
>
> 祖国的健儿们的铁骑……
>
> 祖国呵，
>
> 你以爱情的乳浆，
>
> 养育了我；
>
> 而我，
>
> 也将以我的血肉，
>
> 守卫你啊！①
>
> ——陈辉《为祖国而歌》

---

① 孙晓娅.中国新诗百年大典：第7卷［M］.武汉：长江文艺出版社，2013：195-196.

在这一组语料中，"战斗""保卫"是关键词。如埃科所说，隐喻作为认识，是增加性而不是替代性的[①]。在不同的历史时期，即便是同一源域，也在向目标域输送着不同的概念要素，为同一概念隐喻增加新的含义。在这个时期的诗歌语篇中，祖国母亲隐喻的蔓延之势正显示了这种增加。

综合这一时期语料中出现的高频概念，可以发现，主权和保护这两个概念与这一时期的祖国概念联系最为密切，具体如图2-2所示。

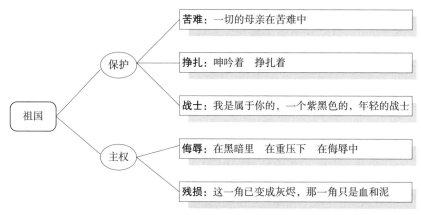

图2-2 抗战时期祖国概念网络图

与前一阶段相比，祖国中的"远方"概念逐渐淡去，而"保护"与"主权"两个概念依然凸显。显然，这与当时特殊的社会环境有关。而这两个概念的凸显几乎都是通过"祖国是受难的母亲"这一隐喻实现。

1949年，中华人民共和国成立了。这是中国近现代史的一个标志性事件。从1949年前后到1966年，一共有十七年时间，当代文学史家习惯把这段时间的中国大陆文学创作业绩统称为"十七年文学"。

许多人会把中华人民共和国成立简称为"新中国"成立。其实，"新中国"这个说法本身就是一个转喻。1949年，对于中国之新，在于新政府的成立，以及新政府所推行的一系列新政策、新制度，因此，这个国家因

---

① 埃科.符号学与语言哲学［M］.王天清，译.天津：百花文艺出版社，2006：172.

为新政府推行的新政策而发生了一系列变化。

而这种"新"也成为一个时代关键词，几乎影响着每一个具体的行为。这股潮流成为一股强大的社会力量，影响着那个时代的诗歌写作产生影响。在这一时期的诗歌语料中，"祖国"还是"母亲"，但是，她不再是原来的那位母亲，而是一位重获新生的母亲。比如：

> 每当我打开祖国的地图，
>
> 就好像婴儿见到了你呀，我的亲娘，
>
> 你越发美丽，端庄，辉煌，
>
> 正好像火中重生的凤凰，
>
> 永远在天空中高唱、翱翔！ ①
>
> ——宋祯焕《祖国》（隗蒂译）

在这段语料中，"重生"是关键词。"我"和"你"是孩子与母亲的关系。"我"打开具象的地图，看到的是抽象的祖国。但是，作者用婴儿见到亲娘的表述，用另一种具象来把这种抽象具体化。并且通过这种具象表述——母亲重生，犹如浴火涅槃的凤凰，"重生"后"越发美丽，端庄，辉煌"。摆脱了民族危机感的诗人们，在新的语境里，继续着对国家的吟诵。新的语境影响着个体认同世界的方式，表达这种认同方式的语言也发生了变化，即"祖国母亲"这个概念隐喻被创造出新的表述方式。

如何表达自己的国家从百年外敌入侵的苦难中解脱出来的喜悦，表达对于新生国家的种种愿景，成了这个时期诗歌写作的重要主题。就新诗自身而言，经过几十年的积累和训练，它们在语言和修辞上已经形成自己的一些传统。祖国母亲隐喻，就是其中之一。因此，20世纪50年代以祖国母亲隐喻展开或推进的诗歌语篇，基本上都具有了某种排他性。也就是说，

---

① 金学泉.中国朝鲜族文学作品精粹：诗歌卷［M］.延吉：延边人民出版社，2002：191.

在这个时期大部分关于祖国的重要诗歌里，鲜有更新的、对于这种关系有质疑的隐喻方式来体现个体与祖国的关系。

新中国成立后不久，抗美援朝爆发。虽然战争是残酷的，总是与流血、冲突、死亡联系在一起。但是，在这股带着"新"意的社会思潮的影响下，"祖国是母亲"的概念隐喻对战争的诠释也发挥了正面的影响。比如：

> 我要保卫那对眼睛——
>
> 妹妹的眼睛，妈妈的眼睛，
>
> 我亲爱的祖国的眼睛！ ①
>
> ——胡昭《军帽底下的眼睛》（1952）

> 让人们把我们叫作
>
> 母亲的最好的儿女，
>
> 在我们英雄辈出的祖国，
>
> 我们是年轻的接力人。
>
> 我们惯于踏上征途，
>
> 就像骑兵跨上征鞍，
>
> 青年团员走在长征的路上，
>
> 几千里路程算得什么遥远。
>
> 我将在河西走廊送走除夕，
>
> 我将在戈壁荒滩迎来新年，
>
> 不管什么时候，只要想起你，

---

① 谢冕.中国新诗总系：1949—1959［M］.北京：人民文学出版社，2010：199.

就更要把艰巨的任务担在双肩。①

——邵燕祥《到远方去》（1952）

祖国，我回来了，

祖国，我的亲娘！

我看见你正在

向你远离膝下的儿子招手②

——未央《祖国，我回来了》（1953）

公民们：

你们

　　在祖国的热烘烘的胸脯上长大，

会不会

　　在困难面前低下了头!?③

——郭小川《向困难进军——再致青年公民》（1956）

他写完他的信不是用笔，

是用他对母亲——祖国的忠诚，

用他对朝鲜人民的爱，

用他的非凡的功勋！④

——严辰《红旗手》

---

① 谢冕.中国新诗总系：1949—1959［M］.北京：人民文学出版社，2010：233.
② 谢冕.中国新诗总系：1949—1959［M］.北京：人民文学出版社，2010：202.
③ 谢冕.中国新诗总系：1949—1959［M］.北京：人民文学出版社，2010：128.
④ 谢冕.中国新诗总系：1949—1959［M］.北京：人民文学出版社，2010：206.

它告诉我们亲爱的祖国

你的儿女战斗在云彩上面。①

——雁翼《在云彩上面》（1956）

秀秀抱着孩子，脸煞白

望着他，望着，就哭了

他说："不要哭，秀秀，

我有手"

他说，他把手留在朝鲜

留在白云山上在战斗

他把手留在朝鲜

留在那掐住美、李的咽喉

他把手留在朝鲜

留在那保卫大家庭的骨肉

祖国想念他

他从朝鲜回来了

他从朝鲜回来了

所以没有带回来手②

——吕远《一个党员的手》（1958）

---

① 谢冕.中国新诗总系：1949—1959［M］.北京：人民文学出版社，2010：240.

② 谢冕.中国新诗总系：1949—1959［M］.北京：人民文学出版社，2010：95.

从诗歌本身而言，这些作品的时代气息强烈。用新诗学者谢冕的话说："一个时代有一个时代的诗。这个新时代的开始，空前的胜利和成功，展示在全体中国人民面前的是无限光明的前途，整体的早春时节的氛围，奠定着这个时代的诗的基调：乐观、向上、喜悦和欢快，它杜绝灰色和阴暗。"① 从隐喻的角度而言，和隐喻发展史上的替代论相比，概念隐喻理论强调源域和目标域之间通过映射而产生的差异性，也就是说，当我们试图用源域来理解目标域时，一个概念的若干部分必然会被强调，而另一部分则被弱化②。莱考夫在分析海湾战争的隐喻时，曾指出，媒体话语中所使用的有关战争的隐喻，有意弱化了政治资本的消耗③。使用"祖国是母亲"这个概念隐喻下的隐喻性语言来表述战争场景，战争中残酷的一面被弱化。在《军帽底下的眼睛》中，士兵出征，意味着不仅仅是流血流汗流泪，甚至可能会在战场留下性命，但因为"我"要保卫家人、保卫祖国，文中的妈妈，既是字面意义，亦可引申为祖国，作者用眼睛的意象把它们串联起来。如此，个体的意义在这个宏大事件中得以体现，可以在"战火中歌唱"。在《到远方去》中，年轻人要去远方，走几千里去戈壁滩、河西走廊，没有身体的辛苦和离家的不适，字里行间都是20世纪50年代特有的豪迈和潇洒，因为只要想起"你"——祖国母亲，"就更要把艰巨的任务担在双肩"。在《一个党员的手》中，在前线失去双臂的士兵回家后，依然没有消沉。这些表述中的浪漫主义和乐观，都统摄在祖国母亲的概念隐喻下面。

在这一时期，在少数民族诗人的文本中也出现了祖国母亲隐喻。比如：

---

① 谢冕.为了一个梦想［C］// 谢冕，姜涛，孙玉石，等.百年中国新诗史略：《中国新诗总系》导言集.北京：北京大学出版社，2010：158-195.

② LAKOFF G, JOHNSON M. Metaphors we live by［M］. Chicago：The University of Chicago Press, 2003：10.

③ LAKOFF G. The metaphor system used to justify War in the Gulf［J］. Journal of urban and cultural studies, 1991：64-70.

我吸吮着母亲的奶头，

还不曾想过捏泥娃娃和捉迷藏，

还不曾想过天空和陆地，

可是心里却有一个模糊的印象：

"世间再也没有什么

比母亲的胸脯还宽广！"①

——（藏族）饶阶巴桑《母亲》

一望无际的平原，

是你宽阔的胸膛；

巍峨的峻岭，逶迤的山岗，

正是你坚强而挺拔的脊梁，

而你那奔流不息的江河啊，

是哺育我们永不枯竭的乳浆。②

——（朝鲜族）宋祯焕《祖国》（隗芾译）

在这一组文本中，"宽阔""宽广"是关键词，突出祖国是一位胸怀博大的母亲，在用另一种方式强调中国多民族之间统一和谐的关系。

通过分析这些诗歌文本中的隐喻可知，可以发现虽然诗歌常常被冠以纯粹的"艺术"面孔，但诗歌隐喻很难脱离时代背景和社会环境而独立存在，外部因素不仅影响着作者的创造，也影响读者的阅读习惯和审美。

通过分析这一时期的文本，我们发现，祖国和下列概念关系密切，具体如图2-3所示。

---

① 谢冕.中国新诗总系：1949—1959［M］.北京：人民文学出版社，2010：304.

② 金学泉.中国朝鲜族文学作品精粹：诗歌卷［M］.延吉：延边人民出版社，2002：190.

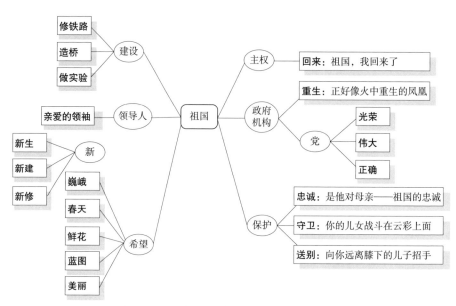

图 2-3　20 世纪 50 年代的祖国概念网络图

　　和前几个概念网络图相比，这一时期的祖国概念的凸显概念也发生了一些变化。首先，新增了"政府机构""领导人""希望""建设"等四个凸显概念。1949 年以前，中国被称为中华民国，中央政府由国民党执政，1949 年以后，执政党变成中国共产党，因此，中国的"新生"，从某种程度上而言，是源于政府机构的变化，而国家各个层面的变化是由政府机构的变化带来的，这一系列变化的总和是整个国家的持续建设和发展。因此，对于此，当时的诗歌中有大量以政府机构和政府领导人为对象的抒情。其次，前文的分析已经总结出这一时期的祖国母亲隐喻主要表述为"祖国是新生的母亲"，而"新生"的概念在图 2-3 中也得到凸显，比如"重生""希望""建设"等概念都与"新"有关。因为一切都是"新"的，所以需要建设，而且充满希望。再次，在这一时期，"保护"依然是一个高频出现的概念，诗歌文本中经常出现"忠诚""守卫""保卫""送别"这样的词语，而这里的送别指的是离开祖国去远方保卫祖国，因此，我们将这个概念归在"保护"之下，这也跟当时中国的军事处境有关。

　　另外，在这一时期，"希望"和"建设"为祖国概念增加了新的感情色彩。这一时期的诗歌文本中，有大量的关于祖国的美好描述，"巍峨""春天""鲜花""蓝图""美丽"等都是经常出现的高频词，这些词语总是带给读者许多美好的愿景。因此，这些词语通过"祖国是新生的母亲"这个隐喻而不断重复，使得"祖国"这个概念也充满了希望。而正因为这是一个百废待兴、充满希望的国家，因此，"建设"是另一个与"祖国"关系密切的概念。

　　如果像法国诗人哲学家加斯东·巴什拉的著名论断那样——"词语在梦想"的话，那么隐喻包含的两个认知域之间，也在"梦想"发生新的关系，以对应或发明新的事物秩序。保罗·利科说："隐喻的意义并不是谜本身，并不是单纯的语义冲突，而是谜的解决，是对语义的新的贴切性的确立。"[1]1979年后，汉语新诗人在祖国母亲已有的隐喻性表达所形成意识形态和美学压力下，在新的社会意识形态的催促下，也在寻求确立新的隐喻性表达，以表达当时历史语境下的社会情绪。

　　在语料阅读中，可以发现，20世纪80年代以来，祖国母亲是以"复活"的形象在新诗话语中展开的。虽然祖国依然是母亲，但是，源域和目标域的映射却发生了变化，比如：

　　　她被铸在青铜的盾牌上
　　　靠着博物馆发黑的板墙[2]

　　　　　　　　　　　——北岛《祖国》

　　作为祖国的"她"靠着"博物馆发黑的板墙"，"发黑"说明这个板墙有些破败不堪，而博物馆是一个放置展览、有年岁、有历史痕迹物品的场所，记录过去的辉煌和文明，青铜本身常常和有历史感之物联系，因此，这里的祖国是一个生锈的、老丑的女性图腾，暗示着她有病在身，甚至病

① 利科.活的隐喻［M］.汪堂家，译.上海：上海译文出版社，2004：295.
② 北岛.北岛诗集［M］.太原：北岳文艺出版社，2013：51.

入膏肓了。尽管她被放置在博物馆里，象征着她从前的辉煌，但那是祖国已经死去的过去。这样的祖国形象，和前几个时期的祖国形象具有天壤之别，但这个祖国显然在等待某种"复活"。在下面的诗句中，她似乎要活过来了：

> 当祖国母亲
>
> 揉去复苏的惺忪
>
> 撑着酸痛的双腿
>
> 从动乱的废墟中刚刚站起
>
> 就解开慷慨而温暖的前襟
>
> 让我们吮吸
>
> 还不太丰腴的奶水①
>
> ——金辉《多侧面群像的自传》

在这条语料的隐喻中，包含了这样的概念要素：祖国是一个重病病人，"酸痛""不太丰腴的奶水"。她之前因为疾病而沉睡，现在刚刚醒来，睡眼惺忪。她醒来后，慷慨温暖，马上开始哺育孩子。于是，"祖国"从发黑的青铜盾牌上休眠的女性雕像，变为一个大病初愈的母亲。这位母亲在自己尚未恢复生命力的时候，就开始慷慨地承担起喂养儿女（我们）的义务。

国家、大地、母亲的身体的复活和痊愈，需要"天空"帮助。这样的比喻一方面继承了此前的祖国母亲隐喻中的大地崇拜情结，也加入了天空崇拜的隐喻。大地的"复活"，意味着曾被放逐或遗弃的孩子可以重新回到"母亲"身边。比如：

> 荒漠的黄土高原啊

---

① 金辉.楚魂［M］.武汉：长江文艺出版社，1989：38.

大自然厌恶的弃儿

祖国母亲却把你搂在胸前

多少双手采集的树种草籽

像蜂蝶飞向春风呼唤的高原

王素香同志

你就是一颗树种，你就是一粒草籽

你就是红豆草，红豆草

红豆草已经在我那贫瘠的故乡落户

荒漠的黄土高原出现了第一块绿洲

申家山啊，申家山像蒲公英的种子

正在迎风飞翔，正在迎风起舞①

——王果《红豆草——致王素香》

只因有了你

你在我心中

　　　　我简直一时无法搞清

　　　　是真的在严寒里找到了火堆

　　　　游子回到了慈母的怀中

　　　　只因有了你，你在我心中

只因有了你

你在我心中

　　　　我要更坚定地做棵小草

　　　　扎根在你这瘠薄的土层

　　　　任野火焚烧，纵冰霜欺凌——

　　　　只因有了你，你在我心中

---

①　王果.远近［M］.上海：学林出版社，1989：63.

> 只因有了你
> 你在我心中
>
> 　甚至我能默默地将人们
> 　唾在我身上的痰迹揩净
> 　而不过露出酸心的一笑
> 　只因有了你，你在我心中①
>
> 　　　　　　　——食指《祖国》

　　王果的《红豆草——致王素香》中是弃儿回到母亲怀抱，而食指的《祖国》写了游子回到母亲怀抱，是小草扎根在贫瘠的土层。而最著名的关于"母亲复活"的诗歌隐喻，在诗人舒婷写《祖国呵，亲爱的祖国》一诗。为便于分析，全诗抄录如下：

> 我是你河边上破旧的老水车，
> 数百年来纺着疲惫的歌；
> 我是你额上熏黑的矿灯，
> 照在你历史的隧洞里蜗行摸索；
> 我是干瘪的稻穗，是失修的路基；
> 是淤滩上的驳船
> 把纤绳深深
> 勒进你的肩膊；
> ——祖国呵！
>
> 我是贫困，
> 我是悲哀。
> 我是你祖祖辈辈

---

① 食指.诗探索金库：食指卷［M］.北京：作家出版社，1998：86-87.

痛苦的希望呵，

是"飞天"袖间

千百年来未落在地面的花朵；

——祖国呵！

我是你簇新的理想，

刚从神话的蛛网里挣脱；

我是你雪被下古莲的胚芽；

我是你挂着眼泪的笑涡；

我是你新刷出的雪白的起跑线；

是绯红的黎明

正在喷薄；

——祖国呵！

我是你的十亿分之一，

是你九百六十万平方的总和；

你以伤痕累累的乳房

喂养了

迷惘的我、深思的我、沸腾的我；

那就从我的血肉之躯上

去取得

你的富饶、你的荣光、你的自由；

——祖国呵，

我亲爱的祖国！ ①

这首诗紧紧围绕"祖国"，把这个抽象的概念通过种种方式具象化，

① 李润霞.中国新诗百年大典：第11卷［M］.武汉：长江文艺出版社，2013：190-191.

通篇都在写祖国的每一个部分是如何复活的，诗以被"伤痕累累的乳房"抚养长大的"我"誓要报效祖国、取得"你的富饶、你的荣光、你的自由"结尾，即回到了祖国母亲隐喻的框架中。这首诗也因此成了20世纪七八十年代流传最为广泛的诗作之一。综合上面文献中出现的隐喻要素，"复活的母亲"这一隐喻的相关概念结构如图2-4所示。

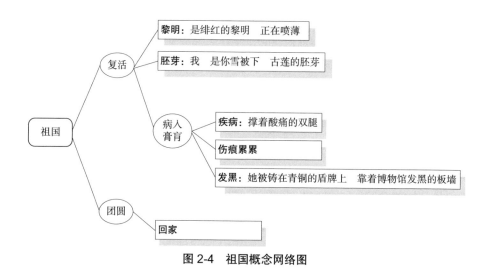

黎明：是绯红的黎明　正在喷薄

胚芽：我　是你雪被下　古莲的胚芽

疾病：撑着酸痛的双腿

伤痕累累

发黑：她被铸在青铜的盾牌上　靠着博物馆发黑的板墙

祖国

复活

病入膏肓

团圆

回家

图2-4　祖国概念网络图

比较上述四个祖国概念网络图后，我们可以发现，当"祖国是母亲"这个概念隐喻以意识形态的方式笼罩着社会时，就会制约着"祖国"这个概念的隐喻性表述。"祖国"这一概念，虽然客观意义没有变化，但是在不同的历史时期，汉语新诗会赋予或者强调它的不同侧面。同样的道理，由于今天的中国处于一个特殊的转型期，因此本节中呈现的祖国概念也与第七章中归纳出的当代青少年的祖国概念存在差异。

通过检索北京大学的现代汉语语料库（CCL），可以发现：在现代汉语中，祖国隐喻的目标域大多为祖国，而源域大多为母亲，"祖国是母亲"在现代汉语中依然是一个极其常见且重要的隐喻。但是在20世纪90年代以后的汉语新诗中，先锋诗人们却开始有意抛弃这个隐喻，寻求新的方式来表述个人与国家的关系。也就是说，在汉语新诗中，祖国母亲隐喻经过较长时间的发展，在20世纪末期开始逐渐式微。

　　20世纪80年代后期至世纪之交，中国社会开始转型，个体与国家之间的关系也发生改变。"改革开放""法治社会""全球化""地球村"这样的概念开始在中国社会盛行。虽然"祖国母亲"隐喻继续在主旋律的流行文化和公共话语中大量被使用，但是它在先锋诗歌中正在慢慢解体。比如：

此火为大　祖国的语言和乱石投筑的梁山城寨

以梦为上的敦煌——那七月也会寒冷的骨骼

如雪白的柴和坚硬的条条白雪　横放在众神之山

和所有以梦为马的诗人一样

我投入此火　这三者是囚禁我的灯盏　吐出光辉

万人都要从我刀口走过，去建筑祖国的语言

我甘愿一切从头开始

和所有以梦为马的诗人一样

我也愿将牢底坐穿[1]

　　　　　　　　　　　　——海子《祖国，或以梦为马》

狄更斯阴郁的伦敦。

在那里雪从你的诗中开始，

祖国从你的诗中开始；

在那里你遇上一个人，又永远失去她；

在那里一曲咖啡馆之歌

也是绝望者之歌；

---

[1]　西渡.中国新诗百年大典：第18卷［M］.武汉：长江文艺出版社，2013：182-183.

在那里你无可阻止地看着她离去，

为了从你的诗中

升起一场百年不遇的雪……

……

在那里母语即是祖国，

你没有别的祖国。

在那里你在地狱里修剪花枝

死亡也不能使你放下剪刀。

在那里每一首诗都是最后一首，

直到你从中绊倒于

那曾绊倒了老杜甫的石头……①

——王家新《伦敦随笔》

在这组语料中，祖国基本和母亲无关，而和语言组合成为新的隐喻。也就是说，"祖国"已经不再是政治意义上的祖国，这个概念的政治性和集体性在减弱，这个概念的公共意义减弱的同时，个人性在增加。可以这样说，在"祖国是母亲"隐喻笼罩下，所有的中国人是共享一个祖国；而当"祖国是语言"时，每个人都有自己的方言母语，于是每个人都有一个专属于自己的祖国。北岛也曾写下类似的句子：

我对着镜子说中文

一个公园有自己的冬天

我放上音乐

冬天没有苍蝇

我悠闲地煮着咖啡

苍蝇不懂得什么是祖国

---

① 张清华.中国新诗百年大典：第15卷［M］.武汉：长江文艺出版社，2013：234-236.

我加了点儿糖

祖国是一种乡音

我在电话线的另一端

听见了我的恐惧[1]

——北岛《乡音》

在这里，祖国不仅仅是语言，而是那一种特殊的语言，是连接着故土、童年和成长的乡音。

在越来越多的文本中，祖国变成一个强调自我的概念。比如：

祖国啊，祖国

春节的祖国，雷锋的祖国

人民的祖国，没有公社的祖国

太多了，不是吗？

当然不是一封信的祖国

也不是二郎山的祖国

祖国听之任之

祖国从不发愁

我站在街口，中国

遍地祖国开花

当一个农民走过

祖国停在他的上空

当祖国不！

---

[1]　北岛.北岛作品精选［M］.武汉：长江文艺出版社，2019：56.

117

当祖国在运动

当我不是一个农民

当我拿起电话

我就是一个祖国①

——柏桦《祖国》

还有在食指《我的祖国》（共四首）、张枣《祖国丛书》、孙文波《祖国之书，或其他》、黄梵《祖国颂》等直接以祖国为题的文本中，祖国母亲隐喻已经不再继续。这个历时百年的隐喻，从精英诗歌中淡出，在公共话语中的继续，前者意味着这个隐喻已不再与这个时代最为前沿和精微的语言创新具有关联，而后者则恰好表明，祖国母亲隐喻与某种集体意识之间的隐秘关联，它已经成为这个时代的国家仪式的一部分被延续。

在讨论祖国母亲隐喻的变异之前，有必要先梳理20世纪汉语新诗中以祖国为目标域的各种隐喻。据我们统计，在20世纪汉语新诗中，祖国作为目标域，曾和如下源域发生映射关系。

一是母亲（妈妈、亲娘），比如：

耻辱，那是我的地址

整个英格兰，没有一个女人不会亲嘴

整个英格兰，容不下我的骄傲

从指甲缝中隐藏的泥土，我

认出我的祖国——母亲

已被打进一个小包裹，远远寄走……②

——多多《在英格兰》

---

① 谢冕，唐晓渡.以梦为马：新生代诗卷［M］.北京：北京师范大学出版社，1993：8.
② 李润霞.中国新诗百年大典：第11卷［M］.武汉：长江文艺出版社，2013：160.

在这几句诗中，源域（母亲）和目标域（祖国）同时出现，在语义结构上，很清晰地呈现了两者的隐喻关系。

二是父或者母，比如：

我站在高山之巅，

望黄河滚滚，

奔向东南。

惊涛澎湃，

掀起万丈狂澜；

浊流宛转，

结成九曲连环；

从昆仑山下

奔向黄海之边；

把中原大地

劈成南北两面。

啊！黄河！

你是中华民族的摇篮！

五千年的古国文化，

从你这发源；

多少英雄的故事，

在你的身边扮演！

啊！黄河！

你是伟大坚强，

像一个巨人

出现在亚洲平原之上，

用你那英雄的体魄

筑成我们民族的屏障。

啊！黄河！

你一泻万丈，

浩浩荡荡，

向南北两岸

伸出千万条铁的臂膀。

我们民族的伟大精神，

将要在你的哺育下

发扬滋长！

我们祖国的英雄儿女，

将要学习你的榜样，

像你一样的伟大坚强！

像你一样的伟大坚强！[①]

——光未然《黄河颂》

在这里，"我们"是"祖国"的儿女，祖国是"我们"的父亲或者母亲。当然，这个概念隐喻也非常普遍，在许多诗句中都曾出现，比如在杨牧的《我是青年》中："祖国哟！是您应该为您这样的儿女痛楚，还是您的这样的儿女，应该为您感到辛酸？"[②]

三是人，比如：

所有的市集的嘈杂，

流汗，笑脸，叫骂，骚动，

当公路渐渐地向远山爬行，

别了，我们快乐地逃开

这旋转在贫穷和无知中的人生。

---

① 吴晓东.中国新诗总系：1937—1949 [M].北京：人民文学出版社，2010：294-295.
② 王光明.中国新诗总系：1979—1989 [M].北京：人民文学出版社，2010：483.

我们叹息着，看着

在朝阳下，五光十色的

一抹白雾下笼罩的屋顶，

抗拒着荒凉，丛聚着，

就仿佛大海留下的贝壳，

是来自一个刚强的血统。

从一个小镇旅行到大城，先生，

变幻着年代，你走进了

文明的顶尖——

在同一的天空下也许

回忆起终年的斑鸠，

鸣啭在祖国的深心。①

——穆旦《小镇一日》

　　按照传统修辞学理论，这几句诗采用了拟人的修辞手法。这种修辞手法在文学作品中很常见。拟人使得我们可以用自身的经验来理解这个世界的各方面，包括时间、死亡、自然力量、非生命物体等②。而祖国则为非生命物质的一种。根据认知隐喻观，这几句诗包含着"祖国是人"的隐喻，目标域为祖国，源域为人。汉语新诗中，这个隐喻并不罕见，在许多诗歌的段落中都曾出现。

　　需要指出的是，我们在这里谈论的拟人和被莱考夫纳入本体隐喻（ontological metaphor）的拟人存在一定差别。莱考夫和泰纳曾这样解释人们为何常用拟人的手法来描述时间：在我们看来，事件是由一个有行动

---

① 吴晓东.中国新诗总系：1937—1949［M］.北京：人民文学出版社，2010：215-216.

② KÖVECSES Z. Metaphor：a practical introduction［M］. 2ⁿᵈ. New York and Oxford：Oxford University Press，2010：56.

能力的、有意图的主体完成的；既然行为均由这样的一个主体完成，那么，事件亦然。因此，广义而言，我们将事件视为行动。所以，如时间这样的事件就常被拟人化①。我们认为，莱考夫和泰纳给出的这个解释有一定说服力。其实，这个推论不仅可用来解释时间，亦可拿来解释祖国的拟人。后文提及的若干源域其实就是拟人之"人"的具体化。这个概念隐喻比较普遍，比如"就凭我这一颗红心一腔血，就凭我这不屈的刺刀手榴弹，祖国呀，请你放心，这一代由我们值班"②"祖国的亲人呵，当你向夜空遥望，那最远的星斗，就是我们的桅灯"③"祖国叫咱怎样答对，咱就怎样答对"④"呵！桂林的山来漓江的水——祖国的笑容这样美"⑤"这广场是我祖国的心脏／那些广场上自由走动的人／像失明的蝙蝠／感知到夜色临降"⑥等。这些表达背后的概念隐喻都是把祖国与人进行映射。

四是行囊，比如：

布拉格的黄昏缓缓燃烧

布拉格的黄昏无可挽回

布拉格的黄昏，比任何一个城市的

　都更为漫长

布拉格的黄昏，刺痛了我的心

……

流亡的人把祖国带在身上

没有祖国，只有一个

　从大地的伤口迸放出的黄昏

① LAKOFF G, TURNER M. More than cool reason: a field guide to poetic metaphor [M]. Chicago: The University of Chicago Press, 1989: 73-75.
② 程光炜.中国新诗总系：1969—1979[M].北京：人民文学出版社，2010：537.
③ 程光炜.中国新诗总系：1969—1979[M].北京：人民文学出版社，2010：539.
④ 洪子诚.中国新诗总系：1959—1969[M].北京：人民文学出版社，2010：40.
⑤ 洪子诚.中国新诗总系：1959—1969[M].北京：人民文学出版社，2010：52.
⑥ 王光明.中国新诗总系：1979—1989[M].北京：人民文学出版社，2010：452.

只有世纪与世纪淤积的血

……

我将离去，但我仍在那里

布拉格的黄昏会在另一个卡夫卡的

　灵魂中展开

布拉格的黄昏永不完成

布拉格的黄昏骤然死去——

如你眼中的最后一抹光辉①

——王家新《布拉格》

20世纪90年代初中期，王家新旅居欧洲，因此诗作带着浓郁的"流亡"气息，遥远的祖国于他而言，变成一件行囊，随身携带，"流亡的人把祖国带在身上"。类似的表达在其他诗篇中也曾出现，比如孟浪的《致从二十世纪走来的中国行者》："背着祖国到处行走的人，祖国也永远背着他，不会把他放下。是的，祖国/就是他的全部家当/是的，祖国/正是他的全部家当。"②

五是语言，比如：

我来到北京，我看见

　祖国的语法中心，

　有一个人在点数

葡萄在他周围的街道，

　并把鞋底的广西泥巴

擦在花岗石的台阶上，

他决心回到医院，

① 王家新.重写一首旧诗［M］.武汉：武汉大学出版社，2017：81-82.
② 西渡.中国新诗百年大典：第18卷［M］.武汉：长江文艺出版社，2013：94.

做现代派首领。

丛林里不寻常的影子

赠给城市一只山猫，

它的爪子向下扑。

让不信神的人成为神。

让不怕鬼的人成为鬼魂。①

——肖开愚《向杜甫致敬》

在这里，祖国与语言形成映射，因此，北京由祖国的首都变成了语言的语法中心。这个隐喻在日常语言中并不常见，可视为诗人创造的新奇隐喻。

六是女郎，比如：

啊，我年青的女郎！

我不辜负你的殷勤，

你也不要辜负了我的思量。

我为我心爱的人儿

燃到了这般模样！

啊，我年青的女郎！

你该知道了我的前身？

你该不嫌我黑奴卤莽？

要我这黑奴的胸中，

才有火一样的心肠。

啊，我年青的女郎！

---

① 肖开愚.学习之甜［M］.北京：中国工人出版社，2000：87.

我想我的前身

原本是有用的栋梁，

我活埋在地底多年，

到今朝总得重见天光。

啊，我年青的女郎！

我自从重见天光，

我常常思念我的故乡，

我为我心爱的人儿

燃到了这般模样！ ①

——郭沫若《炉中煤——眷念祖国的情绪》

《炉中煤——眷念祖国的情绪》为郭沫若的诗歌名作，正是由于这首作品，把"祖国是女郎"的隐喻广泛传播，直到当代诗人肖开愚这里，这个隐喻还在继续，他曾写过《祖国女郎》一诗。肖开愚的诗里并没有涉及祖国的隐喻，但是他以此为题，分明是在与《炉中煤——眷念祖国的情绪》形成对话，成为一种互文。

和女郎类似的比喻是"祖国是情侣"，比如，蒋光赤在《过年》（1924）中，这样写道：

第二杯酒祝福我悲哀的祖国，

哦，可怜的悲哀的爱人！

可怜的而可爱的祖国呀！

祝你莫要颓唐，祝你梦醒。

你应当有重兴复振的一日，

---

① 李怡.中国新诗百年大典：第1卷［M］.武汉：长江文艺出版社，2013：162-163.

你要变成万花异锦的春城。①

　　在这里，祖国是我的"可怜的悲哀的爱人"，祖国既"可怜"又"可爱"。梁实秋的《海啸》中也有同一个概念隐喻："对月出神的骚士！你想些什么？可是眷恋着锦绣河山的祖国？若是怀想着远道相思的情侣，——明月有圆有缺，海潮有涨有落。请在这海上的月夜，把你的诗心捧出来，投入这水晶般的通彻玲珑的无边天海！"②在这里，眷恋祖国如同怀想情侣，祖国就是情侣。

　　七是囚犯（或奴隶），比如：

当祖国的大地

挣断了几千年来的锁链，

当我们的草野

那茂密的林间

不再拴有敌人的战马，

当您又跋涉着迢迢的路

　回到家乡时，

我一定要随着黎明的光

去叩开故居的门，

我一定要跪倒在您的脚前

求您：即使是一点头的宽恕……③

　　　　　　　　　　　——曾卓《母亲》

　　在这首诗中，祖国与囚犯（或奴隶）形成映射，因此，祖国被戴上了

①　姜涛.中国新诗总系：1917—1927［M］.北京：人民文学出版社，2010：456.
②　姜涛.中国新诗总系：1917—1927［M］.北京：人民文学出版社，2010：500.
③　孙晓娅.中国新诗百年大典：第7卷［M］.武汉：长江文艺出版社，2013：223.

囚犯（或奴隶）的枷锁。这首诗写于1941年，彼时中国正处于抗战的艰难时期，作者的母亲和祖父祖母、叔叔婶婶们逃难至广西，曾卓则在重庆近郊的乡间。作者每个月会收到祖父寄来的一封家书，有时母亲会把亲手缝制的衣服、布鞋随信寄来。在一个细雨飘零的晚上，作者思念母亲，也为国难感伤，于是，发明了这个隐喻表达[①]。

八是神鸟，比如：

祖国

在这瞬息万变的世界

在你痛苦羽化的时刻

——张学梦《祖国，一场风暴来临》

在这里，"羽化"是激活隐喻的关键词。羽化的原意是得道成仙，这里，痛苦的羽化就是凤凰或其他神鸟的涅槃、新生。因此，这个隐喻的源域是神鸟。

九是宝物，比如：

我无罪；所以我有罪了么？——

而花有彩色和芳香的罪

长江有波浪和雷雨的罪么，

而基督有博爱的罪

欧几米得有几何头脑的罪么？

夺去我底花冠吧，夺去吧，夺去我底战剑吧，

　夺去吧

让我底头顽强地裸露，而让白蔷薇在你底

---

① 曾卓.母亲［C］//胡适，等.母亲.南京：译林出版社，2020：119-121.

加冕典礼上为你蔫萎吧

让我底两臂默然地下垂，而让剑光在你底

一握之中为你增加沉重吧

夺去吧，连我底落在妻底墓前的泪珠，

那和清晨草间的露珠一样无罪的泪珠

连我底抚摩孑然的孩子底头皮的双手，

和那阳光一样抚摩着他底头皮的无罪的双手

夺去吧，连我底诗，我底不可夺去的诗

夺去吧，连我底一文不名的自由，

连我底做做恶梦的自由。

我难道不是在我底祖国？

然而这难道是为我所属的国？

这难道不是当我之前所展开的风景，

这山，这江，这人烟和鸟影？

然而这难道是为我所有的国？

我到什么地方去？

我从什么地方来？——

……

我无罪；但是我却把有罪当作我底寒伧的行囊了

我是在劫夺了我的祖国敞胸而岸然旅行。①

——阿垅《去国》

在这里，"劫夺"是激活隐喻的关键词。一般而言，唯有宝物会被"劫

---

① 本书编辑委员会.中国新文学大系1937—1949：第十四集 诗卷 [M].上海：上海文艺
出版社，1990：514-515.

夺",故该隐喻的源域是宝物,如同宝物的祖国里,有"之前所展开的风景,这山,这江",有"妻底墓"、孩子、阳光。"我"几乎一无所有,行囊寒碜,于是要劫夺如宝物的祖国,"敞胸而岸然旅行"。

十是花园,比如:

祖国是一座花园,

北方就是园中的腊梅;

小兴安岭是一朵花,

森林就是花中的蕊。

花香呀,

沁满咱们的肺。[1]

——郭小川《祝酒歌:林区三唱之一》

这里的表达是所谓的明喻,祖国是花园,不同的地域是园中的不同花儿。

诗人们的妙笔为祖国发明了很多隐喻。在公刘的《南望云岭》中,祖国既是爱人又是母亲。比如:

我怎么能不想念你?

为了你,我奉献了战斗的青春!

我,一个跟着红旗前进的士兵,

曾经默默地用行军的脚步,

丈量过对祖国的爱情,

如今开遍了山野的红艳艳的茶花,

其中,也有一瓣、两瓣,

承受过我的血汗的滋润!

---

[1] 洪子诚.中国新诗总系:1959—1969[M].北京:人民文学出版社,2010:36.

是的，对于祖国，我像儿子一般孝顺。

而祖国的南方，

色彩缤纷的南方哟，

又是孕育我最初的诗行的母亲！ ①

在前五行中，祖国是"我"想念的、想要保护的、愿意为之奉献的爱人，"用行军的脚步，丈量过对祖国的爱情"。在这个隐喻表达后，作者用茶花的意象承上启下，在这里，红艳艳的茶花不仅是爱情的象征，也引出了我和祖国的另一层关系——母与子。

祖国还可以是肖像，王寅在《忧郁赞美诗》中写道："祖国肖像，没有名字的相框/就像爱情沉默不语/玫瑰的矿物，痛饮着没有酒精的风雪……祖国肖像，多么忧郁的唇齿/满含泪水的时间，遮蔽了穿越闪电的病舟/祖国肖像下的诗人们/思想者的彼岸/咏叹之后，已不会诉说告别和平安/祖国，半空中的肖像……"②祖国可以是小镇、命运，黄梵在《祖国》中写道："一座小镇，是祖国/友人的命运，是祖国/一日三餐，只是活，还是祖国/我想抛弃的，比我想说的还要多……"③祖国可以是诊所，韩博在《国旗》中写道："诊所代表祖国，门前，廊下，木雕的旗帜迟滞不动。"④祖国还可以是孤儿，比如多多的《祝福》："从那个迷信的时辰起/祖国，就被另一个父亲领走/在伦敦的公园和密支安的街头流浪/用孤儿的眼神注视来往匆匆的脚步/还口吃地重复着先前的侮辱和期望……"⑤

在旅居瑞典的当代诗人李笠的笔下，祖国就是日常生活化的氛围和诗意：

---

① 段从学.中国新诗百年大典：第10卷［M］.武汉：长江文艺出版社，2013：210-211.

② 张桃洲.中国新诗总系：1989—2000［M］.北京：人民文学出版社，2010：345.

③ 钱文亮.中国新诗百年大典：第22卷［M］.武汉：长江文艺出版社，2013：66.

④ 陈均.中国新诗百年大典：第25卷［M］.武汉：长江文艺出版社，2013：238.

⑤ 李润霞.中国新诗百年大典：第11卷［M］.武汉：长江文艺出版社，2013：135-136.

风把我们头上的槐树吹成一张飕飕抖晃的帆

拿铁，生茶，普洱，巧克力，爱尔兰咖啡

在用不同语言驶向同一种诗意：穿越海洋

"这才是祖国！祖国是一种美好的气氛！"瓷杯说

是的，祖国不是身份证，故乡，或所谓的出生地点

祖国是这里，此刻：男女手缠在一起。像藤

古诗里的寒蝉在风加剧时用力提高嗓门

为了让宇宙听到自己的歌声，那唯一的祖国①

——《真正的祖国》

综上所述，在汉语新诗中，祖国作为目标域，曾与多个不同的源域形成映射，形成内涵各异的隐喻。

在上述隐喻中，"祖国是母亲""祖国是人""祖国是父母""祖国是女性（女郎/情侣）"等四个隐喻相对常规，在日常语言中流传较广；其他隐喻则相对新奇，如果不熟悉现代汉语新诗的读者，恐怕较少会将祖国与神鸟、宝物、行囊这样的概念联系起来。这些新奇隐喻，除了"祖国是宝物"，其他新奇隐喻都是在20世纪80年代开始出现，并逐渐流行开来，替代祖国母亲隐喻。当祖国母亲隐喻逐渐式微时，这些新奇隐喻开始成为祖国母亲隐喻的变异形态。由于隐喻的意象能起到阐明和解释情感和情绪的作用，同时也能激发读者的各种情绪和情感②，因此，诗人通过各种不同的意象、不同的隐喻来传情达意，表达自己的意图。反之，一个类型丰富的隐喻，也恰好能证明自身重要意义。上述这些隐喻性表达极大地丰富了有关祖国的诗性语言，为祖国形象的呈现提供了多种可能性，丰富了祖国这

---

① 李笠. 回家［M］. 上海：华东师范大学出版社，2017：122.

② KESHAVARZ F，GHASSEMZADEH H. Life as a stream and the psychology of "moment" in Hafiz'verse: application of the blending theory［J］. Journal of pragmatics，2008（10）：1781-1798.

个重要概念的内涵。正如楚尔曾指出的，诗歌中情感的呈现方式，不仅是告知，也是展示。（The emotional quality is present in the poem not only by way of telling but also showing.）[1]展示，某种意义上就是一种意义的繁殖和拓展。诗歌中对同一概念隐喻的各种各样的表述，以及对同一目标域与各种源域的联系，就是一种"展示"。通过上面梳理的各种"展示"，可以进一步知晓祖国母亲隐喻是如何与其历史情境之间进行互动的。

德国认知语言学家赞肯在分析了大量的关于政治、健康等公共话题的语篇后，提出"语篇隐喻"这一概念，指的是"在某一段时间内、某类语篇里较为固定的隐喻性映射，有重要的结构性功能"[2]，但他分析的语料范围没有涵盖文学语篇。联系以上的梳理，完全可以借用这个概念，来指称、分析本书中诗歌语篇里的类似现象。

一个成功的语篇隐喻，能够在一段时间内、较为广泛的语篇内得到共鸣。赞肯认为，语篇隐喻具有长时间的稳定性，但也会因时而变。"祖国母亲"就是这样一个语篇隐喻。如我们看到的，它的各种隐喻性表达中，意义指向千差万别。这种情况在其他语篇隐喻中也很常见，比如姆索夫（A.Musolff）通过分析大量战斗和旅程的隐喻后发现，尽管这些隐喻非常普及，且常常出现在不同类型的文本中，其源域鲜有变化；但这些隐喻却在不同的文本中被用来建构不同的观点。也就是说，源域并不是造成隐喻意义差别的唯一原因，隐喻在不同语境中的具体使用情况，也会造成其意义的差别和分歧。[3]查特里斯－布莱克在分析了英国的政治语篇后，也提过类

---

① TSUR R. Aspects of cognitive poetics [C] //SEMINO E，CULPEPER J，Cognitive stylistics：language and cognition in text analysis. Amsterdam：John Benjamins Publishing Company，2002：279-318.

② ZINKEN J，et al. Discourse metaphor [C] //DIRVEN R，et al. Body language and mind volume 2：sociocultural situatedness. Berlin and New York：Mouton de Gruyter，2008：363-385.

③ MUSOLFF A. Political imagery of Europe：a house without exit doors? [J]. Journal of multilingual and multicultural development，2000，21（3）：216-219.

似的观点①。

由此，可以归纳出祖国母亲隐喻的如下几个特点。

首先，这是一个相对稳定的概念隐喻，在汉语新诗史中影响力巨大，但它的影响又是以自身的演变产生的。也就是说，尽管这个隐喻的源域一直凝固于"母亲"，但在不同历史时期，同一源域却向目标域输送不同的概念要素，从而对这个隐喻的含义产生影响。查特里斯–布莱克将这种变化称为"微观变化"②，正是这样的微观变化，潜在地影响着人们的认知结构。德凡（R. Dirven）等认知语言学家曾将意识形态定义为"基于一组认知模型的信念和价值观"③。可以说，祖国母亲隐喻，正是属于这样的认知模型。通过对"祖国"一词的古典语义溯源，可以发现，这个词语虽然在现代汉语中有诸多丰富内涵，但并不能在古典文献中完全找到根基。也就是说，现代汉语自身的发展对祖国概念的丰富和发展起了巨大的推动作用。

其次，因为新诗文本中反复出现的语言现象可以透露文本背后的社会动机，通过分析其中的特定隐喻，能够发现隐喻所传递的世界观④。所以，本章整理了现代汉语新诗中祖国母亲隐喻，并分析了这些诗歌隐喻背后隐藏的中国人对待祖国、国家的观念及其变化。

最后，诗歌文本中具有强烈的意识形态作用，而隐喻的生成和变化是意识形态的具体体现。从认知语言学角度看，意识形态与隐喻息息相关。社会学家卡尔·曼海姆说："在历史发展的所有阶段，所有地方的人们，对于其对手所显示出的不信任，可以看成是意识形态概念最近的前身。"

---

① CHARTERIS-BLACK J. Corpus approaches to critical metaphor analysis［M］. New York：Palgrave Macmillan，2004：85.

② CHARTERIS-BLACK J. Corpus approaches to critical metaphor analysis［M］. New York：Palgrave Macmillan，2004：80.

③ DIRVEN R, et al. Categories, cognitive models and ideologies［C］//DIRVEN R, FRANK R, PUTZ M. Cognitive models in language and thought：ideology, metaphors and meanings. Berlin and New York：Mouton de Gruyter，2003：1-2.

④ CHARTERIS-BLACK J. Corpus approaches to critical metaphor analysis［M］. New York：Palgrave Macmillan，2004：42.

即对于意识形态关注和思考，总是与我们可以置之度外地意识到某种"整体性的不可靠"有关①。曼海姆的社会学表述，转换到认知语言学上，种种"不可靠"的幻象和偏见，最终表现在相关群体和个体所表达的语言结构中，尤其是在隐喻结构中。一种幻象或偏见的塑造，始于各种经验的选择和放弃。这正如巴尔肯（Balkin）谈论隐喻的意识形态特征时所指出的："隐喻之所以具有意识形态效果，是因为它们是经验选择的结果。通过Y来理解X，只强调或选择了Y的部分特征，而丢弃了其他特征。以我们所发现或选择的Y的某些特点及其间的关系来塑造X的同时，我们的塑造已经基于全然不同的要素和要素间的关系。"②巴尔肯认为，我们可以用两种方式来探知隐喻的意识形态特征。

首先，隐喻模型（metaphorical models）选择性地描述某一情境，以此压抑了与自身描述无关的概念。由于我们以此方式想象世界，就很难换为其他方式想象世界。正如莱考夫和约翰逊所言，"运用了某一隐喻，它就指引我们只聚焦于我们的经验中被它强调的部分，指引我们看见这个隐喻之所以为真的内涵"。他们指出，"隐喻具有以连贯的内涵网络定义真实的力量，它强调某些构成真实的特点，同时遮蔽了其他特点"。

其次，也是更重要的，隐喻性表达不遗余力地生产此方面的社会现实，正如它不遗余力地压抑彼方面的社会现实。③

巴尔肯卓越地指出，隐喻的组织功能（constitutive functions）并非仅仅是弯曲真实，而且它还能够制造真实。就像叙事结构一样，隐喻也有

---

① 曼海姆.意识形态与乌托邦［M］.姚仁权，译.北京：九州出版社，2007：125.

② BALKIN J M. Cultural software：a theory of ideology［M］. New Heaven：Yale University Press，1998：245.

③ BALKIN J M. Cultural software：a theory of ideology［M］. New Heaven：Yale University Press，1998：247.

"让自身成为真实"的力量。事实上，隐喻甚至可以形成被它压抑的部分的可能模式。① 也就是说，隐喻不只是一种言此为彼的语言现象，现有的研究表明，大脑中的概念隐喻系统在建构着我们的语言和思想。在建构和生成过程中，隐喻往往强调目标域的某些特征，同时隐藏其他特征，因而很难不偏不倚，它总得隐含一些态度、评价和取舍。也就是说，被概念隐喻机制淘洗过的目标域，具有了一种新的物体或事情的秩序。如巴尔肯所言，隐喻是意识形态的认知机制，是产生意识形态的形态②。

在祖国母亲隐喻的组织结构及其变化过程中，也可以看出它们之间的相互选择、取舍，不同的意义建构取向和相关的意义组织方式。祖国成为"游子的母亲""受难的母亲""新生的母亲""复活的母亲"等，在特定历史语境的影响下，它们都经历了各种取舍和建构的过程。

这便是我们通过对祖国母亲隐喻的表现类型和历史变迁的描述，得出的一些基本判断。在这些判断的基础上，我们需要对其内在的认知机制做更为细致的分析处理。

---

①　BALKIN J M. Cultural software：a theory of ideology［M］. New Heaven：Yale University Press，1998：247.

②　BALKIN J M. Cultural software：a theory of ideology［M］. New Heaven：Yale University Press，1998：186.

第三章

认知视域下的两种分析

随着认知科学、认知语言学的不断发展，学者们逐渐形成这样的一个共识：同一认知原则其实对语言、思维和行动等不同领域均有指导性作用。因此，隐喻、转喻等不再被划入单纯的修辞格范畴，也不只是凌驾于词语意义、句法结构、句子意义、话语原则、语用原则之上的语言现象。换言之，隐喻是人类的一种根本性的思维方式。

自从莱考夫提出概念隐喻理论后，先后出现了大量关于深层隐喻和表层隐喻的研究案例。在很长一段时间内，前者是学者们研究的重点。麦克马克称之为根隐喻（root metaphor），是当我们试图描述世界或经验时，对其本质的最基本假设[①]；肖恩（Schon）把它称为深层隐喻（deep metaphor），事关最核心的重要元素，可以对一个情景的某些元素被肯定、某些元素被忽略提供有力解释[②]；格雷迪称为基本隐喻（primary metaphor），是主观或抽象经验与具体经验之间存在的基本联系[③]；莱考夫称之为概念

---

① MACCORMAC E R. Metaphor and myth in science and religion［M］. Durham：Duke University Press，1976.

② SCHON D. Generative metaphor：a perspective on problem-setting in social police［C］// ORTONY A. Metaphor and thought. Cambridge and New York：Cambridge University Press，1993：137-163.

③ GRADY J E. A typology of motivation for conceptual metaphor：Correlation vs Resemblance ［M］//GIBBS R W，STEEW G J. Metaphor in cognitive linguistics：selected papers from the 5th international cognitive linguistics conference. Amsterdam and Philadelphia：John Benjamins Publishing Company，1997：79-100.

隐喻①；格特雷在概念隐喻的基础上，提出了一个新名词——根类比（root analogies）②。尽管每个观念的界定各有偏重，但是诸位学者的观点基本都可说明：人类浩如烟海的隐喻，确实可以归纳为数量相对更少、更为抽象的上位隐喻，本书探讨的"祖国是母亲"，就是这样一个上位隐喻，或者称为"概念隐喻"。

莱考夫经常以"论辩是场战争"为例来解释概念隐喻理论，在一定程度上，"祖国是母亲"这一隐喻或许更具有动态性特征。因为论辩和战争几乎都古已有之，只要是有人群的地方，就可能存在不同意见，由此发生口头争执，甚至是战争。这似乎是一个没有历史性的隐喻。而由前面的分析考证可知："祖国"这个词语是在20世纪才成为常用汉语词语，在此前的文献中，这一词语并不常见，其情感附加值自然也较少，含义上也有特定指向。在很大程度上，这个词语在现代汉语中的丰富情感元素和语义内涵是通过这个概念隐喻实现的。它生动地展示了一个新的隐喻——"祖国是母亲"在汉语中诞生、丰富、常规化乃至式微的过程。

本章的分析基于认知隐喻理论，主要包括概念隐喻理论和概念整合理论。两个理论的主要内容已经在前文有所介绍。需重申的是，两个认知隐喻理论虽有不同，但有一个重要的相似点，都是将隐喻视为一种概念现象，是不同的概念之间产生的从语言到意象、结构的全方位的映射。它们对于将隐喻分析的细化和量化做了有效的尝试。

在前一章中，基于对各个时期的诗歌文本的分析，用批评隐喻分析的方法对"祖国是母亲"这个隐喻展开了讨论；基于此，可以发现在不同的历史阶段，祖国的母亲形象并不固定，历经了"游子的母亲""受难的母亲""新生的母亲""复活的母亲"等阶段。本章将从认知的角度对这些隐喻的生成机制展开具体分析。

---

① LAKOFF G, JOHNSON M. Metaphors we live by［M］. Chicago：The University of Chicago Press，2003.

② GOATLY A. The language of metaphors［M］. London and New York：Routledge，1997.

第一节 概念隐喻分析

第二章已经提及，"隐喻的要义是用彼事物来理解和体会此事物"[①]；作为一种"跨域映射"，隐喻的"源域的意象图式结构，以一种和目标域内在结构一致的方式，被映射到目标域上"[②]。这里的意象图式，指的是"在我们的感知互动和运动程序过程中，一种反复出现的动态程序，为我们的经验提供连贯性和结构性"[③]。显然，这和修辞学意义上的隐喻观存在较大差别。换言之，隐喻使我们能够用一个较为具体的、更加结构化的概念（源域）来理解一个相对抽象和缺乏结构的概念（目标域），这样的理解转换是通过意象图式实现的。也就是说，隐喻是源域和目标域之间的跨域映射。

回到本书讨论的祖国母亲隐喻，它的社会影响力之大、涉及面之广、历时之长，恐怕是一般隐喻难以企及的。在北京大学汉语语料库中，"祖国"和"养育""哺育"等词语的搭配频率都非常高。比如：

养育我的祖国

回报给哺育自己的祖国

眷恋着哺育自己成长的祖国

生我养我的祖国

---

① LAKOFF G, JOHNSON M. Metaphors we live by ［M］. Chicago：The University of Chicago Press，2003：5.

② LAKOFF G. The contemporary theory of metaphor ［C］// ORTONY A.Metaphor and thought. Cambridge：Cambridge University Press，1993：245.

③ LAKOFF G. Women，fire，and dangerous things：what categories reveal about the mind ［M］. Chicago：The University of Chicago Press，1987：xiv.

这些说法无论是在语料库还是在日常生活中均很常见，而"养育""哺育"等词语则指向它们背后的概念隐喻"祖国是母亲"。如前所述，这个隐喻不只是在汉语新诗中影响广泛，它也在各种语篇中影响着人们的概念系统，帮助人们生成各种关于祖国的表述。基于此，本章的分析对象将锁定"祖国是母亲"这个概念隐喻及其一系列隐喻性表达。

根据概念隐喻的映射论，这一隐喻的源域是母亲，目标域是祖国；源域和目标域之间发生单向映射，具体如图3-1所示。

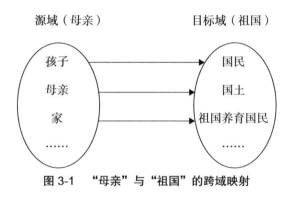

图3-1 "母亲"与"祖国"的跨域映射

如图3-1所示，母亲的种种概念要素，通过单向映射，影响着人们对目标域的理解，这种影响对目标域的概念起着丰富或制约的作用；如莱考夫所言，这种映射有时会强调某些概念要素，同时也隐藏另一些要素，反之亦然。

从生理层面，母亲通过十月怀胎，经过阵痛分娩，生下一个孩子；在婴儿出生后的很长一段时间内，他/她没有生活或生存能力，完全依赖母亲的乳汁发育、依靠母亲（或其他照顾者）的照顾成长。因此，对于一个母亲而言，喂养是一个具体的动作，照顾孩子包括了喂养在内的一系列动作。这些动作，经过一个较长时间的积累，完成了养育孩子这过程。对于一个孩子的成长而言，虽然分娩这个动作是由母亲完成的，但是在孩子的孕育过程中，仅有母亲也是不够的。生命的起点需要一个父亲的角色，在养育的过程中，往往有其他人的参与，甚至在某些情况下，母亲未必是一个照顾者和养育者。

在"祖国是母亲"这个概念隐喻的体系里，母亲概念中的许多意义和规定动作都移植到了祖国概念上。于是，抽象的祖国被具体化。展开来说，一个宏观抽象的存在无法如一个活生生的母亲那样，主动直接地提供食物等各种生活所需，在需要时提供照料帮助：生病时，带你去医院看病、买药喂药，为恢复健康提供各种帮助；闹脾气时陪伴你；心情低落时安慰你。虽然这些事情不是一个宏观抽象的国家可以做的，但是作为这个国家的公民，可以享受到国家提供的各种服务、福利。这些公共服务的背后，客观上需要纳税人按时交税，更重要的是，这需要国家机器正常运转。从历史的维度来看，人们生活在一片土地上，总是仰仗这片土地上的动植物来满足口腹之欲。虽然在现代社会，人们早已不再靠采摘野果子、捕食野生动物来填饱肚子，但这片土地上生生不息的大自然依然提供了丰富的资源和生产资料。当然，如果人需要使用这些天然资源或生产资料，得依靠自己的体力脑力，付出劳动方可获得。从现代政治学意义上，这些东西毫无疑问属于国家。"现代国家往往面积广大，边界更依赖于人的意志而非自然边界，涵盖的区域显得混杂，因此人心中很难产生依赖于亲密无间的地方经验与知识的情感"①，而祖国母亲隐喻比较充分地提供了某种亲密无间的情感。这个隐喻抽取了母亲为孩子付出的部分，移植到祖国概念上，强化了两者之间的情感纽带，弱化了国家和公民之间的权利义务关系。许多女性都曾有类似的体会，得知怀孕，甚至完成分娩的那一刻并不能让她完全进入母亲角色。在费尽全身力气生下孩子后，自己和孩子的纽带未必那么牢固，在养育过程中，从喂给孩子的每一口奶、帮孩子换的每一块尿布中，随着时间的推移，亲子之间的联系越来越紧密。在这个过程中，母亲逐渐成为母亲。而在国家及其国民之间，国家富强，国民的生活水涨船高，可享受的福利增加，但国民的劳动生产也为国家富强做出巨大贡献。这种关系和母子关系有差别。但是，在祖国母亲隐喻中，祖国的哺

---

① 段义孚.恋地情结［M］.志丞，刘苏，译.北京：商务印书馆，2018：148.

育和喂养功能被强调。

前文总结出"游子的母亲""受难的母亲""新生的母亲""复活的母亲"等四个阶段性出现的隐喻，其中前两个在生活经验中似乎还有迹可循，而后两个则具有悖理性和新奇性。尽管概念隐喻理论的源域和目标域之间的映射可以较好地解释隐喻性的产生，但如泰纳所言，这种直接的、单向的、正面的^①映射，对真实语料中存在大量的新奇隐喻缺乏解释力。所以，下一节在处理"新生的母亲""复活的母亲"时，将用概念整合理论来展开分析。

为了让分析更精确具体，下文的案例分析将以单个文本为对象。

"游子的母亲"这个隐喻性形象常见于20世纪20年代。游子是中国古典文学中一个经典的士人形象，比如江淹的"黄云蔽千里，游子何时还"，李白的"浮云游子意，落日故人情"，孟郊的"慈母手中线，游子身上衣"，齐己的"秋风过鸿雁，游子在潇湘"，梅尧臣的"春鸟各嘐口，游子未还家"等。到了现代，这一形象被隐喻化，它集合了两层意思：游子不仅离开了母亲及家人，同时离开了祖国，这超出了它的古典含义。而这超出的部分正是现代中国知识分子特殊的部分，为了自己的前途、为了拯救自己的国家，他们必须离开自己的国家。具体到20世纪初至20年代的诗歌文本中，即体现为大量出国的青年知识分子所表达的家国之思。这样的认知结构，集中浓缩了他们当时的家国观念和个体愿景。如前文分析过的，康白情的这首诗是现代汉语新诗中呈现国家与女性这一概念隐喻的发轫之作。

前一章的语料分析已经归纳出，这一时期的祖国母亲的各种隐喻性表达中，"离开""回来""思念""故乡"等词语经常出现。也就是说，在这一时期，祖国是那位被远远丢在身后的妈妈，孩子很想回到她身边。当妈妈不在身边时，孩子总是会特别想念，想念妈妈的种种好处。

下文将以诗人康白情的《别少年中国》为对象，分析其中的概念隐

---

① TURNER M. The literary mind［M］. New York and Oxford：Oxford University Press，1996：60.

喻。首先，这个文本中出现的，不是祖国而是中国，但笔者仍将该诗视为汉语新诗中祖国概念的萌芽之作，原因如下：这首诗创作于1922年，在此之前，汉语新诗中还从来没有出现过"祖国"这一词语，甚至在现代汉语中，祖国还没有变成常用词。尽管如此，作为祖国的近义词，"中国"在该文本中，以故地之姿出现，使得中国和祖国两个概念在此的交集进一步扩大。因此，此时的中国几乎可以约等于祖国。为了更清晰地分析，先将原诗抄录如下：

> 黄浦江呀！
>
> 你的水流得好急呵！
>
> 慢流一点儿不好么？
>
> 我要回看我的少年中国呵！
>
>
> 黄浦江呀！
>
> 你不还是六月八日的黄浦江么？
>
> 前一回我入口；
>
> 这一回我出口。
>
> 当我离开日本回来的时候，
>
> 从海上回望三岛，
>
> 我只看见黑的，青的，翠的，
>
> 我很舍不得她，
>
> 我连声呗出几句
>
> "山川相缪，
>
> 郁乎苍苍。"
>
> 直等我西尽黄海，
>
> 平览到我的少年中国，
>
> 我才看见碧绿和软红相间的，

我的脉管里充满了狂跳，

我又不禁呗出几句

"江南草长，

群莺乱飞。"

黄浦江呀！

你不还是六月八日的黄浦江么？

今天我回望我的少年中国，

她还是碧绿和软红相间的，

只眉宇间横满了一股秋气，

——"袅袅兮秋风，

洞庭波兮木叶下。"——

你黄浦江里舍得有汨罗江里的血滴么？

少年中国呀！

我要和你永别了。

我要和你短别五六年——

知道我们五六年后相见还相识么？

我更怎么能禁呗出几句

"对此茫茫，

百感交集！"

我乐得登在甲板的尾上，

酬我青春的泪，

对你们辞行：

我的少年中国呀！

愿我五六年后回来，

你更成我理想的少年中国！

> 我的兄弟姐妹们呀！
>
> 愿我五六年后回来
>
> 你们更成我理想的中国少年！
>
> 我的妈呀！
>
> 我的婆呀！
>
> 愿把我青春的泪，
>
> 染你们的白发，
>
> 愿我五六年后回来，
>
> 摩挲你们青春的发呵！ ①

　　这是一首告别诗，整首诗都在抒发作者的离别之情。前三节的开头，都以"黄浦江"开始，"我"乘船在黄浦江上航行、离开中国。作者表达不舍的方式，是希望黄浦江的江水流得慢一些，这样自己可以慢慢地"回望"中国。江水流、客船走，"我"逐渐驶出黄浦江、进入黄海，最后离开中国。"我"在甲板上举目四望，看到的不仅仅是黄浦江，还有江两岸的景色。因此，"我"要告别的不仅仅只是黄浦江，站在甲板上，"我"开始向整个中国告别。作者强调"从海上回望三岛"时看到各种颜色，如此美丽的景象，"我很舍不得她"。这里的"她"既是黄浦江，也是"山川相缪，郁乎苍苍"的国家。此处用黄浦江转喻整个国家，不仅黄浦江是女性的，整个国家也是女性的。诗人将河流视为女性，并非他的发明。在中国人的概念系统中，水向来与女性互喻，这在许多文学作品以及日常语言中都可见，"所谓伊人，在水一方"是《诗经》中的名句，汉乐府中也有"盈盈一水间，脉脉不得语"之名句，《红楼梦》中贾宝玉说"女人是水做的"，日常语言中，更有"柔情似水"这样的表述。甚至，我们可以把女性与水的关系追溯到《易经》中的阴阳观念。换言之，诗人在此运用的是"水是女性"的概念隐喻，早已深深地根植于中国传统文化中。而这也证明了认

---

　　① 李怡.中国新诗百年大典：第1卷［M］.武汉：长江文艺出版社，2013：250-252.

知隐喻研究中经常被讨论的一个观念，诗人的诗意创造并非仅为其独创，也是所身处文化中的概念系统的特殊呈现，而这种呈现同时也会以其他方式浮现在日常语言中。

接下来"我"沿着黄浦江继续往前，"西尽黄海"，展现在眼前的是整个"我的少年中国"，而这个少年中国是"碧绿和软红相间的""江南草长，群莺乱飞""眉宇间横满了一股秋气""袅袅兮秋风，洞庭波兮木叶下"，这般描述也与"她"的性别属性相符。在诗的最后一节，出现了"妈""婆"等各种与他有血缘关系的女性。作者在前一节先使用了"我的兄弟姐妹"，让"我的兄弟姐妹"等我回来。最后一节里，"我"要用"青春的泪"，"染你们的白发"。显然，"你们"就是前文提及的"妈"和"婆"，把白发染黑，"愿我五六年后回来，摩挲你们青春的发呵"。所以，这里告别的"少年中国"，是白发被染黑、重新焕发青春的中国。

这背后隐藏了这样一个贯穿中国五千年的概念系统——家国的一致性，我们习惯于用家庭伦理或血缘伦理来理解政治伦理或家国伦理，体现在中国公共话语的概念系统中，就是把人与家国的关系习惯性地转化为孩子与父母的关系，比如古人有"邦如父母"或"父母之邦"的说法①。也就是说，尽管康白情在此使用的"中国是女性"的概念隐喻是对传统观念的部分继承，但是作者用自己的创造力对这个相对熟悉的概念隐喻的目标域进行独特的阐释，在此，这种阐释可以理解为作者愿意牺牲自己的青春，来复活母亲的青春，也就是复活中国的青春。这层意思普遍存在于现当代中国知识分子的爱国话语中，而康白情是用汉语新诗表达这种情绪的第一人。

回到概念隐喻，我们可以用图3-2来表示在这个隐喻中源域和目标域之间的关系。

① 比如，《论语·微子第十八》中就有"父母之邦"的说法；董仲舒《春秋繁露·立元神之十九》中有"邦如父母，不待恩而爱"的说法；《五代史》中也有"父母之邦"的说法（见《太平御览》卷二百五十五·官职部五十三·刺史下）。

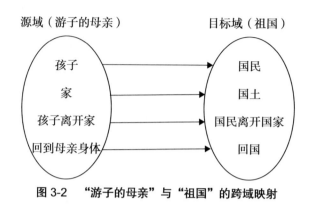

图 3-2　"游子的母亲"与"祖国"的跨域映射

简言之，这个文本表达的是年轻的作者去国时分黯然销魂又慷慨激昂的复杂心情。从文本中可知，作者将要去日本。虽然作者把中国称为"少年"，但在文末，"我"要"摩挲""我的妈"的"青春的发"，也就是说，在这里，中国不只是那一片备受凌辱的土地，还是一位衰老的母亲，"我"希望能够在回国之后让我的祖国/母亲重新焕发青春。

如前所述，把祖国视为受难的母亲常见于抗日战争期间的诗歌语篇中。日军入侵后，中国陷入空前的民族危机，亡国的阴霾压在每一个有民族情感的国人心上。因此，在这一时期的诗歌文本中，祖国常常以一位"受辱"的母亲形象出现。依据常理，当母亲受到侮辱时，孩子必会挺身而出，保护自己的妈妈。因此，"苦难""侮辱""呻吟""挣扎""斗争"等都是那一时期祖国母亲隐喻的关键词。在这些隐喻性表述的背后，有这样一些关键性概念要素，祖国、母亲、母亲的身体被痛苦折磨。

下文将以《为祖国而歌》为对象，分析"祖国是受难的母亲"这个隐喻。《为祖国而歌》是七月派重要诗人胡风于1937年完成的作品。当时，中国的抗日战争刚刚开始。为便于分析，现将全诗抄录如下：

在黑暗里　在重压下　在侮辱中
苦痛着　呻吟着　挣扎着
是我底祖国

是我底受难的祖国!

在祖国

忍受着面色底痉挛

和呼吸底喘促

以及茫茫的亚细亚的黑夜

如暴风雨下的树群

我们成长了

为了明天

为了抖去苦痛和侮辱底重载

　　朝阳似的

　　绿草似的

　　生活含笑,

祖国呵

你底儿女们

　　歌唱在你底大地上面

　　战斗在你底大地上面

　　喋血在你底大地上面

在卢沟桥

在南口

在黄浦江上

在敌人底铁蹄所到的一切地方,

迎着枪声　炮声　炸弹声底呼啸声——

祖国呵

为了你

为了你底勇敢的儿女们

为了明天

我要尽情地歌唱：

用我底感激

我底悲愤

我底热泪

我底也许迸溅在你底土壤上的活血！

人说：无用的笔呵

把它扔掉好啦

然而，祖国呵

就是当我拿着一把刀

或者一枝枪

在丛山茂林中出没的时候吧

依然要尽情地歌唱

依然要倾听兄弟们底赤诚的歌唱——

迎着铁底风暴

火底风暴

血底风暴

歌唱出郁积在心头上的仇火

歌唱出郁积在心头上的真爱

也歌唱掉盘结在你古老的灵魂里的一切死渣和污秽

为了抖掉苦痛和侮辱底重载

为了胜利

为了自由而幸福的明天

为了你呵　生我的　养我的　教给我什么是爱

什么是恨的　使我在爱里恨里苦痛地的

辗转于苦痛里但依然能够给我希望给我力量的

我底受难的祖国！ ①

　　文本中，祖国"生我""养我"，而"我"是"你底儿女们"中的一个，因此祖国是我的母亲，我是祖国的儿女。由此可以看出，贯穿这个文本始终的就是"祖国是母亲"这个概念隐喻。下面，我们将具体分析"祖国是母亲"这个概念隐喻是如何建构的。

　　文本开头频频出现和身体的痛苦与不适相关的词语，比如"面色痉挛""呼吸急促"等，作者是在使用"祖国的痛苦就是身体的痛苦"这一隐喻。从第八行开始，这个隐喻开始细化：这个身体是被"茫茫的亚细亚的黑夜"压迫的身体，同时，这一行也推导出这个隐喻——这个痛苦的身体其实就是这一片身处亚细亚黑暗中的大地；这个隐喻其实就是人类大地崇拜情结的一种表现。大地崇拜是人类普遍而古老的崇拜。在西方，有寻找圣杯的传说，比如，英国诗人艾略特的代表作《荒原》和奥地利作曲家马勒的代表作《大地之歌》，就是关于大地崇拜的现代隐喻，描写了现代西方人失去大地的痛苦。在中国文化中，从老子的"谷神不死"到鲁迅把长妈妈比喻为地母，大地崇拜体现为各种各样的隐喻，而所有大地崇拜情结的背后其实都是由一个概念隐喻生发出来的，就是"大地上的一切生命力就是女性的生殖能力"。现代汉语新诗，在表达失去祖国和失去传统时，也常常用失去大地来表示，显然，这些都是刚才所讨论的有关大地母亲崇拜的现代隐喻衍生品。这首诗中大地与母亲之间的映射关系可用图3-3表示。

　　在这个文本中，第九行到第二十行，作者将子女与母亲（祖国）的关系，类比为花草树木与大地之间的关系。而中国与侵略者之间的关系，就是黑暗风暴与生长在大地上的花草树木的关系。第九行中的"树群"和第十二行中的"抖去"，与第十八、第十九、第二十行中的"歌唱""战斗""喋

① 孙晓娅.中国新诗百年大典：第7卷［M］.武汉：长江文艺出版社，2013：18-22.

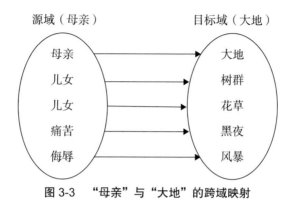

图 3-3 "母亲"与"大地"的跨域映射

血"互相呼应。第二十一到第二十三行，连续出现三个地名，是"敌人的铁蹄所到"的地方，在这些被侵略的土地上，有"勇敢的儿女们"在战斗、歌唱。可以发现，这些隐喻性表述背后的概念隐喻依然是围绕着大地生殖力崇拜的古老的隐喻"大地是女性"，因此，"大地上生生不息的万物就是女性许许多多的孩子"，"树群是大地的儿女们"，而"我们"也是这位女性生出的孩子，一位能够生育如此多孩子的女性形象当然就是母亲。于是，儿女们在为这片大地分担风暴黑暗带来的痛苦，也就是在为祖国分担外来侵略和凌辱带来的痛苦。

纵览全诗，可以发现诗人是在用一套古老的神话语言中的隐喻系统，来表述个体与祖国的关系。这其中有多个层次的关系：

第一，祖国与受难的身体：祖国受到侵略，身体在受苦；

第二，受难的身体与大地：身体在受难，大地遭受黑暗和风暴的肆虐摧残；

第三，大地与正在生长的树木：大地具有承受力和生殖力，树木被大地滋养并分担大地的痛苦，它们在暴风雨中成长，并以自己的身体削弱自然暴力的杀伤力；

第四，生长的树木与儿女：树木孕育于大地，儿女孕育于母亲，树群以身体阻挡自然力量对大地的摧残，儿女用自己的身体保卫母亲；

第五，儿女与母亲：儿女受母亲的滋养并分担母亲的痛苦，母亲养育和保护儿女；

第六，母亲与祖国：母亲养育和保护儿女，祖国庇护自己的人民；

第七，祖国与国民：祖国是国民的精神和物质共同体，国民是祖国的核心构成要素。

通过这七层关系，可以推出这首诗中的两个上位隐喻：大地是母亲和祖国是母亲，前者是古老的神话概念，后者是现代人的发明，而现代人的发明是依靠古老的资源来完成的。我们可用图3-4来表示此诗里的母亲和祖国之间的映射关系。

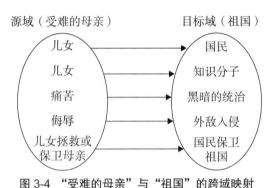

图3-4 "受难的母亲"与"祖国"的跨域映射

在这样的认知结构中，像之前的"游子的母亲"一样，源域和目标域对应的，是"家"与"国"，但映射点发生了变化。基于它们在汉语中的语义资源，新的映射点之间形成了新的映射效果，当然，新的映射效果反过来拓展了源域和目标域的意义空间。

这个文本里祖国母亲隐喻构建的过程中，借助的是另一个概念隐喻，即大地母亲，从而看出诗人在指涉现实和构建爱国民族话语时所依据的概念隐喻系统。这样的结论，可以将20世纪白话汉语新诗乃至其他文本类型中的祖国母亲隐喻，统摄到类似的思维结构中来，为我们探知中国大众和精英的政治社会诉求提供某种别样的启示。

第二节　概念整合分析

概念隐喻理论为隐喻研究翻开了新篇章，具有革命性的划时代意义。学者们在肯定其重要意义的同时，也提出不少批评意见，并在此基础上提出了修正，甚至发展出新理论。其中，影响最大的是概念整合理论。

前文已有所介绍，概念整合理论认为，心理空间是人类普遍的认知机制，它指的是我们"在思考和说话时，为了完成当下的理解和行动，而建构的概念集"。一个新概念的合成至少涉及四个心理空间，包括至少两个输入空间、一个合成空间和一个类属空间（generic space）。两个输入空间类似于概念隐喻理论中的源域和目标域。它们基本的运行机制是在若干个输入空间之间建立部分匹配，输入空间中的元素有选择地投射到一个新的"合成"心理空间，这个合成是一个动态、在线过程，并在整合过程中生成一个新显结构（emergent structure），新显结构的生成即意味着新概念的诞生。整合过程中，主要的认知手段包括组合（composition）、完善（completion）和扩展（elaboration）。

经过前文对与"游子的母亲"和"受难的母亲"相关的两个文本的概念隐喻分析，可知它们呈现祖国母亲这一概念隐喻的语义变异方式是一样的；因为这两个隐喻类型与现实具有相当的吻合度。而"新生的母亲"和"复活的母亲"这样的隐喻性表达，却恰恰与现实相反，因为母亲的"新生"或"复活"只能存在于神话或比喻意义上。这样的新奇隐喻结构中，有着更为复杂的隐喻机制，为了呈现它们，笔者下面将用概念整合理论来分析两个诗歌文本。

根据前文分析中的划分，"新生的母亲"是新中国成立后诗歌文本中经常出现的一个隐喻。当时的中国刚刚经历政权更迭，百废待兴，这种社会变化使得"祖国母亲"这个概念隐喻的具体语言表述也发生了变化。但这一时期的"新生的母亲"形象，是一个新奇隐喻。在现实生活中，在人们的日常想象中，母亲较少和"新生"这样的概念联系在一起。也就是说，在日常生活中，可能存在"游子的母亲""受难的母亲"，但"新生"的母亲却新奇罕见。单纯的概念隐喻模式，因主要强调源域向目标域的单向映射，而母亲这个概念域中，并不包含"新生"这样的概念要素，人死不能复生，人无法如神一般实现真正意义上的新生或者重生，因此概念隐喻理论较难呈现出"新生的母亲"这个相对复杂的隐喻的内部机制。由此可见，这一部分将以概念整合理论为分析工具，试图勾勒出这一隐喻性形象的具体生成过程。为了分析的针对性和代表性，我们将对象锁定在《时间开始了》这一文本。

这是现代诗人胡风于1949年完成的一首长诗，它在文学史上备受关注。就艺术价值而言，许多人认为这或许不是成就特别高的作品，但它特有的文学史意义和历史隐喻功能，屡被后人提及。概念整合分析将呈现该诗内部若干鲜为人注意的情况，显示出认知隐喻理论的语篇阐释力。

《时间开始了》是一首讴歌时代和领袖的长篇政治抒情诗。全诗共四千六百余行，分《欢乐颂》、《光荣赞》、《青春曲》、《安魂曲》（后更名为《英雄谱》）和《又一个欢乐颂》五部分。由于文本较长，限于篇幅，在此不作摘录。诗人将此作命名为"时间开始了"，显然想强调对新中国成立的美好期许。诗人通过对"大海""黎明""山峰""小草"等诸意象的不同表现，表达了对新中国及其领导人的赞美、期许和畅想。

诗中多次出现"新生"一词，如"为了你的新生/我奉上这欢喜的泪/为了你的母爱/我奉上这感激的泪""在你新生的这神圣的时间""仿佛躺在温暖的摇篮里面/洁白的心房充溢着新生的恩惠""在祖国新生的温暖怀抱里"等，都暗合了神话思维里的"新生"。在古老的神话思维中，"新生"指的是一个已经死去的生命在某种神力的帮助下，获得新的、更高级的生命力。在柏拉图那里，人的肉体是暂时的，而灵魂是永生的，因此，人死去就是脱离了肉体的羁绊，在灵魂中获得新生。基督教里也有"新生"观念，这种"生"不是佛教"轮回式的再生"，乃是从今生过渡到天国、从暂时过渡到永恒、从异土过渡到故乡的"生"，类似于佛教中的涅槃。在意大利诗人但丁的名作《新生》中，"新生"指的是一个人在他所爱的永恒的纯洁女性的指引下，获得神启，理解了灵魂和神圣的关系。现代作家巴金也写过一部小说《新生》，他指的则是一个人经历苦难和挫折之后进入了新的、自认为适宜的生命状态。而《时间开始了》中的"新生"，显然不是宗教或者神话中定义的新生，而是指称一个新的中国政权的确立。对于一个国家而言，新政权的成立，确实会给这个国家除旧貌、换新颜。因为领导者可以进行制度改革、人事更换，革除"旧"时代留下的社会问题，创造新的生活形态和政治模式……总之，过去的一切都不复存在了，一切重新开始，"过去"也是对于现在而言的过去，"将来"亦然。

诗人热烈地说，为了祖国的新生，"我奉上这欢喜的泪／为了你的母爱／我奉上这感激的泪"。他也在诗中嘲笑了但丁，但丁当年没能写下的关于"新生"的句子，今天我们已经写下了："一切愿意新生的／到这里来罢／最美好最纯洁的希望／在等待着你！"当然，就"新生"这一愿景而言，它违反了现代人的生理观念和生死观念。生命是一个人的根本，按照现代人无神论的观念，一个人如果丧失了生命，就很难作为同一个或更强大的生命体继续存在；因此，如前所说，现代意义上的"新生"，都是比喻意义上"新生"。在这首诗中，新政权的确立与母亲新生之间发生了对应，作者旨在说明，政府是一个国家最重要的部分，一个令人期待的新政权执政，就会给这个国家带来"新生"，会繁衍出包括时间在内的一切"新"的事物。这种对应之所以成立或者被广泛认可，是因为神话思维在我们的概念系统中潜意识地得到认可：事物可以在某种神力的帮助下获得"新生"。胡风诗里的字面意义，则是一部分孩子甚至全部的孩子，通过自身的牺牲和付出，拯救了他们的母亲，让她进入了一种全新的生命状态。

但是，比起1949年之前关于祖国母亲的诗作，胡风这首诗赞美和哀叹的重点发生了变化。此前诗人写受难的母亲时，他全副笔墨都在写大地/母亲/祖国是如何受难的，孩子们是如何通过坚持与母亲分担受难，来拯救母亲的。而在这首《时间开始了》中，孩子们的牺牲和功绩，成了他赞美的重点。

我们不妨这样来理解文本中的人称关系：由于祖国是母亲，诗篇中的第一人称"我"和领袖是兄弟，而帮助母亲获得新生的正是"我"的兄弟，即国家领袖。因此，这个文本的核心内容，是一个孩子对着"新生"的母亲赞美另外一个孩子。这样的逻辑，一方面显然是对"受难母亲"隐喻的一种延续：因为在国家受难的时期，母亲也受伤、被凌辱，孩子们需要挺身而出。另一方面，是对这一隐喻的中心的转移：因为现在，其中的一个孩子在其他孩子的帮助下，成功地保护了母亲，让母亲重获"新生"。

按照概念整合的分析模式，这个隐喻有两个输入空间：一为祖国，一为母亲。而祖国和母亲之间的映射不是单向的，两者同时向类属空间输入概念要素，它们之间的具体映射如图3-5所示。

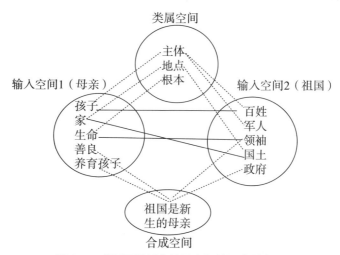

图3-5　"祖国是新生的母亲"的概念整合图

由图3-5可以看出，两个输入空间中关于"母亲"和关于"祖国"的各种元素，经过多维度的接洽和整合，形成了合成空间。具体地说，在"祖国"这一概念中，包含了政府、领袖、人民、土地等一系列概念要素，在这些要素中，人民和土地都无所谓新旧，"新"的是政府和领袖，这两个要素与另一个概念，即母亲所包含的概念要素——孩子、哺育、家、困苦等整合，形成了新生的母亲这一概念。因为从字面意义上看，拯救了母亲的孩子正是新的政府和领袖；祖国也因此成了新生的母亲。

基于共同的时代感和认知概念系统，这个隐喻在那一历史时期的诗歌文本，甚至诗歌以外的文本都普遍存在。在对这一诗篇的概念整合分析中，可以看到，一个新的政权成立之际，主流意识形态是如何启动各种神话思维和话语工具来将自身与人们的经验性概念整合起来，从而让尽可能多的个体都卷入、参与到一种新的意识形态系统中的。

为了进一步说明问题，我们接下来用概念整合理论分析另一个案例。1977年高考恢复，大量知青返城……社会秩序开始回到正轨。整个中国社会都有一种劫后逢生之感。与此呼应，在这一时期里，"复活的母亲"是诗歌文本中经常出现的隐喻。

和"新生的母亲"一样，这也是一个新奇隐喻，这样的表述在日常生活中并不符合常规，却是对当时社会情绪的整体性总结。为了对这个隐喻展开具体分析，我们将以舒婷的名作《祖国呵，我亲爱的祖国》为分析对象，以概念整合理论为工具来剖析这个隐喻中的具体整合过程。

贯穿文本始终的概念隐喻是"祖国是母亲"。虽然文本中并没有直接出现"母亲"或者"妈妈"这样的词语，但是可以从最后一节中"乳房"和"喂养"这样的标志性词语看出来。

与《时间开始了》略有不同的是，虽然《祖国呵，我亲爱的祖国》这个文本也是发生在"我"与"你"之间的对话，但"你"一直是祖国。文中同时又说，我被"你"用"伤痕累累的乳房喂养"，因此可以断定"我"与"你"之间，是子（女）与母的关系。

可以明显地发现，这个文本中有一组二元对立的词群：比如"破旧"与"簇新"，"熏黑"与"雪白""绯红"，"贫困"与"富饶"，等等，甚至还有一些短语是这些对立的结合体，比如"痛苦的希望""挂着眼泪的笑涡"。这些意思相对消极的词语，往往出现在文本的前半部分，相对积极的词语，则大多出现在后半部分。

这一系列或正面或负面的词语，并不是用来直接形容"你"，即祖国母亲的。在这个文本中，从负面"挣脱"走向正面，是由"我"完成的；在"我"完成了这种蜕变后，"你"也变了，变得"富饶""荣光"，也就是说，"你"的蜕变是由"我"完成的。换言之，在这个文本里，虽然"祖国"依然是关键词，重复出现，但是文本中大量的描述都是针对"我"的，而不是祖国。这是一个重要的转变。也就是说，虽然这个文本表面上是一种对祖国的正面抒情，但比起此前的祖国母亲隐喻，其重点已经转移，它强调个体的重要作用，是对千千万万个的"我"的抒情。这呼应了七八十年代之交的中国社会的总体精神动向：个体精神的解放。

因此，"我"最终也完成从"干瘪的稻穗"到"古莲的胚芽"的转变。粗通植物学常识的人都知道，如果稻穗是稻谷的种子，如果稻穗是干瘪的，那么这就是一颗不会发芽的种子，即使种下去，也不会发芽。而"古莲的胚芽"显然意味着希望。古莲既是荷花的别称，也可理解为古老的莲花，意味着千年古莲发新芽。作为母亲的孩子，如果"我"是"干瘪的稻穗"，那么表示"我"的生命已经结束，而母亲也毫无希望可言，对于一个孩子已死的母亲而言，这个世界是灰暗的，即使自己的生命没有结束，她的心也已经死了；只有当"我"重新发芽，母亲才有可能复活。而"我"最后也发芽了，并愿意用自己的"血肉之躯"来换取祖国的强大。也就是说，"母亲"因为"孩子"的复活而复活，这呼应和传达了当时正在转变的社会意识形态，因此一时间这首诗红遍大江南北。那么，诗中这个核心隐喻"复活的母亲"是由哪些概念整合而成的？

先看看"我"代表的这些事物之间的纵向递进关系，如图3-6所示。

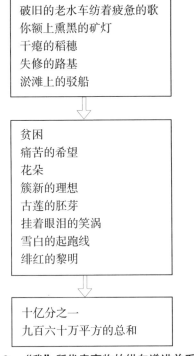

图 3-6 "我"所代表事物的纵向递进关系图

在图3-6中，我们可以看到，"我"所代表的事物，在第一个方框中都是比较具象性的概念；到了第二个方框里，大部分都是抽象的概念；在第三个方框里，就变成了代表整个国家的概念。也就是说，"我"作为一个国民，与整个国家的关系，是通过在我与属于这个国家的事物之间建立起一种"是"的关系而建立起来的，即个体与国家之间，是通过许多从具体到抽象的概念的递进和整合，建立起了分子与分母的关系、儿女与母亲的关系。在此基础上，祖国才可以从无数个"我"的身躯上得到复活。而该隐喻的整合机制如图3-7所示。

"儿女"这一概念本身并不包含复活的含义，但通过把儿女视为母亲的希望、花朵、胚芽、黎明等标志着复活的概念要素——它们分别与植物和太阳有关，而植物在春天的复苏和早晨太阳的升起，都是生命力和世界复活的象征。当然，从生物学的角度来说，子女的出生和成长，本身亦是父母生命体的更新和复活。诗中采用的儿女的复活即母亲的复活，进而来比喻祖国的复活，这本身就是祖国、生物、母亲等概念的整合，形成了"祖国是复活的母亲"这一隐喻。

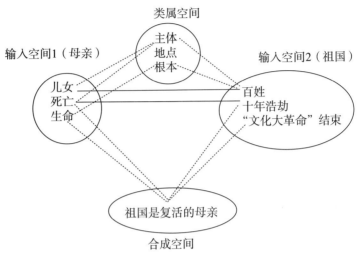

图 3-7 "祖国是复活的母亲"的概念整合图

在上面所标出的整合图示中，我们也可以看出，在"新生的母亲"阶段，隐喻的重点还是"母亲"以及她少数英雄式的"能干的孩子"，到舒婷的诗里，重点已经转移到"母亲"的普通"孩子"身上。据笔者的视野，在诗歌研究领域，似乎很少有人注意到这种细微转变。这也是认知理论的阐释力的表现，在一个关键隐喻内的诸多概念的变动过程中，可以探知社会时代变迁的种种蛛丝马迹。

前文曾说过，概念隐喻有历史性，"祖国是母亲"就是一个典型的历史性概念隐喻。在20世纪，以它为首的祖国隐喻系列的变化，成为中国人家国意识变化的晴雨表。在它变换的过程中积累的祖国概念系统，至今仍然影响着人们对祖国的认知行为。虽然我们可以预见，随着人们对国家、祖国概念认知不断发生变化，这个概念隐喻将来也许会退出历史舞台，但民族国家问题依然是当下不时被提出的问题，关于祖国的各种概念可能不时会被征用，作为新的话语建构的基础。只是，我们会继续发问：祖国到底是什么？它与哪些概念对举，形成新的映射和整合，将标志着我们对祖国概念的新建构。在本章分析的几个案例中，我们已经充分地展示了这一点。

第四章
文化模型与隐喻呈现

第二、第三章基于认知隐喻理论的大框架，对祖国母亲隐喻展开表现类型和历史变迁的分析，并对祖国母亲隐喻进行认知分析。基于此，可以梳理出如下几层逐步递进的关系：首先，祖国在现代汉语中是一个相对较新的概念；其次，包括祖国母亲在内的一系列祖国隐喻，都是用母亲等相对熟悉、更加具体的概念来理解新概念，并由此发生映射和概念整合。进一步而言，在系列源域中，母亲是其中最为持久、影响力最大，也最为普遍地用来表达目标域祖国的概念。由此就产生了如下问题：为什么祖国母亲是祖国系列隐喻中最持久、影响力最大、最普遍的隐喻？本章试图来回答这个问题。为了更充分地回答这个问题，我们将从文化模型及其与概念隐喻的关系入手，同时，从相关文献和史料中归纳出中国传统社会中母亲的文化模型，并以此来剖析祖国母亲隐喻在中国影响力巨大的原因。

第一节　文化模型简说

第三章曾提到认知语言学的"经验观"：和其他语言学流派相比，认知语言学更强调人类经验对语言发展的贡献。在认知语言学家看来，语言能力是人的一般认知能力的一部分，所以语言使用者对事物的描述不尽客观，而要受到人类身体经验、概念知识的影响。这就是认知语言学中建构的"认知模型"的认识基础。"认知模型"这个概念由莱考夫和泰纳最先提出，指的是"人们在认识事物、理解世界的过程中所形成的一种相对稳定的心智结构，是组织和表征知识的模式，由概念及其相对固定的联系构成"①。

正如弗里德里希·温格瑞尔和汉斯尤格·施密特所言，文化模型与认知模型密切相关，两者"本质上是一枚硬币的两面"②。既然认知模型是"属于一个领域的所有储存起来的认知表征"③的集合，而且还是一种"相对稳定"的心智结构，那么它的存在是基于大多数人对事件有类似的基本知识。由于心理状态总是有较强的个人色彩，而能够让大多数人对事件有类似的基本知识的条件，就是这群人都处于同一文化环境中，因此"特定领域的认知模型归根到底由所谓的文化模型决定"④。文化模型可以看作属于一个社团或者亚社团的所有人共有的认知模型，强调一个群体内许多人共有的统一性和集体性。

莱考夫和泰纳指出，获得认知模型有两种方式：可以借由直接的经验获得，也可以通过我们的文化获得⑤。而通过文化获得的认知模型即文化模型，它在特定文化中是长期存在的。因此文化模型不具有全球普遍性，它和所谓的科学事实并没有必然联系，它甚至是常常违背科学知识的。比如，很多文化将狼视为一种狞恶的动物，会残暴地伤害无辜的人类，广为

---

① LAKOFF G, TURNER M. More than cool reason: a field guide to poetic metaphor [M]. Chicago: The University of Chicago Press, 1989: 66.

② 温格瑞尔，施密特.认知语言学导论：第2版 [M].彭利贞，许国萍，赵微，译.上海：复旦大学出版社，2009：56.

③ LAKOFF G, TURNER M. More than cool reason: a field guide to poetic metaphor [M]. Chicago: The University of Chicago Press, 1989: 66.

④ 温格瑞尔，施密特.认知语言学导论：第2版 [M].彭利贞，许国萍，赵微，译.上海：复旦大学出版社，2009：56.

⑤ LAKOFF G, TURNER M. More than cool reason: a field guide to poetic metaphor [M]. Chicago: The University of Chicago Press, 1989: 66.

流传的童话故事《小红帽》里面就有这种文化模型[1]，但是也有一些文化存在狼崇拜，把狼视为勇敢、力量和吉祥的象征。而科学家发现，狼其实很害怕和人类接触，它们总是在尽量避免这种接触。

而文化模型与概念隐喻的关系，可以从图式与概念隐喻的关系说起。莱考夫和泰纳曾这样解释图式与概念隐喻的关系。以"人生是一场旅行"为例，我们知道旅行一般会包含如下要素：旅行者、旅行的路途、出发地、经过之处。一些旅行是有目的地的，而一些旅行则是随性游走。如果要将人生理解成一次旅行，那么我们有意无意地将走完一生的人想象成一位旅人。因为我们对于旅行的知识非常丰富，所以我们可以用不同类型的旅行来想象不同类型的人生。人类所拥有的从一事物的知识架构映射到另一事物的知识架构上的能力，即康德所说的那种先验综合能力，使得我们能够轻而易举地理解由这个概念隐喻衍生出来的种种表述。图式就是这些知识架构成框架的形式。一个图式里的需要填充的因素被称为空槽（slot），因此一个旅行的图式有一个旅行者的空槽，在这里空槽里，我们可以往里补充任何我们理解的旅行者[2]。

当我们学会一个图式以后，就无须一再温习，它已变成大脑中一个常规化的概念，当我们需要使用它时，自然就可以理解与此相关的各种说法了。在我们的概念系统中，最活跃的概念就是最经常使用的，概念隐喻和概念图式也如此。

概念图式组织我们的知识，它们组成了这个世界方方面面的认知模型[3]。也就是说，认知模型是由概念图式组成，而我们使用各种认知模型来理解我们的这个世界，在这个理解过程中，概念隐喻就是我们理解这个世界的方式。作为和认知模型一体两面的一个概念，显然，文化模型必然对

---

① 奥兰丝汀.百变小红帽：一则童话三百年的演变［M］.杨淑智，译.北京：生活·读书·新知三联书店，2006.

② LAKOFF G，TURNER M. More than cool reason：a field guide to poetic metaphor［M］. Chicago：The University of Chicago Press，1989：66.

③ LAKOFF G，TURNER M. More than cool reason：a field guide to poetic metaphor［M］. Chicago：The University of Chicago Press，1989：65.

概念隐喻的源域与目标域之间的映射发生影响。

第二节　中国文化中的母亲

在介绍了文化模型的含义及其与概念隐喻的关系后，笔者将以此为出发点，来归纳中国文化中母亲的文化模型，并剖析"祖国母亲"这一隐喻在中国的特殊性。

本节将对"祖国母亲"隐喻的源域——母亲，展开必要的语义溯源。由于祖国是现代汉语中较新的概念，而母亲是一个古老的词语和概念，对后者的语义溯源，将有利于我们更为幽微地理解现代汉语诗歌语篇中的祖国母亲隐喻。

"母（亲）"这一概念应有如下属性：第一，女性；第二，有或曾有过伴侣；第三，生育过子女。显然，第三个属性最为关键，因为女性是自然属性，是否有过伴侣是社会属性，但只是必要条件；唯有生育过子女，才是女性成为母亲的充分必要条件。

根据《汉语大词典》的疏证，"母亲"一词，最早出现于南北朝时期的文献里。《法苑珠林》卷四曾引《长阿含经》（此书为生活于前后秦时期的佛陀耶舍、竺佛念所译）曰：

> 若彼女人，是彼男子，父亲、母亲，骨肉中表，不应行欲者，树不曲荫，各自散去。①

第二个出现的文本是唐末诗人王毂《报应录·刘行者》："（行者）告云，

---

① 释慧皎.高僧传：卷1［M］.北京：中华书局，1992：40.

家有母亲患眼多年，和尚莫能有药疗否？"① 再后，则见于明朝张居正所著的《女诫直解》："我少时，蒙先人的余荫，赖母亲并师傅的教训，才得长大成人。"②

从上述三例的语体特点看，一方面，"母亲"显然是"母"的口语化称谓。另一方面，"母亲"是一个与"他者"联系密切的概念，因为"母亲"和"子（女）"几乎总是同时出现。

《说文解字》上说："母，牧也。从女，象裹子形。一曰象乳子也。"清段玉裁注："'牧也'。以叠韵为训。牧者，养牛人也。以譬人之乳子……裹，裹也。象两手裹子也。"《康熙字典》中也有类似的表述："《广雅》：'母，牧也。言育养子也。'《释名》：'冒也，含已生也。'《增韵》③：'慕也。婴儿所慕也。'"也就是说，"母"字的象形意义是妈妈给孩子喂奶。从甲骨文的字形里，我们还依稀可以看出，"母""女"本是一字，在文字演变的不同阶段，分别作：由 由 由 由 由 由 由、由 由 由 由。④ 这些象形字表示的都是"象屈膝交手之形。妇女活动多在室内，屈膝交手为其于室内居处之常见姿态，故取以为女性之特征，以别于力田之为男性特征也。或于胸部加两点以示女乳，或于头部加一横画以示其头饰，则女性之特征益显"。⑤

可见，《说文解字》《广雅》《增韵》等古代字典对"母"字的释义多为"望音生训"，而这种训释，恰好表明，从殷商时期开始，中国人对母亲的职能的定位：养育子女。也就是说，在传统中国人心目中，养育子女是母亲的首要职能，如果一个女性有了孩子，却没有养育好这些孩子，那她就不是一个好母亲，甚至不是一个好女人。既然养育子女被社会视为母亲做人的职能，社会为了促进母亲尽其职守，自然而然地形成了一整套衡量

---

① 李昉，等.太平广记：第4册［M］.北京：中华书局，1961：1172.
② 张居正.张太岳集：下［M］.张嗣修，张懋修，编撰.北京：中国书店出版社，2019：174.
③ 《增韵》即南宋毛晃父子所撰《增修互注礼部韵略》。
④ 孟世凯.甲骨文辞典［M］.上海：上海人民出版社，2009：105，222.
⑤ 徐中舒.甲骨文字典［M］.成都：四川辞书出版社，2003：1299.

母亲好坏的奖惩规范。古汉语中，"母道""母德""母仪""母范""母师"等概念，就是对这套规范的指称。下文将通过《汉语大词典》对它们的简明释义及疏证来简单介绍这些概念。

> 母道：为母之道。道，指道德、天性、天职等。《礼记·昏义》："天子修男教，父道也；后修女顺，母道也。"汉刘向《列女传·弃母姜嫄》："弃母姜嫄，清静专一。履迹而孕，惧弃于野。鸟兽覆翼，乃复收恤。卒为帝佐，母道既毕。"唐韩愈《考功员外卢君墓铭》："夫人李姓，陇西人。君在，配君子无违德；君殁，训子女得母道甚。"可见，养育子女是"母道"的主要内容。①
>
> 母德：人母的德性。《后汉书·光武帝纪下》："薄太后母德慈仁，孝文皇帝贤明临国，子孙赖福，延祚至今。"②
>
> 母仪：人母的仪范。多用于皇后。《〈古列女传〉小序》："惟若母仪，贤圣有智，行为仪表，言则中义。"唐杜牧《杜秋娘》诗："（窦姬）误置代籍中，两朝尊母仪。"唐赵璘《因话录·宫》卷一："（贞懿皇后）母仪万国，化洽六宫。"宋司马光《论后妃封赠札子》："皇后敌体至尊，母仪四海。"《续资治通鉴·宋真宗大中祥符六年》："淑德、懿德……盖未尝正位中宫，母仪天下，配飨之礼，诚为未允。"明张煌言《建夷宫词》之八："掖庭犹说册阏氏，妙选媾闺作母仪。"唐王维《工部杨尚书夫人墓志铭》："妇道允谐，母仪俱美。"明杨珽《龙膏记·宠赐》："夫人王氏，共传妇道母仪；小女湘英，更喜天才国色。"③
>
> 母范：犹母仪。《宋史·后妃传序》："昭宪、杜后实生太祖、

---

① 汉语大词典编辑委员会，汉语大词典编纂处. 汉语大词典（缩印本）：中卷［M］. 北京：汉语大词典出版社，1997：4414.

② 汉语大词典编辑委员会，汉语大词典编纂处. 汉语大词典（缩印本）：中卷［M］. 北京：汉语大词典出版社，1997：4414.

③ 汉语大词典编辑委员会，汉语大词典编纂处. 汉语大词典（缩印本）：中卷［M］. 北京：汉语大词典出版社，1997：4414.

太宗，内助之贤，母范之正，盖有以开宋世之基业者焉。"①

母师：母亲的典范。汉刘向《列女传·鲁之母师》："大夫美之，言于鲁穆公，赐尊号曰'母师'。使夫人诸姬皆师之。"②

基于上述材料，可以得出这样的结论：传统社会中，一个母亲恪尽做母亲的职守，就是遵循"母道"，具备"母德"，这样的母亲就是天下母亲的"母仪""母范""母师"。也就是说，在中国传统文化中，有一整套关于母亲的意识形态：作为一个母亲，光给孩子喂奶、把孩子养大是不够的，还必须从更高的层面来教导孩子，必须把这种行为上升到"德""仪""道"的高度，才符合社会规范。

传统社会对母亲提出了这些要求，并且给这些要求命名。母亲们都知道自己究竟该如何做才能符合标准，因为她们自小就听说或者阅读了历史上无数"好母亲"故事。

上自先秦古籍，下至明清文献，有关好母亲形象的记载不绝于缕。就正史而言，南朝范晔在《后汉书》中首创了集众女性传记为"列女传"，这种史书体例在此后的正史大都相沿不替，且入传的女性人数呈渐增趋势③。在《明史》中，关于优秀女性的记录已达3卷230余人，《清史稿》更是多达4卷580余人。

能够被列入历代正史"列女传"，自然是莫大的荣耀。当然，唯有"妇德"出众的女性才有这样的资格。虽然历代正史所涉杰出女性纷繁，但可归纳为两类形象：好妻子和好母亲。前者对丈夫建功立业、修德为学大有助益，或为丈夫守节殉身；后者则对儿子建功立业、修德为学大有助益；以自己的言行，教养女儿恪守妇德。

---

① 汉语大词典编辑委员会，汉语大词典编纂处.汉语大词典（缩印本）：中卷［M］.北京：汉语大词典出版社，1997：4414.

② 汉语大词典编辑委员会，汉语大词典编纂处.汉语大词典（缩印本）：中卷［M］.北京：汉语大词典出版社，1997：4414.

③ 虽然在《后汉书》之前的《史记·外戚世家》和《汉书·外戚传》中也有这类记录，但是司马迁和班固只记载了和皇室有血统关系的女性。

正史中的"列女传"体例，其实可追溯到西汉刘向编撰的妇女专著《列女传》。刘向的《列女传》是中国最早系统记录女性模范的教科书。日本学者下见隆雄以此为分析对象，探讨儒家体系中"母亲"的重要作用，并得出这样的结论："母教是儒家伦理传统的一个长久信条，母亲职责是儒家社会秩序的基本准则，在一定程度上，所有的男女关系都是母子纽带的延伸。"[①]全书共分7大目：母仪、贤明、仁智、贞顺、节义、辨通、孽嬖。前6目收入上古至汉朝的"贤妃贞妇"109名，"孽嬖"目收入与前者形成对照的"孽嬖乱亡者"20名。历代正史中"列女传"的两类形象，在刘向的《列女传》中几乎均可找到原型。《列女传》经刘向编定后，自汉朝至清朝，刊印不绝，并且出现了大量的仿拟之作。[②]可谓流传久广，影响深远。

在《列女传》收入的109名"贤妃贞妇"中，属于好母亲形象（包括傅母、保姆、乳母、继母）的共25人，占四分之一。

其中，入"母仪传"的有：弃母姜嫄、契母简狄、启母涂山、周室三母（太姜、太任、太姒）、卫庄公夫人之傅母、孟轲之母、鲁相文伯之母、楚将子发之母、鲁九子之寡母、魏大夫魏芒之母、齐相田稷之母。这类母亲的特点是"贤圣有智""匡子过失，教以法理"，"行为仪表，言则中义。胎养子孙，以渐教化。既成以德，致其功业"[③]。

入"仁智传"的有：密康公之母、孙叔敖之母、鲁大夫臧文仲之母、晋贤臣叔向之母、晋大臣范献子之母、赵括之母，其特点为"豫识难易"，"原度天理，祸福所移。归义从安，危险必避"。

入"贞顺传"的有：鲁寡妇陶婴、年少丧夫，她们"纺绩养子"，"终身不改"。

入"节义传"的有：齐义继母、魏公子魏节之母。前者的义举为：二

---

① 转引自高彦颐.闺塾师：明末清初江南的才女文化［M］.李志生，译.南京：江苏人民出版社，2022：224.

② 《列女传》通行本为8卷，前7卷为刘向编撰，末卷为东汉后人所续。见纪昀.钦定四库全书总目：整理本［M］.北京：中华书局，1997：802-803.该书刊刻流传及仿作情况，参见王丽平.刘向《列女传》研究［M］.北京：中国社会科学出版社，2010：2-14，103-128.

③ 本书所引《列女传》原文，均据四部丛刊本《列女传》。

子涉狱，母请杀其亲子，赦免继子，于是"王美其义，高其行，皆赦不杀"。后者的义举为："秦既灭魏，购其子孙，公子乳母，与俱遁逃，守节执事，不为利违，遂死不顾，名号显遗。"

入"辩通传"的有：楚大夫江乙之母、赵中牟宰佛肸之母。前者"江乙失位，乙母动心，既归家处，亡布八寻，指责令尹，辞甚有度，王复用乙，赐母金布"。后者则"佛肸既叛，其母任理。将就于论，自言襄子。陈列母职，子长在君。襄子说之，遂释不论"。

入《续列女传》的有：齐大夫王孙贾之母，鼓励其子为君复仇；陈婴之母，"知天命""谋虑深"，终致其子功成封侯；张汤之母，为其子洗雪冤狱；隽不疑母，"能以仁教"，使得儿子获得为吏"严而不残"的好名声；严延年之母，其子为官被人目为"屠伯"，因不从母教，终至弃尸。

上述母亲们之所以被刘向看中，能够选入《列女传》，成为好母亲的典型，就是因为她们能恪尽"母道"，完美地养育出符合社会理想标准的子女，或者用符合当时主流社会标准的方式养育子女。刘向给予她们很高的评价，用"贤圣""贤明""仁智""仁明""言则中义""为必可信""咸晓事理""原度天理"等词语给她们作出判断性评价，而这些描述通常是用来赞颂男子中的大贤大圣的。

当然，"贞顺"如鲁寡妇陶婴，"节义"如齐义继母、魏公子魏节之母，"辩通"如楚大夫江乙之母、赵中牟宰佛肸之母，也不是芸芸众生中的"凡母"所能望其项背。可见，这些好母亲都具备了超凡入圣的特质。也就是说，她们的身影，为中国古典时期的女性制定了一个非常高的标准。

面对这些"超凡入圣"的高标准，学者高彦颐为此做了一个相对"接地气"的注脚，母亲若能帮助儿子考取功名，就非常值得称颂："在宋元时代，精通儒家经典的母亲能够提高儿子科考的成功率，这一点得到了广泛认可。寡母督管儿子教育，被突出描绘在杰出男性的传记中，以至于它几乎成了一种文学惯例。如在元代，士大夫经常称赞他们的蒙师——母亲——为他们背诵如《论语》《孟子》和《孝经》这样的一些儒家经典。"[1]
当然，这样的文学惯例不仅存在于宋元时代，袁枚在《随园诗话》里也有
类似的观点记录，"从古文人得功于母教者多，欧、苏其尤著者也"。[2] 当
时有名的孝子谢又绍（谢道承），在悼念母亲的诗作《忆母》中，这样描
写自己的母子关系：

> 儿来前，自尧经今凡几年？
> 儿强记，自尧经今凡几帝？
> 儿时应对稍逡巡，母颜变色旋忐嗔，
> 陈箧孙志学人责，稽古胡不如妇人。
> 吁嗟乎！
> 母言在耳，儿颜犹泚，
> 安得我母常嗔儿常泚，
> 于今劝学无闻矣。[3]

学者曼素恩直言："上流社会男性的传记很少涉及他们寻花问柳的细
节，并且男性如果在歌席舞场有所题赠，他们通常只署化名在上面。当他
们笔下总算谈起女性时，他们强调的只是在艰辛贫困中挣扎的生活怎样迫
使当儿子的日夜苦读不辍，同时母亲怎样在旁一边监督课业一边辛辛苦苦
地织布纺纱供给儿子读书的费用。"[4] 这在一定程度上与中国的家庭模式息
息相关。费孝通认为中西家庭的一个重要区别是，在西洋家庭团体中，"夫
妇是主轴，两性之间的感情是凝合的力量。两性感情的发展，使他们的家
庭成了获取生活上安慰的中心"。与此相对，在中国，夫妻关系只是一个

---

① 高彦颐.闺塾师：明末清初江南的才女文化［M］.李志生，译.南京：江苏人民出版社，
2022：225-226.
② 王英志.袁枚全集新编：第8册［M］.杭州：浙江古籍出版社，2018：57.
③ 王英志.袁枚全集新编：第4册［M］.杭州：浙江古籍出版社，2018：537.
④ 曼素恩.缀珍录：18世纪及其前后的中国妇女［M］.定宜庄，颜宜葳，译.南京：江苏人
民出版社，2022：19.

家庭的配轴，"主轴是在父子之间，在婆媳之间，是纵的，不是横的"①。因此"与一位女性的多情约会只是一场转瞬即逝的经历，而不是至高至善的目标。男人们将他们最强烈的感情倾注于终身伴他的母亲，或者与同性的同事们的交往中"。曼素恩引用路易斯·爱德华兹（Louise Edwards）对《红楼梦》的研究来强调母亲在传统文化中的特殊地位，"《红楼梦》中的理想化世界是'将性欲与母爱混置于一个自外于社会伦理的王国'"，由此带来的特殊结果是，"尽管文学的想象视妻子为家庭王国中的权威人物，但事实上能够唤起最深刻感情的人却是母亲"②。鲁迅甚至直言，女人的天性中有母性，有女儿性，无妻性③。因此，"母亲们，那些每一位学者都将自身的成功归于她教诲的道德训诲者们，始终在背影上影影绰绰地徘徊，她们的身影盖过了其他一切"④。

或者也可以这样说，传统中国社会，虽然一直以男权为主导，但是女性以妻子母亲的身份，依然成为社会的重要组成部分。虽然这样的女性身份的从属意味甚浓，但女性变成母亲后，就具备了某种特殊的崇高性。这种变化体现在许多具体的生活细节上，比如在大家庭祭祖典礼上，未婚女儿的地位较低，站在多数年长女人后面，观看主祭人和他的妻子在祖先牌位前摆放酒肉祭品；她成婚后，在新家庭的祭祖典礼上，和妯娌们站在一起，地位比新家里的未婚女性高一些；如果她丈夫是长子，将来可以站在最前面，成为女主祭人⑤。晚清外交官陈季同这样向法语世界介绍中国女性与婚姻的关系："中国女人结婚，甚至履行母性的一切义务，都是为了提高自身的地位。"⑥这个判断虽然武断，但在传统社会的语境下，不能说毫

---

① 费孝通.乡土中国［M］.北京：人民出版社，2008：48.
② 曼素恩.缀珍录：18世纪及其前后的中国妇女［M］.定宜庄，颜宜葳，译.南京：江苏人民出版社，2022：19-20.
③ 鲁迅.鲁迅全集：第3卷［M］.广州：花城出版社，2021：292.
④ 曼素恩.缀珍录：18世纪及其前后的中国妇女［M］.定宜庄，颜宜葳，译.南京：江苏人民出版社，2022：129.
⑤ 伊沛霞.内闱：宋代妇女的婚姻和生活［M］.胡志宏，译.南京：江苏人民出版社，2022：64-65.
⑥ 陈季同.中国人自画像［M］.陈豪，译.北京：金城出版社，2011：35.

无道理。

中国的家庭价值观非常推崇母亲这个角色：一方面，各种典籍反复激励女人当一个好母亲，要慈爱地养育子女；另一方面，由于母亲的崇高地位，老年妇女往往比青年女子更尊贵，多子女的女人比子女少或未生育的女人更尊贵。①

在一个家庭中，母亲的贡献是全方位的、无处不在的。她是照顾者，如孟郊《游子吟》中"慈母手中线，游子身上衣。临行密密缝，意恐迟迟归"；她是劳动者，如范成大《夔州竹枝词》中"白头老媪簪红花，黑头女娘三髻丫。背上儿眠上山去，采桑已闲当采茶"；她是教育者，如袁枚《随园诗话》中"辛勤籝火夜灯明，绕膝书声和纺声。手执女工听句读，须知慈母是先生"。②对于士大夫阶层，母亲作为"启蒙老师"的角色尤为重要。因此，对于儿子们来说，母亲的爱是具体而温暖的，值得一生细细回味。两鬓斑白的袁枚，在母亲的眼里，还是个娇儿，他在《儿鬓》中写道："手制羹汤强我餐，略听风响怪衣单。分明儿鬓白如许，阿母还当襁褓看！"因此，成年后的儿子，往往表示永远无法充分报答一直以来亏欠母亲的恩情。在这个意义上，父子关系和母子关系形成了微妙对比。

父子关系是传统家庭关系的主轴，"儒家经典中关于情绪的实践性训谕常常牵涉到父子关系（以及相对少见的母子关系），比如从13世纪开始流传的儒家伦理启蒙读物《三字经》，就规定了儿子对父亲的'关爱'。《孝经》也为如何践行孝子之爱提供了指导"③。此话虽然不错，在传统经典中，孝子对父亲的孝道实践有更加细致具体的规定，但这是理论层面的。在传统社会中，父亲更大程度上是一个社会人，他肩负着养家糊口、光宗耀祖的责任，就日常生活层面，他往往是"不在场的"；母亲是家庭人，完成日复一日的抚养、教育任务，因此在回忆童年的古代诗文中，父母的位置

---

① 伊沛霞.内闱：宋代妇女的婚姻和生活［M］.胡志宏，译.南京：江苏人民出版社，2022：242.
② 袁枚.随园诗话［M］.王英志，校注.南京：南京出版社，2020：37.
③ 李海燕.心灵革命［M］.修佳明，译.北京：北京大学出版社，2018：29.

在一定程度上会"倒置"，对往昔慈爱母亲的追忆似乎更多一些。"中国古代的个人幸福和社会秩序以父母与子女的关系纽带为中心。女性在这方面处于不利地位，因为当女儿离家出嫁以后，她们与父母的联系被削弱了。然而她们的儿子一直待在家里，所以她们和儿子一起生活的时间可能是和丈夫生活时间的两倍。因而，强调父母于孩子的关系纽带使妇女有充分的机会创造满意的为母生活。"①

而根据汉代以来的儒家伦理，一方面，妻子应当为丈夫的家庭服务；另一方面，儿子应当服从并尊敬父母②。或者说，"在中国的家庭体系里，每个子嗣之存在都是为了家族的绵延。对他们来说，至关重要的一点就是做到尽孝，尽孝首先表现在学会服从父母的吩咐，或强令自己服从父母的吩咐"③。

按照《说文解字》，孝，指的是"善事父母者。从老省，从子。子承老也"。段注曰："'善事父母者'。《礼记》：'孝者畜也。顺于道，不逆于伦，是之谓畜。'""孝"的意识起源较早，源于西周的宗法传统。周人为了统摄人心、巩固政权，"竭力宣扬文王武王的德业，又把具有崇高德业的文武神化，使它们成为整个民族的凝聚焦点，封建团结的最高象征。孝在宗法制度的运用中，不仅使个体与最高象征在情感上连接起来，它甚至成为周文的精神基础"④。

尽管目前业已辨识的甲骨文中没有"孝"字，但在先秦文献中"孝"字已频繁出现。根据我们的统计，"孝"字在重要典籍中出现如下频次：《尚书》9次（今文篇目中5次，古文篇目中4次），《诗经》18次，《左传》50次（其中用于"孝公"等称谓10次），《国语》28次（其中用于称谓4次），《论

---

① 伊沛霞.内闱：宋代妇女的婚姻和生活［M］.胡志宏，译.南京：江苏人民出版社，2022：13.

② 伊沛霞.内闱：宋代妇女的婚姻和生活［M］.胡志宏，译.南京：江苏人民出版社，2022：62.

③ 曼素恩.缀珍录：18世纪及其前后的中国妇女［M］.定宜庄，颜宜葳，译.南京：江苏人民出版社，2022：73.

④ 韦政通.中国哲学辞典大全［M］.北京：世界图书出版公司，1989：316.

语》19次,《孟子》29次（其中用于称谓1次）,《荀子》47次（其中用于称谓6次）。也就是说，在这些几乎每个读书人都得认真学习的教材里，"孝"是个高频概念。孝的观念经孔子、孟子、荀子等几大思想家的发展而得到重要提升。到了战国末期，系统阐述孝道的专著——《孝经》终于问世。①《孝经》把孝视为先王的"至德要道"，因为"夫孝，德之本也，教之所由生也"，"夫孝，天之经也，地之义也，民之行也"。该书把"孝"的社会功能提升到"以顺天下，民用和睦，上下无怨"，其具体实践内涵包括"身体发肤，受之父母，不敢毁伤，孝之始也。立身行道，扬名于后世，以显父母，孝之终也。夫孝，始于事亲，中于事君，终于立身"。

　　基于这些材料，可以发现:《孝经》不仅竭力强调子女对父母的无上责任之外，更突出忠孝混同的观念。《礼记·大学》就有"孝者，所以事君也"这样的说法。《孝经》对这一观念做了深入阐释，比如"君子之事亲孝，故忠可移于君"，"资于事父以事母，而爱同；资于事父以事君，而敬同。故母取其爱，而君取其敬，兼之者父也。故以孝事君则忠，以敬事长则顺。忠顺不失，以事其上，然后能保其禄位，而守其祭祀"。因此，臣子常常把国君敬称为"君父"。

　　由于孝文化成为一种政治伦理，自西汉到明清，《孝经》一直受到历代帝王的尊崇和提倡，号称以孝治天下的皇帝不知凡几。《孝经》在历史上具有其他典籍无可比拟的特殊地位。它既是最重要的经典文献，又是最普及的通俗读物；既被看作人伦百行的纲纪，又被当作科举仕宦的阶梯，影响之深远，其他书不可同日而语。"②

　　在中国历史上，与众多的好母亲形象相映成趣的，是延绵不断的"孝子贤孙"形象。古今"第一孝子"当属传说中的虞舜。《尚书·尧典》中

----

① 　关于《孝经》的成书年代众说纷纭，清代学者汪中据《吕氏春秋·察微》曾引述《孝经》的文字，推定其为先秦古籍。参见胡平生.《孝经》是怎样的一本书［M］//孝经译注.北京：中华书局，1996:4-5.
② 　胡平生.《孝经》是怎样的一本书［M］//孝经译注.北京：中华书局，1996:23.

这样说，"瞽子，父顽，母嚣，象傲；克谐以孝，烝烝乂，不格奸"。①大概就是说，父母不好，但儿子依然以孝道事之；后经孟子渲染，孝子舜的形象愈发丰满生动。"我竭力耕田，共为子职而已矣。父母之不我爱，于我何哉？"在孝子舜的眼中，子女对父母的孝，是无条件的、无保留的、不求回报的。当然，舜也确实因此得到回报，他因为孝顺的品德而被尧选中。"帝使其子九男二女，百官牛羊仓廪备，以事舜于畎亩之中。天下之士多就之者，帝将胥天下而迁之焉。为不顺于父母，如穷人无所归。天下之士悦之，人之所欲也，而不足以解忧；好色，人之所欲，妻帝之二女，而不足以解忧。富，人之所欲；富有天下，而不足以解忧。贵，人之所欲；贵为天子，而不足以解忧。人悦之、好色、富贵，无足以解忧者，惟顺于父母，可以解忧。人少，则慕父母，知好色，则慕少艾，有妻子，则慕妻子，仕则慕君，不得于君则热中。大孝终身慕父母，五十而慕者，予于大舜见之矣。"因此，在孟子看来，舜是少有的"大孝"。

此外，孟子笔下，还着力把曾子塑造为孝子。②其中的典型呈现如下：

> 曾晳嗜羊枣，而曾子不忍食羊枣。公孙丑问曰："脍炙与羊枣孰美？"孟子曰："脍炙哉！"公孙丑曰："然则曾子何为食脍炙而不食羊枣？"曰："脍炙所同也，羊枣所独也。讳名不讳姓，姓所同也，名所独也。"

曾晳爱吃羊枣，其子因而"不忍食"。公孙丑问道："炒肉末和羊枣哪一种更好吃？"孟子回答说："炒肉末呀！"公孙丑又问："那么，曾子为什么要吃肉末却不吃羊枣？"孟子答道："炒肉末大家都爱吃，羊枣只是个别人喜欢吃的。就好比父母之名应该避讳，姓却不避讳，因为姓是大家

---

① 根据笔者统计，"舜"字在《孟子》中出现频次为101次。
② 具体内容可参见《孟子》书中《滕文公上》《离娄上》《尽心下》诸篇。

相同的，名却是他独自一个人的。"①

《左传·隐公元年》中记载了一个郑国孝子颍考叔。颍考叔用"舍肉馈母"之举打动了郑庄公，使后者摒弃前嫌，与母亲在"黄泉"相见，重归于好。到了汉代，"以孝治天下"成了国家的最高意识形态，于是刘向编撰了《孝子传》，此书影响甚广，诱发后人撰写了十多种《孝子传》，仅六朝时期就不下九种②。在唐代，武则天曾召集文人学士编撰《孝子传》，并把它赐给章怀太子李贤③。宋代危高曾撰《孝子拾遗》10卷。④到了元朝末年，郭居敬从历代众多孝子中精选出24名，一一给予颂赞，撰成《二十四孝诗选》，它成了明清以来广泛流传的各种文本的"二十四孝"图赞的蓝本。⑤简而言之，"二十四孝"浓墨重彩地描绘出了一幅"孝子群像"，作为世间儿女的典范。

基于上述材料，我们可以归纳出两方面的结论：首先，母亲的职能，是儒家理想社会追求的一部分；其次，中国传统文化中有关母亲的文化模型的核心内容包括能够教育出忠孝的子女，忠孝体现在科举考试上的卓越表现、事必躬亲地侍奉父母、瀝肝尝胆地忠于国家等各个层面。

而在漫长的古典中国历史上，子女如何善事父母，也形成了相关的意识形态，"孝子"这一概念抽绎出如下属性：

第一，孝似乎是一种天性，心智懵懂的小孩无须他人传授就自然可以做出孝行（陆绩、黄香、吴猛、杨香）；

第二，孝道高于其他的纲常伦理，为了对父母尽孝，天子不妨忘却自身的无上尊贵性（汉文帝），老人也不必讲究体面（老子），官员可以放弃

---

① 参见孟子译注［M］.杨伯峻，译注.北京：中华书局，2019：384.

② 汉代刘向《列女传》遗文及其六朝9种同名书遗文，见清代茆泮辑《十种古逸书》，后收入郑尧臣辑《龙溪精舍丛书》。

③ 欧阳修，宋祁.新唐书：第12册［M］.北京：中华书局，1975：3591.

④ 脱脱，等.宋史：第15册［M］.北京：中华书局，1985：5116.

⑤ 大澤顯浩.明代出版文化中的"二十四孝"：论孝子形象的建立于发展［J］.明代研究，2002（5）.宋金时期"二十四孝"故事在西北地区的传播情况，参见魏文斌，师彦灵，唐晓军.甘肃宋金墓"二十四孝"图与敦煌遗书《孝子传》［J］.敦煌研究，1998（3）：75-90，185.

官职（朱寿昌）；

第三，孝不在于为父母做什么，重要的是子女亲自去做（汉文帝、黄庭坚、庾黔娄）；

第四，孝要求子女无条件地顺从父母，满足父母的需求，哪怕是父母的举动如何反常甚至充满恶意、嗜好如何悖理乖张（虞舜、闵损、姜诗、王祥、孟宗）；

第五，父母的生命高于子女的生命，父母的安危要时刻挂怀，为了保有父母的生命，子女即使残害自身甚至献出生命，或者休妻杀子都应在所不惜（虞舜、剡子、吴猛、杨香、郭巨、姜诗）；

第六，孝具有超凡的神奇力量，它能够创造出不可思议的种种奇迹，惊天地泣鬼神，感化匪人弃恶从善（虞舜、曾参、丁兰、江革、郭巨、蔡顺、姜诗、孟宗、杨香）；

第七，孝不仅要为活着的父母做事，还要时刻记挂着亡故的父母，等等。

因此，在传统社会里，父母子女双方合力完成的是"孝"文化构建，而"忠"可视为"孝"的社会化。与肩负社会责任的父亲角色不同，母亲的生活空间在家庭，"与性别和情绪的启蒙主义领域不同，儒家礼教并不把女人视为心灵的专家，不认为她们被内在地赋予了丰富的情绪，也不认为她们与自己的感觉之间存在着超自然的联系。大体而言，女性在儒家情感体系中扮演的角色主要局限于母亲，她既是母爱的提供者，也是孝顺的受益者"①。因此，在一定程度上，母亲是一个更直接的"孝"文化的接受者。

总之，母亲与儿女在中国文化中呈现的文化模型，具有独特而丰富的内涵。通过上面"孝"的七种特征可以看出，"孝"不但是古典中国社会的家庭伦理和政治伦理的灵魂，而且是母亲具有的无上地位的伦理依据和文化心理基础。

当代文化心理学关注的"自我认知"问题，在一定程度上也可以为"祖

---

① 李海燕.心灵革命［M］.修佳明，译.北京：北京大学出版社，2018：30.

国母亲"隐喻在现当代中国的盛行提供心理学旁证。

何为自我？古今中外多位重要哲学家都从不同的角度来回答这个问题。斯坦福大学的心理学教授马库斯（Markus）及其合作者提出了一个新概念——自我方式（self-way），指的是不同文化中不同的"自我"存在方式，包括不同的认知、情感和行为方式，简言之，即如何成为一个好的人、有道德的人[1]。马库斯与其合作者，曾经做过一项非常有意思的对比实证研究，建立了"独立性自我"和"依附性自我"两个模型，他们认为：

> 亚洲文化和美国文化是两种不同的文化意义系统，生活在其中的人同时形成了不同质的自我概念。不同文化内，人们对自我、他人及两者之间的关系有着显著不同的观点：美国文化下人们拥有独立性自我，而东亚文化下人们拥有依赖性自我。美国文化下人们通过关注自我并发现和表述自身独特的内在特质而保持自我的独立性，而东亚文化下，人们则注重自我与他人之间的内在联系，强调关注他人，与他人保持和谐的互动关系……独立性的自我要求保持一种独立性，依赖性的自我最显著的特点在于它拥有更多的、公共的成分，与他人的区分度也相对较低，与其他一些重要的他人或团体内成员互相有一定的重合的，比如母亲、朋友等。[2]

这是一个很有趣的发现，这个心理学实验证明：在东方人的自我概念里，自我不仅包括"我"的名字、职业、性格等各项内容，还包括"我"和父母、朋友、同事等其他人的关系，这两者在东方人的自我概念里都占有重要地位。但是在西方人的自我概念里，自我就是那个绝对独立的自

---

① MARKUS H R, et al. Selfway: diversity in modes of cultural participation [M] // NEISSER U, et al. The conceptual self in context: culture, experience, self-understanding. Cambridge: Cambridge University Press, 1997: 13-61.
② 转引自朱滢. 文化与自我 [M]. 北京: 北京师范大学出版社, 2007: 84-85.

我，他的父母、朋友、同事都被剔除在自我之外。

此外，其他研究也得出类似的结论。比如，特里安迪斯（H.C.Triandis）指出，自我是由私人自我、公共自我、团体自我等三个成分组成，其中，私人自我指的是自我对个人特质、状态或行为的认知，公共自我指的是一般人对自我的认知，团体自我指的是一些团体对自我的认识；虽然每个人的自我都由这三部分组成，但是在集体主义文化里生活成长的人更倾向于到团体自我中提取内容，而个人主义文化里生活成长的人则更倾向于到私人自我中提取内容[①]。显而易见，东方文化中更强调集体主义，西方文化则更强调个人主义，因此特里安迪斯的研究结果和马库斯的研究结果相互印证。康萤仪教授及其合作者，通过两个心理学实验发现：相较于美国大学生而言，在香港大学生的自我描述里，较多地涉及责任，较少地涉及权利[②]。这也为我们理解中国人的自我认知观念提供了参照。

基于上述文化心理学的研究成果，可以得出如下结论：首先，文化对个体的自我概念会产生影响，不同文化里的人有不同的自我概念；其次，成长、生活在东方文化里的人，其自我概念更多地与和他人之间的关系相连，换言之，周围的人际关系会对东方人的自我概念产生更多的影响。

北京大学心理学系的朱滢教授及其合作者，就中国人的自我意识、自我概念问题，完成了包括自我记忆效应实验在内的几组相关心理学实证研究。他们发现：中国人的自我图式很可能包括母亲；中国人针对母亲的特质判断可以直接由语义记忆中获得，因此被试对和母亲挂钩的形容词的记忆成绩和自我的一样好，比如，如果被试认为他的母亲是"美丽"的，那么他记忆美丽这个词的成绩和其他与自我挂钩的词的成绩一样好。另外，脑成像实验表明：中国被试的母亲参照与自我参照同样激活了内测前额叶

---

① 参见 TRIANDIS H C. The self and social behavior in differing cultural contexts [J]. Psychological review, 1989（3）：506-520.

② HONG Y, et al. Cultural identity and dynamic construction of the self: collective duties and individual rights in Chinese and American cultures [J]. Social cognition, 2001, 19（3）: 251-268.

脑区^①。

上述参阅的心理学实验虽然和祖国母亲隐喻没有直接关系，但是中国人的自我表征、自我意识中对母亲的倚重或许也可以为"祖国母亲"隐喻在中国的巨大影响力提供心理学旁证。

第三节 文化模型的隐喻呈现

作为中国古典社会的重要伦理基础，母亲文化模型如何发动到影响文化运动、尝试再造中国的先锋知识分子的话语体系中？本书的分析对象为20世纪的汉语新诗文本，而这些文本的生产者——诗人，属于社会的精英群体。或许他们不是掌握最多社会财富、享受最高社会地位、拥有最大社会权利的群体，但是他们理应是社会中视野最开阔、观念最前沿、触觉最敏锐的精英群体的一部分，也是对社会话语生产影响最大的人群之一。但是，"社会共同的经验的积累，也就是我们常说的文化。文化是依赖象征体系和个人的记忆而维持着的社会共同经验。这样说来，每个人的'当前'，不但包括他个人'过去'的投影，而且是整个民族的'过去'的投影"^②。因此，我们发现，这样一个群体生产出来的文本，即使是在努力塑造一副新面孔，也在有意无意、自觉不自觉地承袭传统概念。

20世纪初叶，诗人们开始用母亲这样的概念与祖国对举。在那个民族危机四伏的时代，"祖国"是一个意义相对单薄、并不常用的词语，但"祖国是母亲"这样的概念隐喻在诗歌以及其他文本中的诞生和普及，促进了"祖国"这个词语在现代汉语中被通畅无阻地运用。在这些精英知识分子的诗歌作品中，传统母亲概念包含的"忠孝之道"，通过"祖国母亲"这

---

① 朱滢.文化与自我［M］.北京：北京师范大学出版社，2007：152.
② 费孝通.乡土中国［M］.北京：人民出版社，2008：19.

个新隐喻获得了新的运行空间。这样的现象在20世纪非常多，虽然来自西方世界的信息大规模涌入中国，中国史上掀起了的一场空前的中西大交融，各种新名词、新观念、新事物交叠，对当时的中国人造成了巨大的冲击，以致在常见的历史话语中，常常强调对传统的破坏和抛弃。近代著名学者王国维曾将这时期对西方名词术语的翻译引进分为两个阶段："形而下"和"形而上"。前者指的是与科学技术相关的词语的翻译引进，而后者是指社会、历史、文化和制度等观念领域的词语的翻译引进。① 但通过"祖国母亲"这一概念隐喻的文化分析，我们发现，有许多传统文化的内容，其实可以通过参与新的隐喻建构得以延续。

　　在本书所举出的众多关于祖国的诗歌中，诗人们前赴后继地试图创造新的隐喻来描述国家和个体的关系。为此，20世纪初的诗人们创造了祖国母亲这个隐喻。当他们选择母亲来表达个体对祖国的感情时，是在试图创建一种更为亲切的个体与国家的关系模式，这是对社会文化和民族情感的迫切需求的一种满足。比如：

> 母亲呀，你千万不该抛弃了我！
>
> 母亲，让我忙回到你的膝前来，
>
> 我要紧紧地拥抱着你的脚踝。
>
> 母亲！我要回来，母亲！②
>
> ——闻一多《七子之歌·广州湾》

　　这首著名的《七子之歌》，如前文所分析的，是祖国母亲隐喻草创期

---

① 王国维.论西语之输入［M］//干春松，孟彦弘.王国维学术经典：上.南昌：江西人民出版社，1997：102.王氏的分类，只需参阅京师同文馆、江南制造局翻译馆等晚清官办翻译书局的翻译书目，便可印证。参见王建明，王晓霞，等.中国近代出版史稿［M］.天津：南开大学出版社，2011：70-76.此外，1902年佚名所作之《论翻译之四期》一文，也曾较早归纳了明末之光绪年间西书翻译，不外乎天文、宗教算学、格致、工艺、条约、外国律例、医学、旅行游记、物质学、历史、史事、政治等门类。参见张静庐.中国出版史料补编［M］.北京：中华书局，1957：60-62.

② 江弱水.中国新诗百年大典：第3卷［M］.武汉：长江文艺出版社，2013：10.

的代表作。在这个文本中，作者虽然有明确的政治意图，但是文本中出现的是诸如"回到你的膝前来""紧紧地拥抱着你的脚踝"的个人色彩相对较浓的表述。那个时期的祖国母亲隐喻普遍都有这个特点。

而到后期的祖国母亲隐喻中，潜伏在"母亲"概念中的传统成分，借着祖国母亲的大范围流行，也开始辐射，似乎呈现出一种回归古典的趋势。比如：

（就这样

你安详地睡了……）

随后，你祖国草原的风暴，

摹拟你的声音而歌唱。

你祖国天空的飞行合唱队——

那小鸟群也追踪着你，

以童贞的音带唱它铿锵的生命之歌。

你的伙伴们在你辽阔的坟场，

响起了撼天的凯旋的大合唱。①

——郭小川《一个声音》

呵，祖国

你的儿女将像山鹰一样

守卫你的边疆和海洋

把和平给予你的

新开垦的农田

和冒烟的工厂②

——石方禹《和平的最强音》

① 郭小川.郭小川全集：1诗歌［M］.郭晓惠，编.南宁：广西师范大学出版社，2000：31.
② 谢冕.中国新诗总系：1949—1959［M］.北京：人民文学出版社，2010：119.

上述语料中的母亲，已经不再是那个面孔亲切、"抱脚踝"的母亲了，母亲被抽象化了。

无论如何，在大多数诗人笔下，传统文化中的母亲的文化模型在通过"祖国母亲"这一概念隐喻起作用，因此个体和国家的关系并没有被真正"更新"。直到20世纪90年代的诗里，用传统家庭伦理中母子关系来表达国家与个体之间关系的隐喻，才显得比较稀少，这某种程度上暗示了个体与国家的关系的一种变化。

在几十年的时间里，诗人们以母亲在传统文化中各种语义，创造和丰富了"祖国是母亲"这个隐喻，并使之在各种文本中、以各种不同的形式大面积流行开，"母亲"这个词语在中国文化中的社会附加值，也随着"祖国母亲"这个概念隐喻辐射开来，通过这些诗歌文本而深入人心。它成功地植入了这个新的隐喻中，用一种相对新颖的语言方式来表述旧的意义结构和概念体系。由此我们可以说，在一定程度上，"祖国是母亲"是诗人们在新时期打造的一个新瓶子，而里面放的，却是酝酿千年的陈酒。

在这个概念隐喻的分析中，可以看出文化更新和变革在隐喻中暗藏的规律。对于生活在某一文化中的人群来说，总是不可避免地受到所处文化的影响和规约，即便是有意识地主动地改变、抛弃，但依旧拖泥带水，或者以某种潜在的、难以觉察的方式在继承原有的概念系统。基于这样的分析，我们不得不感叹，隐喻通过对不同概念的强调和隐藏，以润物细无声的方式对文化的传承和变革有着巨大影响。

通过本章的分析梳理，可以得出这样的结论：在中国独特的家庭伦理观念中，母亲是一个具有文化特殊性的汉语概念。因此，当母亲被祖国母亲隐喻征用时，其文化特殊性也被带入其中。所以，汉语新诗虽然都创作于20世纪，但是，通过对其中一些文本的具体分析，还是可以发现由母亲概念带给新文化的传统文化因素。甚至可以这样说，只有完成对母亲这一概念的意义系统的梳理，才能真正理解祖国母亲隐喻系统。

笔者通过对这个隐喻展开的研究，也是对目前认知语言学发展现状的一种反思。自从20世纪70年代发展起来的第二代认知科学发现"具身性"以来，传统的身体大脑对立的二元论得到了纠正，极大地改变了人们对大脑和身体的关系的看法。因此，在很长一段时间内，认知语言学家们都非常热衷于发现各种语言表达里的具身性的体现。从莱考夫和约翰逊等第二代认知语言学的先锋开始，就一再强调意义和身体的密切关系。

但现在越来越多的认知语言学家们已经意识到，这样的断言并不全面。他们质疑："文化"因素的位置在哪里？考威塞斯曾试图调查概念隐喻的全球普遍性及其文化差异性，他发现，许多由概念隐喻生发出来的具体表达或词汇受当地文化较深的影响；即便是具有普遍性的概念隐喻，也会在各文化之间产生变异，甚至在同一种文化内亦可能产生变异。他由此指出：许多概念隐喻的普遍性是由具身性造成的，因此基于这些概念隐喻的文化理解也具有具身性。也就是说，具身性不仅对语言产生影响，也对文化行为产生影响。[①]美国奥克拉玛州立大学的于宁（N.Yu）教授曾以中文语料做过类似的研究，并为考威塞斯的研究补充了汉语案例，他得出了更为明确的结论：汉语中也存在"人生是旅行"这样的概念隐喻，但具体的隐喻性表达具有其特殊性。汉语新诗中蔓延的祖国母亲隐喻的特殊性，可以说是一个更为典型的例子。

认知科学发展到今天，人们开始意识到，虽然具身性在语言与认知中扮演着十分重要的角色，但是如早期的莱考夫和约翰逊那样将文化置于讨论范畴之外并不合适。约翰逊后期也承认文化重要性，他说，意义是身体、大脑、环境和文化产品及文化习俗互动的结果，这种互动是一个复杂而动态的弧线。文化融合了各种各样的符号、习俗、共同的惯例、仪式、价值观和传统。因此，许多情况下，文化是"独立"于人而存在的，因为文化的许多层面都超越了个体的生死时空；同时他也强调，文化并不是符号、习俗、惯例等要素的大集合，正是人们利用所处的世界，依靠它们生

---

① KÖVECSES Z. Metaphor in culture：universality and variation［M］. Cambridge：Cambridge University Press，2005.

活，从而实现文化；说到底，文化存在于这种互动中，存在于意义的实现中，存在于通过所谓的"文化资源"而进行经验的转移中。

通过对祖国母亲隐喻展开的文化分析，更生动地表明，表面上普遍存在的概念隐喻的各种表述方式，在自身的实现过程中，需要依存于相关的文化结构。隐喻乃至意识形态的递变和更迭，其实就是根据需要，对相关文化中新旧概念系统进行的组合和发明。理解这样的关系就能更好地理解，在特定的历史时段里，依靠隐喻而生存的人们，是如何在个体与社会之间编织出一套适宜的隐喻密码的。

第五章

社会历史动力与隐喻生成

清末民初，整个中国社会面临全方位的挑战。首先，外敌当前，洋枪大炮让中国人不知所措；其次，和外国商品、武器一起进入中国的，还有迥异于儒家传统、来自西方的"现代"价值观；再次，日常生活层面，器物、用具和生活方式也一同被更新，被"现代化"。在很长时间内，各个层面的中国人，有着强烈的、与过去切割的意识，人们试图创造一种不同以往的方式来应对生活，包括建构一套新的话语体系来描述国家与个人的关系。在这样的社会背景下，新隐喻应运而生。

第一节　社会历史动力的催生

在"天下"观念崩溃、帝国解体、列强入侵、国家严重受难的中国近现代历史上，国家概念是如何在当时的话语中被表达的？采用过哪些隐喻？最后如何被归结到"祖国母亲"这一隐喻上？纵览近现代诗歌及相关史料，可以发现，在个体与国家关系的隐喻中，比较常见的源域包括沉睡的狮子、龙或者母亲。

关于"睡狮"隐喻，最常见的说法是，拿破仑在某个场合断言，虽然现在的中国是沉睡的狮子，但是它一旦醒来，必将震惊世界。这个说法流传很广，但若要究其出处，似乎都语焉不详。这个说法本身也有很多版本。"看着中华帝国。让它沉睡，因为一旦这条龙醒过来，世界将会发抖。""中国是一只沉睡的狮子，一旦觉醒将会震惊世界。""狮子睡着了，苍蝇都敢落到它的脸上叫几声；中国一旦被惊醒，世界会为之震动。""中国是一头沉睡的狮子，当这头狮子醒来时，世界都会为之发抖。""中国是一头东亚睡狮，它醒的时候将会震惊世界。幸好它还没有醒，那就让它永远睡下去吧！"各个版本都有广泛流传度，每当引用类似说法时，作者们往往冠以拿破仑所言。比如，胡适在留学美国期间的日记中就写道："拿破仑大帝尝以睡狮譬中国，谓睡狮醒时，世界应为震悚。百年以来，世人争道斯语，至今未衰。"[①]一直到新旧世纪之交时，还有不少出版物或者公共语篇中出现这个说法。

只是，此言虽流传甚广，但争论亦不少。许多人质疑它是否真的出自拿破仑之口。著名汉学家费约翰（John Fitzgerald）曾在其专著《唤醒中国：国民革命中的政治、文化与阶级》中关于这一隐喻有过许多精彩论述。他直言："事实上，所有这些书籍都奠基于谣言之上。拿破仑并没有预言'中国的觉醒'……法文或其他语言的任何一手资料，都没有记载拿破仑曾经说过如下的话：'看着中华帝国。让它沉睡，因为一旦这条龙醒来，世界将会发抖。'……事实上，一个静止的中国从沉睡中醒过来，这一预言最初由基督教传教士在教会内部作出的，然后被清朝总理衙门的一名高级官员宣扬开来。"[②]这里的高级官员是曾国藩长子、外交官曾纪泽。他确实曾于1887年在《亚洲季刊》（*Asiatic Quarterly Review*）上发表英语文章《中国先睡后醒论》（China, the Sleep and the Awakening）。这篇文章影响很大，先后被《纽约时报》、在华传教士主办的刊物《教务杂志》（*The Chinese Recorder and Missionary Journal*）、墨尔本的《阿戈斯报》（*Argus*）等广泛

① 胡适.睡美人歌［C］//胡适全集：第28卷.季羡林，主编.合肥：安徽教育出版社，2003：80.

② 费约翰.唤醒中国：国民革命中的政治、文化与阶级［M］.李恭忠，李里峰，等译.北京：生活·读书·新知三联书店，2004：2-3.

转载、引用①。

而日本学者石川祯浩则认为这个说法是梁启超发明的。据他考证："'睡狮'说的发生过程可能是：梁启超在戊戌变法时期对其间接得到的有关吴士礼（Garnet Joseh Wolseley）、弗兰肯斯坦之怪物的知识，发挥想象力与其读过的曾纪泽的《中国先睡后醒论》结合起来，于1898—1899年创造出来的。与我们现在的常识不同，在那之前外国没有称中国为'睡狮'的例子。应该说，清末'睡狮'形象急速而广泛的传播，是基于梁启超创造、发明的'睡狮'。中国＝'睡狮'（Sleeping Lion）这个表述，首先是在清末中国人中间迅速流行，然后才流传到包括日本在内的外国舆论界的。"②

这个说法影响很大，诸多政治话语中曾频频借用这个隐喻以激励大众，费约翰在其著作中分析了孙中山及其同僚在各种场合对这个隐喻的使用。从孙中山的一系列言论，"我们提倡民族主义，便先要四万万人都知道自己的死期将至。知道了死期将至，困兽尚且要斗""现在要恢复民族精神，就要唤醒起来。醒了之后，才可以恢复民族主义""余致力国民革命凡四十年，其目的在求中国之自由平等。积四十年之经验，深知欲达到此目的，必须唤起民众"等，到其他人的类似言论。于是，费约翰得出这样一个结论："孙中山的艺术，在于设计了一套'唤醒'民族的技术和符号，并将之付诸实践。"③其实，这个隐喻系统并不是国民党话语体系的专利，在那个内忧外患的时代，它频频出现在各种类型的语篇中，比如汪康年曾有笔记名曰《睡狮》，开篇言"西人言中国为睡狮。狮而云睡，终有一醒之时。以此语质之西人，西人皆笑而不答，于是乎莫知其何取义矣"④。陈天华所作小说《狮子吼》、何香凝的著名国画《睡狮醒》、丰子恺的漫画《睡

---

① 费约翰.唤醒中国：国民革命中的政治、文化与阶级［M］.李恭忠，李里峰，等译.北京：生活·读书·新知三联书店，2004：4-6.

② 石川祯浩.晚清"睡狮"形象探源［J］.中山大学学报（社会科学版），2009，49（5）：87-96.

③ 费约翰.唤醒中国：国民革命中的政治、文化与阶级［M］.李恭忠，李里峰，等译.北京：生活·读书·新知三联书店，2004：3-4，42-43.

④ 孙文光.中国历代笔记选粹：中［M］.上海：华东师范大学出版社，1998：708.

狮初醒》以及创作于抗战时期的歌曲《睡狮》《睡狮奋起》等。这些语篇虽然类型不同，但贯穿其中的隐喻都是同一个。比如歌曲《睡狮》，现将歌词抄录如下：

睡狮

睡狮睡了几千年，

蛇虫狐鼠乱纠缠；

今天吸我血，

明天扼我咽；

大家欺我老且懦，

得寸进尺来相煎。

睡狮醒！

睡狮醒！

睡狮醒！

莫要偷安眠！

皮毛血肉将不全，

何须摇尾乞人怜？

奋斗心须壮，

复仇志要坚；

睡狮醒来威震天，

蛇虫狐鼠莫敢煎。

睡狮醒！

睡狮醒！

睡狮醒！

醒了再不眠！

——本歌曲作于1932年，黄自作曲①

---

① 袁行霈.诗壮国魂：中国抗日战争诗钞［M］.北京：中国青年出版社，2015：73.

这首歌词用词简单，意思明确，全篇围绕着睡狮的隐喻展开，"睡了几千年"，结果就是"蛇虫狐鼠乱纠缠""大家欺我老且懦，得寸进尺来相煎"，因此歌曲在副歌部分反复高呼"睡狮醒""睡狮醒"。

将"睡狮"作为中国的隐喻，在诗歌中出现较早的当推黄遵宪作于光绪二十九年（1903）的《病中纪梦述寄梁任父》，这是一首五言古体长诗，其中有句云："我今托中立，竟忘当局危。散作枪炮声，能无惊睡狮？睡狮果惊起，牙爪将何为？"[①]何香凝的国画《睡狮醒》上也有柳亚子的题诗，曰："国魂招得睡狮醒，绝技金闺妙铸形，应念双清楼上事，鬼雄长护此丹青。"[②]

"睡狮"这个词语以及由此派生出的形象，对近现代中国民族主义形成曾发挥巨大作用。狮子是陆地上力量强大的动物之一，是壮美的外形、威武的身姿、强大的力量和飞快的速度等的完美结合，常被人封为"万兽之王"。而中国历来以"中央帝国"自居，自然也是"万兽之王"，而且它地大物博、人口众多、历史悠久，也曾经强大过；而当时把中国和狮子形成对比，"万兽之王"与历史上曾经的光荣暗合，因此这一隐喻实际上藏有民族心理的密码。另外，这个说法又规避了当时内外交困的时局：当时的大清皇朝早已不复早年的辉煌，积贫积弱，在国际上备受欺凌。但是，这并不表示中国没有了希望，因为它还是一头狮子，只是暂时睡着了。所以，它包含了国人当时复杂的感情：既有对中华复兴的殷切期待，但当年却不得不承认它在"沉睡"，大而不强甚至孱弱。

与"睡狮"并行的隐喻，是"醒狮"。以"醒狮"命名的杂志，先有创刊于1905年8月的《醒狮》，开篇就是一歌词："美哉黄帝子孙之祖国兮，可爱兮。北尽黑龙，西跨天山，东南至海兮，除盗贼兮。皆我历代先民所经营开拓兮。如狮子兮奋迅震猛雄视宇内兮。诛暴君兮，除盗臣兮，彼为

① 黄遵宪.人境庐诗草笺注：下册［M］.钱仲联，笺注.上海：上海古籍出版社，1981：1078.
② 柳亚子文集编辑委员会.磨剑室诗词集：上册［M］.上海：上海人民出版社，1985：599.

狮害兮。自由兮，独立兮，博爱兮，书于斾兮。惟此地球之广漠兮，尚有所屈兮。我黄帝子孙之祖国，其大无界兮。"[①] 后来又有创刊于1924年的《醒狮周报》。它以宣传国家主义为己任，是当时所谓国家主义派出版的刊物，因而国家主义派又称"醒狮派"。田汉主编的《南国特刊》1925年8月问世之初就是以《醒狮周报》副刊形式出版的。恽代英、萧楚女曾先后发表《评醒狮派》《显微镜下之醒狮派》等文章与之展开激烈的论战。[②]"醒狮派"和《醒狮周报》影响之大由此可见一斑。在教育领域，作新社于光绪三十年（1904）四月出版的《教育必用学生歌》里就有《醒狮歌》：

> 狮兮，狮兮，尔乃阿母之产，百兽之王。胡为沉沉一睡千年长，世界反复玄为黄，虎豹叫噑凌天阙，龙蛇上陆恣强梁，杜鹃血尽精卫衰，尔乃茸日戢耳敛牙缩爪一任众兽戏弄相拍张？！堂堂金鼓震山谷，骎骎日月发光芒，尔鬣一振慑万怪，尔足一步周四方，丁甲待汝司号令，仙灵待汝参翱翔。[③]

关于此狮何以入睡的原因，也有种种不同的说法。例如邹容就认为是满清异族的统治，他说："且夫我中国固具有囊括宇内，震耀全球，抚视万国，凌轹五洲之资格者也……倘使不受奴尔哈齐、皇太极、福临诸恶贼之蹂躏，早脱满洲人之羁缚，吾恐英吉利也，俄罗斯也，德意志也，法兰西也，今日之张牙舞爪，以蚕食瓜分于我者，亦将进气敛息，以惮我之威权，慑我之势力。"似乎只要实行民族革命推翻满清统治，睡狮就会醒来，从而"囊括宇内，震耀全球，抚视万国，凌轹五洲"。[④]

关于国家的隐喻关涉个体与国家民族的关系，前文曾经指出，个体认

---

① 张静庐.中国近现代出版史料：近代初编［M］.上海：上海书店出版社，2003：98.
② 转引自袁伟时.告别中世纪：五四文献选粹与解读［M］.广州：广东人民出版社，2004：21.
③ 胡从经.晚清儿童文学钩沉［M］.上海：少年儿童出版社，1982：126.
④ 转引自单正平.近代思想文化语境中的醒狮形象［J］.南开学报，2006（4）：29-36.

知与集体归属感之间是相关的，这种相关性最终都会显现在语言中。每个稳定的文化中，都有一套人生哲学将二者统一起来，形成一套大家共同认可的说法，这些说法常常体现为某些语言的隐喻。

在祖国观念出现之前，中国人相信的是"天下"观念。在儒家思想长期占据主流的中国古代，正心、诚意、修身、齐家、治国、平天下，是士人的理想。在这个人格理想中，可以看到一种儒家式的个体与集体之间的关联逻辑，这其中，家庭伦理与政治伦理是混融一体的，也就说，政治、家庭、个体之间，都是被一体化了的，三者可以相互支持和依赖，个体在其中可以获得积极或消极的价值感和认同感。古谚云"一屋不扫，何以扫天下"，"天下兴亡，匹夫有责"，都是这种融合的世俗化表达。当然，在道家的人格理想中，一个人可以质疑或脱离这种天下与个人之间的关系网络，如竹林七贤那样蔑视"名教"，"忘我"或"丧我"地悠然逍遥于人间。但其对立面仍然是个体与"天下"之间的关系。在上述这两种个体与集体的关系模式里，个体之于"天下"，都有一个稳定的拓展或伸缩空间。

当代哲学家赵汀阳对"天下"特征的归纳，非常有利于我们理解这种关系：

（1）地理学意义上"天底下所有的土地"，相当于中国式的三元结构"天、地、人"中的"地"，或者相当于可以居住的整个世界。

（2）进而还指所有土地上生活的所有人的心思，即"民心"，比如当说"得天下"，主要意思并不是获得了所有的土地（这一点从来也没实现过），而是说获得了大多数人的民心。这一点很重要，它表明"天下"概念既是地理性的又是心理性的。

（3）最重要的是它的伦理学/政治学意义，它指向一种世界——家的理想或乌托邦（所谓四海一家）。这一关于世界的伦理/政治理想的突出意义在于它想象并且试图追求某种"世界制度"以及由某种世界制度所保证的"世界政府"。显然，"天下"虽是关于世界的概念，但比西方思想中的"世界"概念似乎有着更多的含义，它至少是地理、心理和社会制度三者合一的"世界"。而且这三者有着不可分的结构，如果分析为分别的意义则破坏了天下的存在模式。天下意味着一种哲学、一种世界观，它是理解世界、事物、人们和文化的基础。①

近代以来，在西方列强和日本的侵略下，在被动地追求现代性的进程中，中国人的"天下"意识解体了，上述循环递进的稳定结构被打破。即使号称孔子现代传人的康有为周游"天下"列国，即使有晏阳初这样的杰出人物一生以救济"天下"为己任，但真正的天下—个人模式已经发生了变形，在"世界"包围和"万国"林立的处境下，中国人自古"一统天下"的政治梦想和社会乌托邦难以为继。按照历史学家孙隆基的考证："中华这个'天下'观念演变成西方式的'国家'，在符号学层次上由19世纪90年代戊戌维新开其端。""1860年英法联军之役后，清廷不得不承认'天下万国'共存之局。"②

此后，在大部分语境中，现代汉语里的"天下"一词往往就指的是中国一个国家。个体与"天下"的关系，也随之变成了个体与国家的关系。个体对于天下的责任，也就演变为个体与国家的责任。按照现代哲学家牟宗三的说法，在这个一切都拔了根、挂了空的时代，需建立起足以安定人生、建立制度的思想系统。③其中一部分，就是个体的国家感和世界感的重建。因此，个体对于国家的主观感情，也就往往被表达为个体与祖国的关系。这种关系的调整是被动的，也是渐进的，其重要体现，就是一系列"祖国"话语的生成。

---

① 赵汀阳.天下体系：世界制度哲学导论［M］.南京：江苏教育出版社，2005：41-42.

② 孙隆基.历史学家的经线：历史心理学文集［M］.桂林：广西师范大学出版社，2004：3-4.

③ 牟宗三.生命的学问［M］.桂林：广西师范大学出版社，2005：2-5.

因此，中国人新的"国家"观念，必须通过新的隐喻方式来命名。这其中也有渐进性。最为有力的旁证是，在近代祖国母亲隐喻生成之前，自晚清时期开始，中国人往往乐于把中国和狮子，特别是沉睡的雄狮联系在一起。通过上述分析可以看出，"中国是狮子"这个概念隐喻，首先主要指称的是中国当时的国际处境，也表达了19世纪末20世纪初的中国知识分子和弱国子民对于中华帝国衰败落后的焦虑以及改变国运的愿望。但是，在其相关概念系统中包含的某种含混性，也表明了过渡时期国家意识的混乱。

讨论祖国母亲隐喻的兴起，要先从祖国的"性别"谈起。近现代中国人对于祖国的"性别"意识的转变，是一个有趣的问题。前文曾提到过古人的"邦如父母"或"父母之邦"之言，翻译成现代汉语即"国家是我们的父母"或"父母所属的国家"。这恐怕是古代文献中最为常见的一个与"国"和"父母"有关的隐喻。该隐喻的源域是父母，没有特殊的性别指向。但种种传统，几乎让我们默认，国家与家国，无论是家还是国，都是男性主导的。"齐景公问政于孔子。孔子对曰：'君君，臣臣，父父，子子。'"从对话双方的齐景公和孔子，到对话内容中的君臣父子，无一例外，都是男性。至于"物格而后知至，知至而后意诚，意诚而后心正，心正而后身修，身修而后家齐，家齐而后国治，国治而后天下平"，这一系列行为主体毫无疑问也是男性。至19世纪末20世纪初，汉语中的"国"也是"雄性"的，比如前文提及的"睡狮—醒狮"隐喻，自然是沉睡的雄狮、被唤醒的雄狮，而非母狮子。然而，进入20世纪后，中国开始"女性化"。我们要问的问题是：长久以来雄性勃发的土壤为何会长出"祖国母亲"这样的"雌性"隐喻，它是如何孕育、参与建构并受制于它所生长的社会生态土壤，与相关意识形态形成辩证式的互动？就该隐喻本身而言，作为一个在现当代汉语诗和其他文献中广泛流播的隐喻，是在什么情况下诞生的？它作为社会话语的一部分如何发挥其作用？

五四新文化运动以来，新女性形象被一遍遍重写并深入人心，成为衡量女性观念的基本标尺。在此过程中，旧时女性形象也一并被建构。然而，当新旧纷争和革命意气的氛围渐渐散去，百年之后，重新反顾和检视女性的新、旧隔阂，问题显然不是如此这般二元对立，关于这个问题，已经有诸多学者深入讨论。

高彦颐在《闺塾师：明末清初江南的才女文化》开篇提出了一个有意思的问题："封建社会尽是祥林嫂吗？"作者的讨论从几部意义特殊的作品出发：第一部中国妇女通史《神州女子新史》（1912），哀叹"中国之女子，既无高尚之旨趣，又无奇特之思想；既无独立之主义，又无伟大之事业。廉耻尽丧，依赖性成，奈何奈何"；到《祝福》（1924）里干活毫不惜力、命运无限悲惨、总是感叹"我真傻"的"祥林嫂"；再到高呼"我们妇女生活的历史，只是一部被摧残的女性底历史"的《中国古代妇女生活史》（1937）。最后，作者得出结论，传统中国受害妇女的文学形象是如何被历史研究强化的，五四新文化运动以来的系列话语，构建了现代人心中的"传统中国女性生活"，总结起来大概就是"暗无天日"四个字。高彦颐指出，这样的形象建构也和近代西方女权话语的兴起关系密切，毕竟后者强调，西方以外的女性尚未摆脱束缚，还没有独立自主；"如中国本身一样，落后的中国女性需要不顾一切地追赶西方"。因此，面对外敌入侵，受害女性成为中华民族自身的隐喻，女性被封建社会和父权压迫，正如彼时中华民族被外族压迫，中华民族需要联合起来反抗外敌，一如女性需要反抗父权和传统封建势力一般，"受父权压迫的女性，成了旧中国落后的一个缩影，成了当时遭受屈辱的根源。受压迫的封建女性形象，被赋予了如此强烈的民族主义情绪，以致最终变成了一种无可置疑的历史真理"。因此，"'五四'对传统的批判本身就是一种政治和意识形态建构，与其说是'传统社会'的本质，它更多告诉我们的是关于20世纪中国现代化的想象蓝图"[①]。

[①] 高彦颐.闺塾师：明末清初江南的才女文化［M］.李志生，译.南京：江苏人民出版社，2022：2-5.

当然，此处并非试图否认传统社会确实存在对女性的整体性压迫。"三从四德"和"男女有别"是儒家社会性别伦理的两根支柱。《礼记》对"三从"做了清晰界定："妇人，从人者也，幼从父兄，嫁从夫，夫死从子。"这个观念在之后的《女德》中被反复阐释、强调。"四德"一词最早见于《周礼·天官》："九嫔掌妇学之法，以教九御，妇德、妇言、妇容、妇功。"汉代班昭在《女诫》中定义了"妇德、妇言、妇容、妇功"的具体内容，包括"清闲贞静，守节整齐，行己有耻，动静有法，是谓妇德；择辞而说，不道恶语，时然后言，不厌于人，是谓妇言；盥浣尘秽，服饰鲜洁，沐浴以时，身不垢辱，是谓妇容；专心纺绩，不好戏笑，洁齐酒食，以奉宾客，是谓妇功"。这一套礼仪规则最初主要用于约束宫廷妇女，后来扩展至上层家庭，再后来则推广为对所有女性的要求。在古典文献中，类似于"夫妻持政，子无适从"①"妇主中馈，惟事酒食衣服之礼耳，国不可使预政，家不可使干蛊。如有聪明才智，识达古今，正当辅佐君子，助其不足。必无牝鸡晨鸣，以致祸也"②"'往之女家，必敬必戒，无违夫子！'以顺为正者，妾妇之道也""君先而臣从，父先而子从，兄先而弟从，长先而少从，男先而女从，夫先而妇从。夫尊卑先后，天地之行也，故圣人取象焉"③。这样的表述比比皆是。

但是，"意识到女性对男性的从属，并不意味着所有女性对所有男性的总的从属，而是在她们自己的阶层中和仅仅是依照个人及家庭的关系的特定女性对特定男性的从属"，因此，把中国妇女视作没有差异的整体未必合适，至少应该分阶层、分地点、分年龄④。回到刚才的问题，封建社会尽是祥林嫂吗？自然不是。起码，还有"严厉的"婆婆。

古典社会历史悠久，不同的社会环境下对女性的整体要求差别较大。

---

① 韩非子［M］.陈秉才，译注.北京：中华书局，2007：29.
② 颜之推.颜氏家训［M］.檀作文，译注.北京：中华书局，2016：39.
③ 庄子［M］.方勇，译注.北京：中华书局，2015：208.
④ 高彦颐.闺塾师：明末清初江南的才女文化［M］.李志生，译.南京：江苏人民出版社，2022：10.

比如，在宋代，女儿享受一定的财产分割权，继承的财产大概为儿子的一半，而且女性婚后可以在相当程度上支配、使用自己的嫁妆，甚至再婚时可把嫁妆带走。这在其他朝代并不多见。[①]宋代开始，缠足逐渐普遍，"饿死事小，失节事大"的观念随着程朱理学的兴起而流行开来，至明清两朝，女性守节成风，甚至出现一定规模的极端女德形式——为忠于早逝未婚夫而殉死或终身不嫁的"贞女"现象，两朝政府通过旌表、出资树碑立坊对此加以鼓励。

简言之，五四新文化运动不仅建构了被打破的传统女性形象，也通过一系列文化实践试图奋力构建一种新的、代表未来和希望的女性形象。这些文化实践是多层面的，从现代汉语中"她"字的发明、推广和使用[②]，到汉语新诗中对女性的重新书写和隐喻发明，都是这些文化实践的成果。有意思的是，这两种文化实践相对独立又互相影响。"她"字在广泛使用前，曾经历激烈的争鸣和讨论，而在"'她'字的最早期书写实践中，诗歌乃是最为重要的尝试领域"[③]。在新诗中，与"祖国"有关的"她"这个字的广泛使用，也是在五四新文化运动前后经过争论后才定下来的——这也是中国现代化的一个文字学标志。

据黄兴涛考证，前文提及的白话诗人康白情，不仅是最早在报刊上正式使用"她"字的实践者，也是把这个字引入新诗和小说创作的第一人。1919年八月至九月间，他在当时影响极大的报纸副刊《学灯》和杂志《少年中国》上，几乎同时发表新诗《送慕韩往巴黎》，这是汉语新诗中"她"字使用的滥觞。在这首诗中，作者用"她"指代汽船（"听啊！——这汽船快就要叫了！她叫了出来/她就要开去"）。1920年2月，俞平伯在杂志

---

① 伊沛霞.内闱：宋代妇女的婚姻和生活［M］.胡志宏，译.南京：江苏人民出版社，2022：8-9.

② 参见黄兴涛."她"字的文化史：女性新代词的发明与认同研究（增订版）［M］.北京：北京师范大学出版社，2015.该书考察了"她"字在五四新文化运动期间被发明的缘由和过程。作者揭示了"她"字的诞生、早期书写实践和社会认同的过程，这对于认知汉语的现代变革具有独特的历史价值。

③ 黄兴涛."她"字的文化史：女性新代词的发明与认同研究（增订版）［M］.北京：北京师范大学出版社，2015：43.

《新潮》上发表的新诗《别她》，则是第一次把祖国和女性联系在一起[①]。为便于分析，现将该诗抄写如下：

厌她的，如今恋她了；

怨她的，想她了；

恨她的，爱她了。

碎的、病的、龌龊的她，

怎么不叫人恨，叫人怨，叫人厌。

我的她，我们的她，

碎了——怎不补她，

病了——怎不救她，

龌龊了——怎不洗她。

这不是你的事吗？

我说些什么好！

想躲掉吗？怕痛苦吗？

我怎敢！

我想——我想她是我的，我是她的；

爱我便爱她，救我便救她。

安安的坐，酣酣的睡；

懦夫！醉汉！

我该这样待我吗？

我该为她这样待我吗？

我背着行李上了我的路，

走！走！快走！！

许许多多的人已经——正在把他们的她治活了。

寻呀！找呀！找他们去！

① 黄兴涛."她"字的文化史：女性新代词的发明与认同研究（增订版）[M].北京：北京师范大学出版社，2015：37-38，49.

虽然——漆黑面的大洋，银白发的高山，

把她的可怜可爱可恨可念的颜色——朦胧朦胧——隔开

我的视线。

但是爱她恋她想她的心，越把脚跟儿似风轮的催快。

迢迢的路途，直向前头去。

回头！呸！！

有这一天，总有的：

瘦削的手，把碎片片的她补整了；

灰白的脑，把病恹恹的她救醒了；

鲜红的血，把黑魆魆的她洗净了。

看啊！——心中眼中将来的她！

我去了，我远去了！

朋友！你们大家……①

　　这首诗，从题目开始，"她"字贯穿始终。前五行所指尚有些含糊，将"她"理解为恋人似也说得过去，从第六行"我的她，我们的她"开始，"她"的含义逐渐明确，是正在经历危机的祖国/国家。那么祖国是一个什么样的"她"呢？一方面，诸如"我们的她""他们的她""你们大家"这样的表述，明确了"我"和"她"之间并非排他的恋人关系。但是，"我"和"她"的关系又非常密切，"爱我便爱她/救我便救她"，"我"有一颗"爱她恋她想她的心"。另一方面，"她""碎了""病了""龌龊了"，于是"我"提出质问："这不是你的事吗？"可见，在作者看来，"我"和广大的读者一样，对"她"负有责任，有义务把"她""补整""救醒""洗净"。那么"她"究竟是谁呢？这首诗虽然没有明确出现"祖国母亲"的隐喻表达，但从意义层面，已经比较接近了。从创作背景而言，这首诗写于1919年十二月，俞平伯此时准备离开中国去英国留学。距离康白情创作《别少年中国》的

---

① 俞平伯.俞平伯全集：第1卷［M］.石家庄：花山文艺出版社，1997：335-336.

1922年也只有两年时间。

　　另一首需要提及的作品是刘半农的《教我如何不想她》。这首诗创作于1920年，刘半农彼时在伦敦留学，1923年发表在《晨报副镌》上。后因被赵元任谱成歌曲而广为人知。现将全诗抄写如下：

　　　　　　天上飘着些微云，

　　　　　　地上吹着些微风。

　　　　　　啊！

　　　　　　微风吹动了我头发，

　　　　　　教我如何不想她？

　　　　　　月光恋爱着海洋，

　　　　　　海洋恋爱着月光。

　　　　　　啊！

　　　　　　这般蜜也似的银夜，

　　　　　　教我如何不想她？

　　　　　　水面落花慢慢流，

　　　　　　水底鱼儿慢慢游。

　　　　　　啊！

　　　　　　燕子，你说些什么话？

　　　　　　教我如何不想她？

　　　　　　枯树在冷风里摇，

　　　　　　野火在暮色中烧。

　　　　　　啊！

　　　　　　西天还有些儿残霞，

教我如何不想她？ ①

关于这首诗的讨论不少，学者们比较统一的看法是"她"既指情人也指祖国，"我"如思念情人般思念祖国。此诗以"微风""微云""月光""落花"等意象频频起兴，作者借此抒发情感，而这些意象在古典诗词中多与情人间的思念相关联。

简言之，20年代初期的汉语新诗中，祖国开始具有了女性特征。这是一个重要而有意义的变化。这种变化也体现在其他新诗作品中，比如闻一多的《忆菊》。这首诗创作于1922年十月，作者正在美国留学。全诗共58行，可分为两部分。第一部分用画家般的细腻笔触对各种菊花进行近景式的描写，第二部分情感升华，以菊之美咏祖国之美，借菊之恋表祖国之恋。为便于分析，现将这首诗的第二部分抄写如下：

> 啊！自然美底总收成啊！
> 我的祖国之秋底杰作啊！
> 啊！东方底花，骚人逸士底花呀！
> 那东方底诗魂陶元亮
> 不是你的灵魂底化身罢？
> 那祖国底登高饮酒的重九
> 不又是你诞生底吉辰吗？
>
> 你不像这里的热欲的蔷薇，
> 那微贱的紫罗兰更比不上你。
> 你是有历史，有风俗的花。
> 啊！四千年华胄底名花呀！
> 你有高超的历史，你有逸雅的风俗！

---

① 刘半农.刘半农作品精选［M].昆明：云南人民出版社，2019：56-57.

啊！诗人底花呀！我想起你，

我的心也开成顷刻之花，

灿烂的如同你的一样，

我想起你同我的家乡，

我们的庄严灿烂的祖国，

我的希望之花又开得同你一样。

习习的秋风啊！吹着，吹着！

我要赞美我祖国底花！

我要赞美我如花的祖国！

请将我的字吹成一簇鲜花，

金底黄，玉底白，春酿底绿，秋山底紫，

然后又统统吹散，吹得落英缤纷，

弥漫了高天，铺遍了大地！

秋风啊！习习的秋风啊！

我要赞美我祖国底花！

我要赞美我如花的祖国！ ①

第一部分是对菊花的具体描写，而在第二部分中，从前几行的"东方底花，骚人逸士底花""有风俗的花""四千年华胄底名花"到末尾的"祖国底花""如花的祖国"，"祖国是花"的隐喻贯穿始终。虽然花不尽然就是女性，但是诗中对各种美丽菊花的详细描述，充满女性的柔美，比如"柔艳的尖瓣攒蕊的白菊，如同美人底蜷着的手爪，拳心里攫着一撮儿金粟"，直接把"柔艳"的白菊与美人手爪对举。而且，在中国传统文化中，"女性是花"是一个常见的概念隐喻，从古至今，这样的描述均不鲜见，

---

① 姜涛.中国新诗总系：1917—1927［M］.北京：人民文学出版社，2010：472-473.

比如，"人面桃花""名花有主""花容月貌""清水出芙蓉""云想衣裳花想容""卖油郎独占花魁"，《红楼梦》里用芙蓉女儿来形容晴雯，十三钗均有对应的花。将女性美与花相连的典故不胜枚举。因此，可以说，"祖国是花"的概念隐喻强调的是花的女性气质。显然，在诗人眼里，祖国不是父亲，不是长胡子的、充满男性荷尔蒙的阳刚男子，而是一位花朵般美丽温柔的女性。

依据语料，创作于这一时期的、把祖国比喻成女性的诗共有七首，它们是郭沫若的《炉中煤》，刘半农的《教我如何不想她》，康白情的《别少年中国》，俞平伯的《三唉歌（思祖国也）》，闻一多的《一个观念》《忆菊》和《七子之歌》。其中，《炉中煤》《三唉歌（思祖国也）》《一个观念》《教我如何不想她》把祖国比为男子的情人。上述诗人都是汉语新诗草创时期的重要作者。

如前面讨论过的，从20世纪初开始，"祖国"一词开始在爱国主义诗歌中大量出现。祖国不是新词或外来词，其本意是"祖宗之国"。按照本尼迪克特·安德森的说法，祖国也是一个"想象的共同体"，既然是"共同体"，是与个体相互参照的，就得与个体发生某种关系，这是一种抽象的关系。由于表达和理解这种抽象关系的普遍的现实迫切性，必须以现象世界中的直观而普遍经验来呈现它，即本尼迪克特谈论爱国主义时所说的，用亲属或家庭等某种"人们与之有自然联系的事物"来描述它①。也就是说，只有个体与国家之间的关系具有了某种普遍的危机感，这种关系的隐喻化才可能是一种普遍性的言语行为。

在20世纪各个时期各个领域，"祖国"一词都承担了特殊的修辞功能，与周围的词汇生发出密切而多样的关系，并在这些关系中发展和丰富自己的意义。这些意义及其逐渐呈现的语言边界，就是中国人眼中"祖国"的动态的意义边界。具体表现就是，以"祖国"一词为起点，可以列出一个

---

① 安德森.想象的共同体：民族主义的起源与散布［M］.吴叡人，译.上海：上海世纪出版集团，2005：138.

巨大的相关词语联想集合。在笔者此前列举的语篇以及附录文献中，可以看到"热爱""聆听""触摸""回归""乳房""乳汁""大地""亲爱的""慈祥""伟大""山河""江山""美好""战斗""胜利""守卫""熟睡""贡献""孤儿""生命""牺牲""响应""召唤""理想""甜美""浪子""流亡""儿女""脊梁""伤口""流血""母亲""母语""同胞""哭泣""女郎""自己""呼唤""怀抱"，等等，如前文分析的，许多动词、名词和形容词都与祖国形成了某种网络状的修辞关系。对于"祖国"一词来说，这某种意义上可以视为一种"关键词"的功能。受英国文化学家威廉·雷蒙斯关键词的启发，国内有学者称这类现象为"关键词变革"，即汉语原有的词汇保持原有的词形，通过"意译"或"涵容"的途径，使其基本范畴走向"中外对接"或"中外会通"，进而转向新的基本范畴。结果往往是旧词获得新义，新的灵魂。① 如前一章中所看到的，隐喻更新和发明的过程中，不得不使用原有的意义元素作为支撑。认知语言学认为："隐喻延伸是创造新词句的有效方式，因此，追踪词汇的源流，可以揭示出旧词如何通过隐喻模型生发出新的意义。"② 我们也可以说，一种普遍的命名需求，反过来也能引发一种普遍的隐喻模型激活和更新旧有的言语方式。

　　个体的祖国情感兴起，是现代政治学和社会学领域一个重要而复杂的研究命题，涉及的方面很多。因为它不仅在中国出现，近现代以来，东西方都先后主动或被动地兴起了民族国家运动。简单地说，这一世界性的运动，一方面，引发了前所未有的人口流动、流亡和迁徙；另一方面，无论在文化上、地理上，还是政治上，民族国家观念都渐渐深入人心，国家认同与自我认同之间的联系也越来越紧密。19世纪以来，随着世界范围内的民族国家进程的加快，工业化进程，以及殖民主义与反殖民主义运动的起落，建立民族国家成为世界性的政治理想。在人类文化感和世界感中，大

---

① 周光庆."中华文化关键词研究方案"论稿［C］//冯天瑜，刘建辉，聂长顺.语义的文化变迁.武汉：武汉大学出版社，2007：67.

② SWEETSER E. From etymology to pragmatics：metaphorical and cultural aspects of semantic structure［M］.Cambridge：Cambridge University Press，1990.

面积地产生了有关"祖国"的想象。

随着中国民族危机的加重和世界观念的更新，中国知识精英们的民族危机感和焦虑感，促使他们寻找一套表达个体与国家的关系的新话语。新的话语之一，就是祖国母亲为首的一系列隐喻。"祖国"作为民族危机和国家竞争中个体和集体自我救赎的途径和理想，它身上缭绕着的母性感、人格感、神圣感、未来感、集体感，让每一位具有祖国情感的中国人都强烈地感觉到他（她）与母亲之间有越来越多的相似性。在这样的时代，人们表达对祖国的感情，再没有比"祖国是母亲"这一隐喻更为经济、切合了。我是谁？每当追寻自己的身体来源时，人们都可以从母亲身上找到答案。而从祖国这里，人们可以找到精神和文化的根。尤其对中国这样一个长期经历被殖民和被侵略的国家来说，个体与国家之间的感情，大都以各种方式浓缩到了这个隐喻中。与此同时，隐喻自身的蔓延，也形成一套祖国的话语，长时间地规约影响着人们对于祖国概念的表达。

在现代中国，如前文分析过的，因特殊的历史文化渊源和现状，这种情感的兴起有其独特性，而且不同的时期表现也不同。但有一点是一样的，现代中国人的"祖国"意识，首先是个体与"天下"的关系解体之后，认同焦虑感的一种体现。在严峻的民族危机面前，弱国子民都担心自己所属的集体被占领，被殖民化或他者化（otherised）。因此，"祖国"意识，成为20世纪中国精英乃至普通百姓强烈而持久的共有意识。"祖国"一词，也因此成为20世纪中国社会文化和民族政治话语中最为核心的词汇之一。

第二节　隐喻的社会话语再生产

语言的变化，许多时候也会反过来促进社会发展变化。现代语言哲学和历史哲学的研究中，常常强调话语对于事实的反塑和规训。比如，法国哲学家米歇尔·福柯（也译为密歇尔·福柯）认为，癫狂最初不是一个事实，而是一个判决，即令这个判决自己变成了一个事实[①]，关于事物的陈述和概念的形成，所形成的事物的秩序，是一个话语建构的过程。话语通过历史、社会、政治、无意识等层面上的各种闪转腾挪之后，形成了一个个知识型，它们主宰和规训着人们对于事物的秩序的认知。[②]

当代学者敬文东在阐释黑格尔和费尔巴哈的意识形态理论时，曾经分析了苏桑·桑塔格在《疾病的隐喻》中列举的例子：

> 从十九世纪以来的很长一段时间内，人们坚持不懈地相信，肺结核的病因主要是遗传、不利的气候、足不出户的生活、通风不畅、阳光不足以及情绪压抑，"情绪导致疾病的理论被应用于结核病"，桑女士说，"到二十世纪仍然相当流行——直到找到治疗这种疾病的方法才告寿终正寝"。这个例证或许能充分说明一种流行的意识形态（即观念或话语定式）对显示的弯曲，能够达到何种程度，又能在何种程度上影响人们的行为。[③]

在敬文东先生看来，话语的形成首先得基于一系列的"行为动作"，同时，又能反过来影响和改变人们的行为，而这些行为动作又催生一轮新的话语运动，形成了一种双重循环。

从这个意义上来说，"祖国母亲"这个隐喻所包孕的一整套逐渐成形的关于个体与国家关系的认知，首先是一个基于近代中国现实的话语建构和话语传播的过程，其中生成的语义空间也能够包容不同个体的国家认同焦虑。也就是说，"祖国母亲"这一隐喻作为近现代汉语中新出现的语言

[①] 谢里登.求真意志：密歇尔·福柯的心路历程［M］.尚志英，许林，译.上海：上海人民出版社，1997：16.

[②] 福柯.知识考古学［M］.谢强，马月，译.北京：生活·读书·新知三联书店，2007.

[③] 敬文东.随"贝格尔号"出游：论动作（action）和话语（discourse）的关系［M］.开封：河南大学出版社，2010：28.

现象，其生成繁衍，积淀和记录了中国近现代以来的历史剧变的痕迹，与此同时，这个隐喻也渐渐形成某种影响着言说倾向的固定言语配置，促进了中国现代国家意识和中国爱国主义话语的生产和再生产，使之慢慢成为一种社会话语力量，规训着生活在汉语环境中的人们的国家观念。关于这种力量，著名社会学家本尼迪克特·安德森曾经以国歌为例的一段讨论，可以作为我们的旁证：

> 无论它的歌词多么陈腐，曲调多么平庸，在歌唱国歌的行动中却包含了一种同时性的经验。恰好就在此时，彼此素不相识的人们伴随着相同的旋律唱出了相同的诗篇。就是这个意象——齐唱（unisonance）。唱着《马赛进行曲》、《马蒂达华尔兹》和《大印度尼西亚》创造了和谐一致的场合，也提供了使想象的共同体在回声之中获得体验的机会。……我们知道正当我们在唱这些歌的时候有其他人也在唱同样的歌——我们不知道这些人是谁，也不知道他们身在何处，然而就在我们听不见的地方，他们正在歌唱。将我们全体联结起来的，唯有想象的声音。①

在汉语中，像"香港回归祖国的怀抱"这样的句子也起着本尼迪克特·安德森说的遥远的、看不见的"联结效果"。在某种意义上，我们可以说它是诗人闻一多的诗歌《七子之歌》的一个繁衍性话语。也就是说，中国人对于香港与祖国关系的认知，从20世纪初期开始，就形成了一个"母子思维"，这种思维模型一直影响着中国各层面上对于香港的描述和认知方式。而这个思维一开始时在精英知识分子的爱国主义诗歌中出现，然后慢慢进入日常语言中。这也是隐喻影响日常语言行为的方式之一。

现代汉语中产生"祖国母亲"这一隐喻以来，它无数次被用来表达个

---

① 安德森.想象的共同体：民族主义的起源与散布［M］.吴叡人，译.上海：上海世纪出版集团，2005：140.

体对于国家的情感，并化为各种爱国主义行为。无论20世纪二三十年代留学或流亡海外的中国知识分子，抗日战争时期为民族独立和解放奋斗的中国人，还是新中国成立以后表达喜悦的人们，都不约而同地用这个隐喻来表达祖国情感，作为行动的口号。

20世纪90年代以来，消费社会的渐渐成形，实用主义的兴起，社会价值观的急剧转型，通信技术的发达和对外开放程度的增大，一方面"祖国母亲"意识在精英文学话语中开始淡化，另一方面由于国际交流的频繁，"祖国"认同在普通人群中增强，"祖国母亲"在政治抒情或中国域外的言语中可能会时常被使用。由此可以看出，中国人对国家的想象也发生了巨大的变化，随着"祖国母亲"这一隐喻在汉语诗歌和日常语言中的淡出，新的国家观念和关于国家形象的话语也正在形成和孕育。

参考文献

一、中文文献

［1］公刘.边地短歌［M］.武汉：湖北人民出版社，1955.

［2］李昉，等.太平广记［M］.北京：中华书局，1961.

［3］张廷玉.明史［M］.北京：中华书局，1974.

［4］欧阳修，宋祁.新唐书［M］.北京：中华书局，1975.

［5］黄遵宪.人境庐诗草笺注［M］.钱仲联，笺注.上海：上海古籍出版社，1981.

［6］王希杰.汉语修辞学［M］.北京：北京出版社，1983.

［7］脱脱，等.宋史［M］.北京：中华书局，1985.

［8］柳亚子文集编辑委员会.磨剑室诗词集［M］.上海：上海人民出版社，1985.

［9］萨丕尔.语言论：言语研究导论［M］.陆卓元，译.北京：商务印书馆，1985.

［10］王之春.清朝柔远记［M］.北京：中华书局，1989.

［11］蓝棣之.现代派诗选［M］.北京：人民文学出版社，1986.

［12］陈骙.文则注释［M］.刘彦成，注释.北京：书目文献出版社，1988.

［13］王果.远近［M］.上海：学林出版社，1989.

［14］韦政通.中国哲学辞典大全［M］.北京：世界图书出版公司，

1989.

［15］金辉.楚魂［M］.武汉：长江文艺出版社，1989.

［16］蓝棣之.新月派诗选［M］.北京：人民文学出版社，1989.

［17］加德纳.心灵的新科学［M］.周晓林，张锦，郑龙，等译.沈阳：辽宁教育出版社，1989.

［18］亚理斯多德.修辞学［M］.罗念生，译.北京：生活·读书·新知三联书店，1991.

［19］郑尧臣.龙溪精舍丛书［M］.北京：中国书店，1991.

［20］蓝棣之.九叶派诗选［M］.北京：人民文学出版社，1992.

［21］释慧皎.高僧传［M］.北京：中华书局，1992.

［22］耿占春.隐喻［M］.北京：东方出版社，1993.

［23］霍尔.无声的语言［M］.侯勇，译.北京：中国对外翻译出版公司，1995.

［24］鲁迅.鲁迅全集：第5卷［M］.北京：人民文学出版社，1996.

［25］海涅.海涅诗选［M］.魏家国，译.合肥：安徽文艺出版社，1996.

［26］诸子集成［M］.长沙：岳麓书社，1996.

［27］纪昀.钦定四库全书总目：整理本［M］.北京：中华书局，1997.

［28］俞平伯.俞平伯全集：第1卷［M］.石家庄：花山文艺出版社，1997.

［29］叶蜚声，徐通锵.语言学纲要［M］.北京：北京大学出版社，1997.

［30］谢里登.求真意志：密歇尔·福柯的心路历程［M］.尚志英，许林，译.上海：上海人民出版社，1997.

［31］刘师培.刘师培辛亥前文选［M］.钱锺书，主编.北京：生活·读书·新知三联书店，1998.

［32］萧公权.中国政治思想史［M］.沈阳：辽宁教育出版社，1998.

［33］洪子诚.九十年代中国诗歌（6本）［M］.北京：文化艺术出版社，1998.

［34］食指.诗探索金库：食指卷［M］.北京：作家出版社，1998.

［35］马蒂尼奇.语言哲学［M］.牟博，杨音莱，韩林合，等译.北京：商务印书馆，1998.

［36］钟嵘.诗品译注［M］.周振甫，译注.北京：中华书局，1998.

［37］布莱克.布莱克诗集［M］.张炽恒，译.上海：上海三联书店，1999.

［38］黄灿然.五指诗丛（5种）［M］.北京：中国工人出版社，2000.

［39］胡适.尝试集［M］.北京：人民文学出版社，2000.

［40］郭小川.郭小川全集：1诗歌［M］.郭晓惠，编.桂林：广西师范大学出版社，2000.

［41］绿原，等.白色花：二十人集［M］.北京：人民文学出版社，2000.

［42］肖开愚.学习之甜［M］.北京：中国工人出版社，2000.

［43］邓中夏，等.红色诗歌集［M］.北京：人民文学出版社，2001.

［44］李国南.辞格与词汇［M］.上海：上海外语教育出版社，2001.

［45］赵艳芳.认知语言学概论［M］.上海：上海外语教育出版社，2001.

［46］冯广艺.汉语比喻研究史［M］.武汉：湖北教育出版社，2002.

［47］池昌海.现代汉语语法修辞教程［M］.杭州：浙江大学出版社，2002.

［48］金学泉.中国朝鲜族文学作品精粹：诗歌卷［M］.延吉：延边人民出版社，2002.

［49］徐中舒.甲骨文字典［M］.成都：四川辞书出版社，2003.

［50］艾青.艾青诗全编（上中下）［M］.北京：人民文学出版社，2003.

［51］张静庐.中国近现代出版史料：近代初编［M］.上海：上海书店出版社，2003.

［52］戴望舒.望舒草［M］.天津：百花文艺出版社，2004.

［53］袁伟时.告别中世纪：五四文献选粹与解读［M］.广州：广东人民出版社，2004.

［54］利科.活的隐喻［M］.汪堂家，译.上海：上海译文出版社，2004.

［55］陈汝东.当代汉语修辞学［M］.北京：北京大学出版社，2004.

［56］陈宗明.符号世界［M］.武汉：湖北人民出版社，2004.

［57］黄华新，陈宗明.符号学导论［M］.郑州：河南人民出版社，2004.

［58］刘家魁.刘家魁叙事诗选［M］.长春：时代文艺出版社，2004.

［59］孙隆基.历史学家的经线：历史心理学文集［M］.桂林：广西师范大学出版社，2004.

［60］刘东.中国学术：第25辑［M］.北京：商务印书馆，2004.

［61］谢冕，等.百年中国新诗史略［M］.北京：北京大学出版社，2005.

［62］赵汀阳.天下体系：世界制度哲学导论［M］.南京：江苏教育出版社，2005.

［63］王寅.认知语言学探索［M］.重庆：重庆出版社，2005.

［64］牟宗三.生命的学问［M］.桂林：广西师范大学出版社，2005.

［65］安德森.想象的共同体：民族主义的起源与散布［M］.吴叡人，译.上海：上海世纪出版集团，2005.

［66］石云孙.修辞纵横［M］.合肥：安徽大学出版社，2005.

［67］穆旦.穆旦诗文集：第2卷［M］.北京：人民文学出版社，2006.

［68］陈望道.修辞学发凡［M］.上海：上海世纪出版集团，2006.

［69］中国当代名诗人选集丛书［M］.北京：人民文学出版社，2006.

［70］埃科.符号学与语言哲学［M］.王天清，译.天津：百花文艺出版社，2006.

［71］吴礼权.现代汉语修辞学［M］.上海：复旦大学出版社，2006.

［72］纪玉华.跨文化交际研究和教育中的批评性话语分析［M］.厦

门：厦门大学出版社，2007.

　　［73］王寅.认知语言学［M］.上海：上海外语教育出版社，2007.

　　［74］福柯.知识考古学［M］.谢强，马月，译.北京：生活·读书·新知三联书店，2007.

　　［75］礼记［M］.北京：中华书局，2007.

　　［76］孟子［M］.北京：中华书局，2007.

　　［77］孝经［M］.北京：中华书局，2007.

　　［78］冯天瑜，刘建辉，聂长顺.语义的文化变迁［M］.武汉：武汉大学出版社，2007.

　　［79］朱滢.文化与自我［M］.北京：北京师范大学出版社，2007.

　　［80］束定芳.认知语义学［M］.上海：上海外语教育出版社，2008.

　　［81］臧棣.千高原诗丛［M］.北京：世界知识出版社，2008.

　　［82］费孝通.乡土中国［M］.北京：人民出版社，2008.

　　［83］高昌.公木传［M］.广州：广东人民出版社，2008.

　　［84］陈庆勋.艾略特诗歌隐喻研究［M］.上海：上海人民出版社，2008.

　　［85］西渡.灵魂的未来［M］.开封：河南大学出版社，2009.

　　［86］徐慈华.选择与适应：汉语隐喻的语用综观研究［M］.北京：中国社会科学出版社，2009.

　　［87］温格瑞尔，施密特.认知语言学导论：第2版［M］.彭利贞，许国萍，赵微，译.上海：复旦大学出版社，2009.

　　［88］王国轩，王秀梅.孔子家语［M］.北京：中华书局，2009.

二、英文文献

　　［1］ZIPF G K. Human behavior and the principle of least effort［M］.New York：Hafner，1965.

　　［2］MACCORMAC E R. Metaphor and myth in science and religion

［M］. Durham： Duke University Press， 1976.

［3］DIJK T A V. Text and context： explorations in the semantic and pragmatics of discourse［M］. London： Longman， 1977.

［4］LAKOFF G， JOHNSON M. Metaphors we live by［M］. Chicago： The University of Chicago Press， 2003.

［5］JACKENDOFF R S. Semantics and cognition［M］. Cambridge and Massachusetts： The MIT Press， 1985.

［6］FAUCONNIER G. Mental spaces［M］. Massachusetts： The MIT Press， 1985.

［7］LANGACKER R W. Foundations of cognitive grammar： theoretical prerequisites［M］. Stanford： Stanford University Press， 1987.

［8］KITTAY E F. Metaphor： its cognitive force and linguistic structure［M］. Oxford： Clarendon Press， 1987.

［9］LAKOFF G， TURNER M. More than cool reason： a field guide to poetic metaphor［M］. Chicago： The University of Chicago Press， 1989.

［10］TURNER M. Reading minds： the study of English in the age of cognitive science［M］. New Jersey： Princeton University Press， 1991.

［11］TUSR R. Toward a theory of cognitive poetics［M］. Tel Aviv： the Katz Research Institute for Hebrew Literature， 1992.

［12］LAKOFF G. The contemporary theory of metaphor［C］// ORTONY A. Metaphor and thought. Cambridge： Cambridge University Press， 1993.

［13］SCHON D. Generative metaphor： a perspective on problem-setting in social police［C］//ORTONY A. Metaphor and thought. Cambridge and New York： Cambridge University Press， 1993： 137-163.

［14］GIBBS R W. The poetics of mind： figurative thought， language， and understanding［M］. Cambridge： Cambridge University， 1994.

［15］TURNER M. The literary mind［M］. New York and Oxford：Oxford University Press，1996.

［16］LAKOFF G. Moral politics：what conservatives know that liberals don't［M］. Chicago and London：The University of Chicago Press，1997.

［17］GIBBS R W. Taking metaphor out of our heads and putting it into the cultural world［M］//GIBBS R W，STEEN G J. Metaphor in cognitive linguistics：selected papers from the 5th international cognitive linguistics conference. Amsterdam and Philadelphia：John Benjamins Publishing Company，1997：146-153.

［18］GOATLY A.The Language of metaphors［M］. London and New York：Routledge，1997.

［19］GRADY J E. A typology of motivation for conceptual metaphor：correlation vs resemblance［M］//GIBBS R W，STEEN G J. Metaphor in cognitive linguistics：selected papers from the 5th international cognitive linguistics conference. Amsterdam and Philadelphia：John Benjamins Publishing Company，1997：79-100.

［20］MARKUS H R，et al. Selfway：diversity in modes of cultural participation［M］//NEISSER U，et al. The conceptual self in context：culture，experience，self-understanding. Cambridge：Cambridge University Press，1997：13-61.

［21］BALKIN J M. Cultural software：a theory of ideology［M］. New Heaven：Yale University Press，1998.

［22］CARPENTER M，NAGELL K，TOMASELLO M. Social cognition，joint attention and communicative competence from 9 to 15 months of age：monographs of the society for research in child development［M］. Chicago：The University of Chicago Press，1998.

［23］KATZ A. Figurative language and figurative thought［C］//KATZ A

N，CACCIARI C，GIBBS R W，et al. Figurative language and thought. New York and Oxford：Oxford University Press，1998：3-43.

［24］CAMERON L，LOW G. Researching and applying metaphor［M］. Cambridge：Cambridge University Press，1999.

［25］EMMOTT C. Embodied in a constructed world：narrative processing，knowledge representation，and indirect anaphora［C］// VAN HOEK K. Discourse studies in cognitive linguistics. Amsterdam：John Benjamins Publishing Company，1999：5-27.

［26］GRADY J，et al. Blending and metaphor［M］//GIBBS R W， STEEN G J. Metaphor in cognitive linguistics：selected papers from the 5th international cognitive linguistics conference. Amsterdam and Philadelphia： John Benjamins Publishing Company，1997.

［27］GLUCKSBERG S，MCGLONE M. When love is not a journey： what metaphors mean［J］. Journal of pragmatics，1999（31）：1542-1543.

［28］BARCELONA A. Metaphor and metonymy at the crossroads［M］. Berlin and New York：Moulton de Gruyter，2000.

［29］GLUCKSBERG S. Understanding figurative language：from metaphors to idioms［M］. New York and Oxford：Oxford University Press， 2001.

［30］STOCKWELL P. Cognitive poetics：an introduction［M］. London and New York：Routledge，2002.

［31］FAUCONNIER G，TURNER M. The way we think：conceptual blending and the mind's hidden complexities［M］. New York：Basic Books， 2002.

［32］TSUR R. Aspects of cognitive poetics［C］//SEMINO E，CULPEPER J，Cognitive stylistics：language and cognition in text analysis. Amsterdam： John Benjamins Publishing Company，2002：279-318.

［33］GAVINS J，STEEN G. Cognitive poetics in practice ［M］. London and New York：Routledge，2003.

［34］STEEN G，GAVINS J. Contextualising cognitive poetics ［M］// GAVINS J，STEEN G. Cognitive poetics in practice. London and New York：Routledge，2003：1-12.

［35］CRISP P. Conceptual metaphor and its expressions ［M］//GAVINS J，STEEN G. Cognitive poetics in practice. London and New York：Routledge，2003：99-113.

［36］CHARTERIS-BLACK J. Corpus approaches to critical metaphor analysis ［M］. New York：Palgrave Macmillan，2004.

［37］CROFT W，CRUSE D A. Cognitive linguistics ［M］. Cambridge：Cambridge University Press，2004.

［38］HIRAGE M K. Metaphor and iconicity：a cognitive approach to analysing texts ［M］. New York：Palgrave Macmillan，2004.

［39］BARR D J，KEYSAR B. Making sense of how we make sense：the paradox of egocentrism in language use ［C］//COLSTON H L，KATZ A N. Figurative language comprehension：social and cultural influences. Mahwah and New Jersey：Lawrence Erlbaum Associates Publishers，2005.

［40］CERVEL M S P，et al. Cognitive linguistics：internal dynamics and interdisciplinary interaction ［M］. Berlin and New York：Mouton de Gruyter，2005.

［41］KÖVECSES Z. Metaphor in culture：universality and variation ［M］. Cambridge：Cambridge University Press，2005.

［42］FREEMAN M. The fall of the wall between literary studies and linguistics：cognitive poetics in cognitive linguistics ［C］//KRISTIANSEN G. et al. Current applications and future perspectives. Berlin and New York：Mouton de Gruyter，2006：403-430.

［43］RITCHIE L D. Context and connection in metaphor［M］. London:
Palgrave Macmillan, 2006.

［44］ZUNSHINE L. Why we read fiction: theory of mind and the novel
［M］. Columbus: Ohio State University Press, 2006.

［45］MORENO R E V. Creativity and convention: the pragmatics
of everyday figurative speech［M］. Amsterdam and Philadelphia: John
Benjamins Publishing Company, 2007.

［46］ZUNSHINE L. Strange concepts and the stories they make possible:
cognition, culture, narrative［M］. Baltimore: The Johns Hopkins
University Press, 2008.

［47］DIJK T A V. Discourse and context: a sociocognitive approach［M］.
Cambridge: Cambridge University Press, 2008.

［48］NERLICH B. Metaphors wanted, dead or alive［C］//FRASER B,
TURNER K. Language in life and live in language: jacob mey-a festschrift.
Leeds: Emerald Group Publishing Limited, 2009: 313-318.

［49］MORAVCSIK E A. Partonomic structures in syntax［C］//EVANS
V, POURCEL S. New directions in cognitive linguistics. Amsterdam and
Philadelphia: John Benjamins Publishing Company, 2009: 269-285.

［50］GIBBS R. Studying metaphor in discourse: some lessons,
challenges and new data［C］//MUSOLFF A, ZINKEN J. Metaphor and
discourse. Basingstoke: Palgrave Macmillan, 2009: 251-261.

［51］CROFT W. Towards social cognitive linguistics［C］//EVANS
V, POURCEL S. New directions in cognitive linguistics. Amsterdam and
Philadelphia: John Benjamins Publishing Company, 2009: 395-420.

［52］WOJCIK-LEESE E. Cognitive poetic readings in Elizabeth Bishop
［M］. Berlin and Boston: De Gruyter Mouton, 2010.

［53］KÖVECSES Z. Metaphor: a practical introduction［M］.2nd. New
York and Oxford: Oxford University Press, 2010.

[54] ZINKEN J. Discourse metaphors: The link between figurative language and habitual analogies [EB/OL]. [2010-10-09]. http://scholar.google.com.hk/scholar?cluster=17787120507094679972&hl=zh-CN&as_sdt=0,5.

[55] BOULDING K E. National images and international systems [J]. Journal of Conflict Resolution, 1959, 3 (2): 120-131.

[56] LAKOFF G. Metaphor and war: the metaphor system used to justify war in the gulf [J]. Peace research, 1991, 23 (2-3): 25-32.

[57] MIALL D S, KUIKEN D. Beyond text theory: understanding literary response [J]. Discourse processes, 1994 (17): 337-352.

[58] DEANE P. Metaphors of center and periphery in Yeats' the second coming [J]. Journal of pragmatics, 1995 (6): 627-642.

[59] MURPHY G. On metaphoric representation [J]. Cognition, 1996 (60): 173-204.

[60] MUSOLFF A. Political imagery of Europe: a house without exit doors? [J]. Journal of multilingual and multicultural development, 2000, 21 (3): 216-219.

[61] HONG Y, et al. Cultural identity and dynamic construction of the self: collective duties and individual rights in Chinese and American cultures [J]. Social cognition, 2001, 19 (3): 251-268.

[62] PARIS R. Kosovo and the metaphor war [J]. Political science quarterly, 2002 (3): 423-450.

[63] LULE J. War and its metaphors: news language and the prelude to War in Iraq, 2003 [J]. Journalism studies, 2004 (2): 179-190.

[64] KESHAVARZ F, GHASSEMZADEH H. Life as a stream and the psychology of 'moment' in Hafiz'verse: application of the blending theory [J]. Journal of pragmatics, 2008 (40): 1781-1798.

附 录

论隐喻的辐射空间及其现代变迁

——从鲁迅《野草·墓碣文》中的"蛇"谈起 *

　　隐喻是认知语言学领域的一个重要问题。概念整合理论是隐喻理论发展的最新阶段。该理论认为，心理空间是人类普遍的认知机制，它指的是我们"在思考和说话时，为了完成当下的理解和行动，而建构的概念集"[①]。一个新的概念的合成至少涉及四个心理空间，包括至少两个输入空间、一个合成空间和一个类属空间（generic space）；它们基本的运行机制是在若干个输入空间之间建立部分匹配，输入空间中的元素有选择地投射到一个新的"合成"心理空间，这个合成是一个动态、在线过程，并在整合过程中生成一个新显结构（emergent structure），新显结构的生成意味着新概念的诞生。

---

　　*　本文曾刊发于2011年《浙江社会科学》第2期。

　　①　FAUCONNIER G，TURNER M. The way we think：conceptual blending and the mind's hidden complexities［M］. New York：Basic Books，2002：102.

作为一种"跨越概念域的系统映射"①，隐喻普遍存在于各种文本和日常语言中，因此不少认知语言学家利用文学语料来论证隐喻理论，同时，也有许多认知诗学的研究者利用认知语言学的最新成果来分析文学作品。但是，我国的文学研究者在分析文学文本中的隐喻时，却较少地利用认知隐喻的最新研究成果，这不得不说是一个遗憾。著名的认知诗学专家、认知语言学家弗里曼（M. Freeman）指出，概念整合理论明确了我们在创作和解读文学文本时所使用的概念工具。本书尝试用概念整合理论，来厘清鲁迅的散文诗《墓碣文》中的蛇隐喻是如何生成的，并在此基础上，进一步梳理"蛇"隐喻的现代变迁。

一、《野草·墓碣文》中蛇隐喻的合成

鲁迅在《野草·墓碣文》中有一段令人震慑的情节："有一游魂，化为长蛇，口有毒牙。不以啮人，自啮其身，终以殒颠……抉心自食，欲知本味。创痛酷烈，本味何能知？……痛定之后，徐徐食之。然其心已陈旧，本味又何由知？"这个令人惊悚的情节，常常被研究者视为关乎现代中国知识分子主体处境的著名隐喻。在这条正在吃自己、欲知其味的蛇身上，饱含着自我分裂的痛苦、残酷和反抗绝望的精神。鲁迅以蛇比喻内心混乱、分裂和痛苦的那个"我"，决绝地映射了现代中国艰难诞生过程中最为黯然销魂的心灵面目。我们要追问的是，鲁迅从哪里获得这个惊人的隐喻？说起来很有意思，鲁迅属蛇，他的不少作品表明他对于蛇的敏感。小说集《彷徨》的"彷徨"之名，便是古时对蛇的称谓。"彷徨"一语出自《庄子·达生》："野有彷徨，泽有委蛇。"成玄英疏"彷徨"为："其状如蛇，两头五彩。"②鲁迅心中的"彷徨"，是如何升华为《墓碣文》里的蛇呢？

诚如哈罗德·布鲁姆（Harold Bloom）说的："正当的高雅文学依靠比

① LAKOFF G. The contemporary theory of metaphor[C]//ORTONY A. Metaphor and thought. Cambridge: Cambridge University Press, 1993: 203.

② 郭象.南华真经注疏：下册［M］.成玄英，疏.北京：中华书局，1998: 376.

喻——不但是对词汇本义的转换，而且还对先有喻义作转换。"①每个杰出的隐喻，都在无数已有的杰作中杀出自己的生路，甚至修改了它所生长的原有秩序。下面，我们将根据概念整合理论的分析框架，来——分析其中的输入空间。

《墓碣文》中的蛇隐喻是一个较为复杂、意义深刻的隐喻，它至少和奥博利·比亚兹莱（Aubrey Beardsley）的画作《蛇》、波德莱尔（Baudelaire）的诗歌、中国民间故事《白蛇传》等三个输入空间形成映射。

鲁迅喜爱的插图画家比亚兹莱就有一幅著名的作品《蛇》。1929年4月，鲁迅曾自费在中国出版《比亚兹莱画选》，并写了一篇小引，表达了他对比亚兹莱的热爱，小引中的话似可帮助我们理解《墓碣文》中蛇的形象：

> 比亚兹莱是个讽刺家，他只能如Baudelaire描写地狱，没有指出一点现代的天堂底反映。这是因为他爱美而美的堕落才困制他；这是因为他如此极端地自觉美德而败德才有取得之理由。有时他的作品达到纯粹的美，但这是恶魔的美，而常有罪恶底自觉，罪恶首受美而变形又复被美所暴露。
>
> 比亚兹莱不是印象主义者，如Manet或Renoir，画他所"看见"的事物；他不是幻想家，如William Blake，画他所"梦想"的事物；他是个有理智的人，如George Frederick Watts，画他所"思想"的事物。虽然无日不和药炉为伴，他还能驾御神经和情感。他的理智是如此的强健。②

据研究者对照，小引中这些话，大多编译至Arthur Symons和Holbrook Jackson的文章③。文摘的选择，亦足见其卓识。当时直接受比亚兹莱画作

---

① 布鲁姆.影响的焦虑：一种诗歌理论［M］.徐文博，译.南京：江苏教育出版社，2006：10.
② 鲁迅.鲁迅全集：第7卷［M］.北京：人民文学出版社，2005：356-357.
③ 徐霞."比亚兹莱"的中国旅程：鲁迅编《比亚兹莱画选》有关文化、翻译、艺术的问题［J］.鲁迅研究月刊，2010（7）：4-24.

《蛇》影响的人还有诗人冯至。据他晚年回忆，早年的诗作《蛇》受过比亚兹莱此作的启发："画上是一条蛇，尾部盘在地上，身躯直立，头部上仰，口中衔着一朵花。"① 这位流星般英年早逝的画家，在中国现代文坛曾激起不小的回荡。郭沫若、郁达夫、田汉、梁实秋、邵洵美、闻一多、叶灵凤等风流人物都曾表达过对他的喜爱。

鲁迅小引中的文摘很有眼光，也很巧合。因为蛇也是波德莱尔喜爱的意象，他许多首诗中都出现过。比如，在《恶之花》的序诗《告读者》中，波德莱尔说："我们罪孽的动物园污秽不堪，有豺、豹子……还有毒蛇。"② 在《祝福》中，更是将诗人比作毒蛇：

当至高无上的十能天神命令，

诗人在这厌倦的世界上出现，

他的母亲惊恐万分，骂不绝声，

对着怜悯她的上帝握紧双拳：

"啊我宁愿生下的是一团毒蛇，

也不愿喂养这招人耻笑的东西！

真该诅咒那片刻欢愉的一夜，

我腹中开始孕育我的赎罪祭礼！"③

鲁迅也喜欢波德莱尔，而且《墓碣文》里明确地作为自我的隐喻的蛇形象，似乎更具有波德莱尔气息。④ 波德莱尔将蛇的恶毒、美丽、诱惑、

① 冯至.外来的养分［C］//立斜阳集.北京：工人出版社，1989：183-200.
② 波德莱尔.恶之花［M］.郭宏安，译评.桂林：漓江出版社，1992：4.
③ 波德莱尔.恶之花［M］.郭宏安，译评.桂林：漓江出版社，1992：6.
④ 波德莱尔之后，法国诗人瓦雷里（Paul Valery）也几次写到蛇，他是以《圣经》中的伊甸园为原型的。在《蛇灵诗草》一诗中，蛇一直在引诱夏娃堕落。长诗《年轻的命运女神》里，也写了一少妇，在星空下的海滨上，她被梦中的一条蛇咬伤，回首贞洁岁月，她想抵抗肉欲的最后诱惑，但是终被荡人的春气所陶醉。在诗歌翻译家罗洛译的《蛇》中，以如下杰出的句子描绘了蛇的处境："永恒的困惑，他的终点。"凭鲁迅对西方文学的阅读视野，他很有可能读到过这些作品。

游移和在人间的多余感，都主体化为诗人的现代宿命，他在另一首诗中写道："看你走得袅袅娜娜，美人好懒散，人们都说是条蛇，棒端舞翩跹。"①

波德莱尔将蛇比喻为美丽的女性，承接了一个穿越欧亚大陆的曲折而久远的著名比喻。它在中国的分支，就是白蛇。鲁迅所出生的浙江，正是这个故事的发生地。《论雷峰塔的倒掉》里鲁迅回忆了祖母给他讲过的《白蛇传》的故事。《伤逝》里说："有时，仿佛看见那生路就像一条灰白的长蛇，自己蜿蜒地向我奔来。"这种感觉很像诗人艾略特"道路是一段灰心"之类的句子。在《从百草园到三味书屋》里，鲁迅深情地回忆了儿时听闻的蛇：

> 先前，有一个读书人住在古庙里用功，晚间，在院子里纳凉的时候，突然听到有人在叫他。答应着，四面看时，却见一个美女的脸露在墙头上，向他一笑，隐去了。他很高兴；但竟给那走来夜谈的老和尚识破了机关。说他脸上有些妖气，一定遇见"美女蛇"了；这是人首蛇身的怪物，能唤人名，倘一答应，夜间便要来吃这人的肉的。他自然吓得要死，而那老和尚却道无妨，给他一个小盒子，说只要放在枕边，便可高枕而卧。他虽然照样办，却总是睡不着——当然睡不着的。到半夜，果然来了，沙沙沙！门外像是风雨声。他正抖作一团时，却听得豁的一声，一道金光从枕边飞出，外面便什么声音也没有了，那金光也就飞回来，敛在盒子里。后来呢？后来，老和尚说，这是飞蜈蚣，它能吸蛇的脑髓，美女蛇就被它治死了。②

这些描写，足见鲁迅对蛇作为诱惑的隐喻的深刻体验。鲁迅追忆的，大抵都是江浙乡间的传说白蛇故事，它们与现在广为流传的白蛇故事略微有异。大概也可以说，少年鲁迅尚不能理解她被赋予的冲破束缚的意义，

---

① 波德莱尔.恶之花［M］.郭宏安，译评.桂林：漓江出版社，1992：50.
② 鲁迅.朝花夕拾［M］.北京：人民文学出版社，2009：47-48.

只是把美女蛇作为诱惑来接受。追求爱情自由的象征意义——这层象征意义的获得和被广为接受，是比较晚近的事。比如，许多学者都认为，《看山合雷峰塔》《白蛇精记雷峰塔》《义妖传》，是白蛇作为女性"革命者"形象的明确开始，这个形象被后来长期占主流的革命话语所充实。

通过上述线索至少可以看出，作为现代汉语文学抒情主体的象征，"蛇"的诞生和成熟，是中西文化概念整合和新生的结果。中国本土的白蛇形象、西方文学和艺术中的蛇意象以及鲁迅笔下的蛇形象，形成了一个复杂的概念整合网络，简示如图附 1-1。

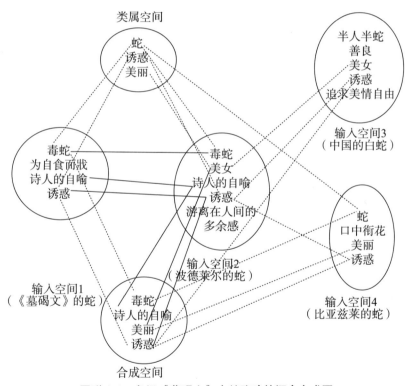

图附 1-1　鲁迅《墓碣文》中蛇隐喻的概念合成图

二、美女—蛇—诗人的联结

在上述整合过程中，我们可以看两个与蛇有关的联结：美女—蛇—诗人。认知心理学家杰罗姆·赛默尔·布鲁纳（Jerome Seymour Bruner）曾说，隐喻的有效性产生于经验领域的联结。而创造性隐喻，则是因为某种新的联结让我们遭遇认知冲击，即从新的角度来安排事物在我们思维中的秩序。[①]那么，上述两个关于蛇的有力隐喻中所建立的秩序分别从哪里来？

先说鲁迅和波德莱尔笔下都出现过的美女蛇形象。日本学者厨川白村在《西洋的〈蛇性之淫〉》一文中最早指出，《白蛇传》和济慈诗作《拉弥亚》的相似，由此猜测这个故事最早的源头在印度，后来分为两支，分别传到希腊和东方[②]。杨宪益先生也认为这个故事原非中国本土所有："这段故事在南宋杭州广为流传，实际上它却是个外来的故事，并不是起源于南宋的杭州……这个故事传到中国大概是唐宋时期的事。杭州当时是中外通商的一个中心，故事大概就是近东方面的水手或商人传过来的。"[③]丁乃通先生的考证最为细致。他通过极其详细的辨析后认为，希腊、西欧和中国流传的美女蛇故事，其实是同一个故事的异文；其大致流传路线是，从南亚地区传入希腊，再传入欧洲各国和中国。[④]

厨川白村和丁乃通的文章中，都提到了拉弥亚故事和济慈以此为题材写的诗，他们都以充分的证据指出济慈的素材来自16世纪英国牧师罗伯特·伯顿的名作《忧郁的剖析》（文艺复兴之后，欧洲许多文艺家都钟爱此书中的希腊气息）中讲述的故事：25岁的迈尼普斯里修斯在路上邂逅一位自称出生于腓尼基美妇人。她带他到郊外的家里，说若他愿跟她在一起，就可自由地听她演唱，饮稀世美酒。美丽的她也愿与他生死与共。他是位哲学家，向以稳重谨慎、克制激情著称，但这回却克制不住了，决定与她结婚。婚礼上，他的老师阿波罗尼奥斯也来了。他发现，她是个半人

---

① 布鲁纳.论左手性思维：直觉能力、情感和自发性［M］.彭正梅，译.上海：上海人民出版社，2004：21.

② 厨川白村.走向十字街头［M］.绿蕉，大杰，译.上海：启智书局，1935：50.

③ 杨宪益.去日苦多［M］.青岛：青岛出版社，2009：284-285.许多文学研究者都将唐传奇《李黄》作为美女蛇故事在中国的重要开始，因为其中的蛇较早地与女性诱惑者结合。参见李昉，等.太平广记：卷四五八［M］.北京：中华书局，1961.

④ 丁乃通.高僧与蛇女：东西方"白蛇传"型故事比较研究［C］//中西叙事文学比较研究.陈建宪，黄永林，李扬，等译.武汉：华中师范大学出版社，2005：1-60.

半蛇的女妖，眼前奢华的一切，都不是实物，而是幻象。发觉自己被看穿后，她便哭起来，请求阿波罗尼奥斯别出声。但阿波罗尼奥斯不为所动，当众说出真相。于是，她和她的一切立即就消失了①。这个故事原出自菲洛斯特拉托斯。丁乃通先生指出，菲洛斯特拉托斯大概生活在3世纪的古希腊，其著作《阿波罗尼奥斯传》中写的阿波罗尼奥斯（Apollonius），是受印度哲学影响的毕达格拉斯学派哲人，曾先后东游波斯和印度。而印度佛教中诸如"蛇化人身""蛇化美女"的故事不少。如《诸佛菩萨变现》："彼为魔女，乃化蛇身，皎艳明丽，以色杀人。"②

当然，许多研究者也已经注意到，在中国先唐时期关于蛇的文献中，尤其是上古神话故事中，也已经有许多人与蛇混合的形象。比如，伏羲与女娲是人首蛇身，共工是赤发人面蛇身，其手下相柳也是九首人面蛇身，烛龙是人面蛇身。但与蛇之间有关系的女性，大概只有女娲，只是女娲与诱惑似无关联。不过蛇作为诱惑者的故事倒是有的，但都是男性诱惑者。比如在两则传奇里：

> 颜回、子路共坐于夫子之门，有鬼魅求见孔子，其目若合，其形甚伟。子路失魄，口禁不得言。颜渊乃纳履杖剑，前卷握其腰，于是形化成蛇，即斩之。孔子出观，叹曰：勇者不惧，智者不惑，智者必有勇，勇者不必有智。（见梁代殷芸《小说》）③

> 晋太元中，士人有嫁女于近村者，至时，夫家遣人来迎。女家好发遣，又令女弟送之。既至，重门叠阁，拟于王侯，廊柱下有灯火，一婢子严妆直守。后房帷帐甚美。至夜，女抱乳母涕泣，而口不得言，乳母密于帐中以手潜摸之，得一蛇如数围柱，

① BURTON R. The anatomy of melancholy［M］. Charleston and South Carolina：Nabu Press，2010：7-8.
② 丁乃通.高僧与蛇女：东西方"白蛇传"型故事比较研究［C］//中西叙事文学比较研究.陈建宪，黄永林，李扬，等译.武汉：华中师范大学出版社，2005：1-60.
③ 李昉，等.太平广记：卷四五六［M］.北京：中华书局，1961.

缠其女，从足至胸。乳母惊走出柱下，守灯婢子悉是小蛇，灯火是蛇眼。（见东晋陶潜《续搜神记·太元士人》）

另外，在南方的动物知识谱系中，蛇可以作为蛊。隋代巢元方等撰《诸病源候论·蛊毒病诸候》里说："凡蛊毒有数种，皆是变惑之气"，"著蛊毒，面色青黄者，是蛇蛊。其脉洪壮，病发之时，腹内热闷，胸胁支满，舌本胀强，不喜言语，身体恒痛。又心腹似如虫行，颜色赤，唇口干燥，经年不治，肝膈烂而死"。[①]这里也是将蛇作为毒和诱惑的象征来描写的。类似的材料肯定还有不少。

根据外来和本土的线索，至少可以说，最晚在唐宋时期，中国本土的蛇的隐喻与外来的蛇的隐喻发生了一次重要的整合，我们将其中最重要的《白蛇传》和《拉弥亚》之间的概念整合用图形表示如图附1-2所示。

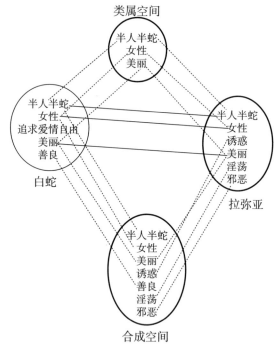

图附 1-2 《白蛇传》与《拉弥亚》中两个蛇形象的概念整合图

① 巢元方.诸病源候论［M］.刘晓峰，点校.北京：人民军医出版社，2006：268.

经过这样的梳理，我们可以说，鲁迅和波德莱尔笔下都出现过的美女蛇形象，确实有着相当的同源性。当然，经过多重意义转移，他们笔下的蛇更多的是作为现代诗人自身处境的隐喻。这就要追溯另一条更为直接的线索：将蛇作为诱惑的象征，并用来比喻诗或诗人，始于何时？有证据证明，这个隐喻很早就有了。

早在柏拉图《理想国》（卷10）中，就认为悲剧诗对于听众的心灵是一种毒素，除非他们有消毒剂，否则就应该保持警惕——看似与蛇作为诱惑的象征相关。而锡德尼《为诗一辩》里也将诗比喻为生下来就咬死父母的毒蛇。然而，蛇又有一种惊人的美——高乃依写道："是为了蛇的居所，上天才造就了这美妙的一堆吗？"①

到了20世纪，除了欧洲的作家和诗人，美国现代诗人和小说家戴维·赫伯特·劳伦斯（David Herbert Lawrence），也有一首著名的诗名为《蛇》。诗里再次写到人与蛇的遭遇，但这种遭遇不再是神话或传说式的，也不是梦魇式的，而是一种日常化的内心戏剧的表白：热天，有一条毒蛇溜进"我"的水槽喝水，"他从水槽抬起头来，就像一头牲口"。因自小受到的教育和文化熏陶，"我"犹疑地要将他打死，但又被毒蛇的美妙身姿深深地惊异：

> 因为在西西里，黑色的蛇是清白的，金色的
> 蛇是有毒的。
>
> 我身上的声音说，假若你是个男子汉，
> 你就该抓起棍棒，把他打断，把他打死。
>
> 但我必须承认，我非常喜欢他，
> 我格外高兴地看到他安静地来到这儿作客，

---

① 瓦雷里.瓦雷里诗歌全集［M］.葛雷，梁栋，译.北京：中国文学出版社，1996：43.

在我的水槽里喝水，然后平静地、温和地离开，

用不着道谢，回到大地躯体内其他燃烧的大肠中间。

……

我立刻感到懊悔。

我想到我的行动是多么粗暴，多么卑鄙！

我憎恨我自己，憎恨可恶的人类教育的声音。

我回想起了信天翁的故事。

我希望他能够回来，我的蛇呀。

因为我又觉得他像一个皇帝，

像一个流放中的皇帝，废黜到了地狱，

他一定会马上重新戴上皇冠。[①]

有意思的是，劳伦斯想起的"信天翁"，在塞缪尔·泰勒·柯勒律治（Samuel Taylor Coleridge）、波德莱尔等许多西方诗人笔下也是作为诗人的象征。如果是的话，那么他笔下的蛇，也像信天翁一样，可以说也是诗人和诗的隐喻。到当代汉语诗人西渡的长诗《蛇》中，蛇就直接地成为诗人灵魂困境及其表达的隐喻了："在苦恼中，他吞食着自身/一个永远解不开的自我之谜！"[②]

结　语

蛇是文学语篇中一个较为常见的源域。它和美女、诱惑、诗人的类比，构成了现代文学主体中的较为常见的隐喻。我们由上述梳理发现，在不同的文化语境里，蛇作为源域，向一系列的目标域辐射，形成了若干"同源异形"的隐喻。这些隐喻不断整合，又生成了新的隐喻，如此循环，

---

① 劳伦斯.劳伦斯诗选［M］.吴笛，译.桂林：漓江出版社，1988.

② 西渡.草之家［M］.北京：新世界出版社，2002：75.

构成了文学语篇中非常重要的一部分，也不断激发人们对于诱惑和心灵处境的灵感与联想。

　　赞肯在分析了大量的关于政治、健康等公共话题的语篇后，提出"语篇隐喻"这一概念："在某一段时间内、某类语篇里较为固定的隐喻性映射，有重要的结构性功能。"①但他分析的语料范围没有涵盖文学语篇。联系以上的梳理，我们完全可以借用这个概念，来指称、分析文学语篇中类似的语言现象。一个成功的语篇隐喻，能够在一段时间和较为广泛的语篇内得到共鸣。赞肯认为，语篇隐喻具有长时间的稳定性，但也会因时而变。蛇跨越时空和文化的隐喻可印证这一点。它的主体在各国文学主体中比较稳定，但也在不断变化，进入中国后尤然，白蛇故事的演变就是例证。到了鲁迅《墓碣文》等现代文学语篇里，尤其有深刻的变化，但是，如果我们脱开具体语境，按照概念整合和语篇隐喻的思路来看，蛇的隐喻似乎没有太大变化。

---

① ZINKEN J，el al. Discourse metaphor［C］//FRANK R，et al. Body language and mind volume 2：sociocultural stuatedness. Berlin and New York：Mouton de Gruyter，2008：363-385.

语文教学与语言体验 *

　　语文课程与教学的进步发展，始终离不开语言学、文艺学、教育学、心理学等的支撑和滋养；在这一过程中，既有上述诸学科学者的介入，也有语文教学工作者的主动追求。比如，我们曾经认为"文字为声音的符号"[①]，因而得出结论说："听说读写四个字中间，说最为基本，说的工夫差不多了，听读写三项就差不多了。"[②]这一认识上的局限显然受到语言学当年所谓"语音中心主义"的影响，后来随着语言学的发展，语文课程与教学也随之突破了这一局限，向前进了一大步。

　　对基础教育语文课程基本目的、任务的认识，数十年来我们既有坚守，又有突破；既有继承，又有扬弃。1955年的《小学语文教学大纲草案（初稿）》提出："小学语文科的基本任务是发展儿童语言——提高儿童理解语言和运用语言的能力。"后来发展演变为"培养学生正确理解和运用祖国的语言文字的能力"。过去把语言的理解与运用分成两件事，现在如

　　＊　　本文曾刊发于2010年《课程·教材·教法》10月刊，与王尚文合作。

　　①　叶绍钧.小学国文教授的诸问题［C］//顾黄初，李杏保.二十世纪前期中国语文教育论集.成都：四川教育出版社，1991：170-171.

　　②　叶圣陶.叶圣陶论语文教育［M］.郑州：河南教育出版社，1986：144.

实地看成为一个紧密联系、有机统一的过程，确实是一大进步。

笔者认为，重视语言文字的"理解与运用"当然是正确的、必要的，但还不够，必须充分重视"语言体验"。索绪尔在《普通语言学教程》中指出："我们建议保留用'符号'这个词表示整体，用所指和能指分别代替'概念'和'音响形象'。"[①]与此对应，在语文教学中，教师引导学生去"理解"文本或语词所标示的"概念"，即理解语词的所谓意义，这固然是正确的做法；然而，与"概念"对应的"理解"，并不能包括、取代"体验"，二者之间需要甄别。其实，现代符号学的另一位奠基人皮尔斯提出的"符号三角"，对我们甄别"理解"与"体验"，在语文教学中同时注重"理解"与"体验"，更有全面的启示作用。

所谓符号三角是"符形""符释""对象"的三位一体。符形是指某种"对某人来说，在某一方面或以某种能力代表某一事物的东西"[②]，类似索绪尔的"能指"；"符释"是指符号使用者对符号形体所传达的关于符号对象的讯息、意义，与索绪尔的"所指"有所交集；"对象"就是符号形体所代表的"某一事物"[③]。符形之于对象存在指称关系；符形之于符释存在意指关系。具体如图附2-1所示。

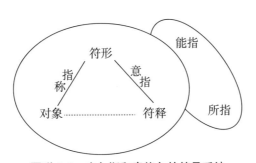

图附 2-1　皮尔斯和索绪尔的符号系统

① 索绪尔.普通语言学教程［M］.高名凯，译.北京：商务印书馆，1980：102.
② 涂纪亮.皮尔斯文选［M］.涂纪亮，周兆平，译.北京：社会科学文献出版社，2006：227.
③ 涂纪亮.皮尔斯文选［M］.涂纪亮，周兆平，译.北京：社会科学文献出版社，2006：227.

需要指出的是，索绪尔对能指及所指的界定是相对封闭的，因为他不仅排除了主体在意义产生中的能动作用，而且使意义的生成脱离了对象世界。"与索绪尔不同，皮尔斯不但肯定了外部世界的存在，将符号对象引入符号三角，而且认为符号意义是在认知主体与外部世界的相互作用中产生的。此外，皮尔斯的符号学原理还关心产生意义的生活背景，而不仅仅停留于符号本身。"① 显然，"符释"的含义要比"所指"更为宽泛、灵活，是一个充满可能性的界定。皮尔斯曾特别指出，符释"不只是一词项的意义"②；意大利著名符号学家艾柯认为，符释是"一种情绪联想，它具有一定的引申意义"③；黄华新教授认为，符释"还应当包括人们能够表达或不能表达的复杂的情感"④。既然符释也包括情绪、情感，那么仅仅"理解"是不够的，还需要去"体验"。"理解"指的是理解既有语词的"文化性"，而"体验"，则是针对语言蕴涵的主体性，甚至是通过语言唤醒自我的主体意识。因此，在语文教学中，教师不仅需要引导学生理解文本或语词的文化内涵，还需要教会他们以自己的主体性去"体验"其中鲜活的"情绪联想、引申意义"。《庄子·天道》中有一段轮扁与桓公之间的对话则生动地表达了语言学习中"体验"的重要性：

> 桓公读书于堂上。轮扁斲轮于堂下，释椎凿而上，问桓公曰："敢问，公之所读者何言邪？"
>
> 公曰："圣人之言也。"
>
> 曰："圣人在乎？"
>
> 公曰："已死矣。"
>
> 曰："然则君之所读者，古人之糟魄已夫！"
>
> 桓公曰："寡人读书，轮人安得议乎！有说则可，无说则死。"

---

① 丁尔苏.语言的符号性［M］.北京：外语教学与研究出版社，2000：59-60.
② 转引自李幼蒸.理论符号学导论［M］.北京：中国人民大学出版社，2007：569.
③ ECO U. A theory of semiotics［M］. Bloomington：Indiana University Press，1976：70.
④ 黄华新，陈宗明.符号学导论［M］.郑州：河南人民出版社，2004：139.

　　　　轮扁曰："臣也以臣之事观之。斵轮，徐则甘而不固，疾则苦而不入。不徐不疾，得之于手而应于心，口不能言，有数存焉于其间。臣不能以喻臣之子，臣之子亦不能受之于臣，是以行年七十而老斵轮。古之人与其不可传也死矣，然则君之所读者，古人之糟魄已夫！"

　　庄子通过轮扁来自实践的个人真切感受，生动地强调了"体验"在文本或语词学习中的重要性，也就是说，没有对语言的"体验"，任何"理解"都容易流于片面。面对同一个文本或语词作为文化浓缩的概念性意义空间，不同的个体可以通过"理解"而获得其公约性的"意义"，但它们与每一个学习者之间形成的个体化内涵，则唯有"体验"才能获得。尤其是对于语文教学中的文学文本，因为文学把语言的生命力、表现力发挥到极致。

　　一直以来，语文教学活动往往更多地关注文本或语词粗略的"概念"，有意无意地把它们的"意义"窄化了。日本学者浜田正秀认为："语言半是事物的代名词；半是精神和感情的代名词，它是介于事物同精神之间的一种媒介体。"① 这个论断简明干脆，但实际情形可能要复杂得多，因为即使是"事物的代名词"，它也可能具有丰富的文化积淀和浓厚的感情色彩。如"天安门"，我们不会、不能也不该只是把它当作客观实在的天安门的代码，而忽略了"天安门"这个词本身由久远的历史积淀下来的极其丰富生动的内涵。只把它看作这座门楼的代名词，难道不是我们汉语言教学的极大缺失吗？语言——词不仅仅是理解与运用的对象，同时也是体验的对象。因为语言，正如恩斯特·卡西尔所指出的，有不同的层次，"毋庸置疑，情感语言是语言最初和最基本的层次。人类语言行为中很大一部分仍然属于这部分……的确，即使在高度发展的理论语言中，它与情感表达这一初级元素之间的联系也没有完全割裂。几乎没有一个句子不带有某种情

---

① 浜田正秀.文艺学概论［M］.陈秋峰，等译.北京：中国戏剧出版社，1985：30.

感或情绪的色彩，虽然数学用语可能除外"①。而对于情感或情绪，只有通过"体验"才能把握。语言体验，是语言主体对语言本身情感或情绪色彩的感知、感受、感悟，既可作为动词，也可作为名词。换言之，"符形""符释"及其关系，既需要理解，也不能没有体验。比如，鲁迅先生的《记念刘和珍君》开头，"中华民国十五年三月二十五日"一句中的"中华民国"，如果我们只是着眼于它所标示的概念，无非就是指从清朝灭亡至新中国成立期间的国家名称和年号，整个词组无非就是告诉我们他参加刘和珍君追悼会的时间。但我们教学生学的是语文，而非历史或旁的什么；学生仅仅"理解"这些是远远不够的。作为语文教学，我们还要继续追问：一般情况下，记叙同年发生的事情并不需要标明年份或只说"今年"即可。但在这里，鲁迅先生为什么不写作"上月二十五日"或"今年三月二十五日"，而要郑重其事地写明"中华民国十五年"呢？鲁迅先生这样写显然隐含这样的意思和感情：都十五年过去了，"中华民国"居然还发生了这样的惨剧，还能算是"中华民国"吗？"中华民国"这个词，在鲁迅先生笔下倾泻着他的愤慨甚至绝望。甭说语词，就是标点有时也洋溢着丰富强烈的感情。如同篇文章中，"我没有亲见；听说，她，刘和珍君，那时是欣然前往的"。这一句子中的前一个逗号，似乎不用也可——网上查到的原文就真的给删了；但却绝对不能删去，有无这个逗号，神韵完全不同：无，节奏比较轻快；有，就显得十分凝重。从这个看似并不起眼的逗号，我们分明可以想见鲁迅先生是强忍着怎样的悲愤哽咽着断断续续写下这个句子的。语文教师理应启发、引导学生去"体验"附丽在"中华民国"这个词以及凝聚在那个逗号中的鲁迅先生的思想感情，而不只是僵冷的知识；也只有这样，我们才能够真正引导学生学习鲁迅先生如何运用语言文字的技能、技巧。

　　总之，比起"理解"，"体验"更能将语词的意蕴复原到我们的感觉层面上，从"体验"语言的生命感开始，把握语言，融入语言，这也是语文教学的真谛所在。正如美国学者富兰克林·福尔索姆说的那样：

---

① 卡西尔.人论 [M].李琛，译.北京：光明日报出版社，2009：27.

　　每一个词都像一只包缠得很仔细的盒子，等着人们去打开它——出声或不出声地念它。这时所有的结解开了，包皮脱落了，无数的意义便显露出来。

　　比方说，我对你说出"狗"这个词。设想的盖子被打开了，你的狗从里头跳了出来，什么样的狗呢？褐色的，或者白色的？有一条白狗，它就在你们这条街上。拐角那里另外有一条花点的、挺滑稽的狗。还有一种很神气的大狗——灵獒……还有两种比才狗，各不相同——一种是毛茸茸的爱斯基摩莱卡狗……还有一种是非常漂亮的俄国牧羊犬……也许，想象把你带到了那酷热的国度——墨西哥，那里有一种最丑陋的狗，样子像是被剥了皮似的……可是这些狗已习惯于不长毛……在灼热的阳光下这样要轻松些，凉快些……从语言的盒子里不断钻出狗——已经有上百种了。它们品种各异，大小有别，毛色不同，好坏都有。它们边吃边玩，效劳于人，捕捉野兽，帮助作战，照料小孩……狗多极了，房间已容不下，挤满院子。但它们都出自一个小盒——来自"狗"这个词。①

　　显然，词语并不是只装着相关概念的玻璃匣子，而是带有各种情绪、经验和记忆等的浓缩，它们不该是如同一位语言学家所比喻的，就像在不断的流通中被用烂了的纸币，其价值仅仅在于可以用来购物。应该通过教学过程来呈现独属于它自身的"个性"和价值。因为任何一个好的文本，都是一个鲜活的生命体，组成优秀文本的语词，就像一个个活泼的精灵伴着精彩妙曼的旋律起舞；而不是僵化死板的"所指"的玻璃匣子，虽然它们排列得整齐有序。

　　换一个角度说，正如维果茨基认为的，词语具有"客观意义"和"主

---

① 转引自鲁枢元.超越语言：文学言语学刍议［M］.北京：中国社会科学出版社，1990：198-199.

观涵义"两个层次，词语的"主观涵义"是词语在人的意识中所产生的全部心理事实的总和，其中包括主体的"爱好和需要""兴趣和动机""感觉和知觉""表象和记忆""意志和情绪"等，它们是混沌模糊的，却异常丰富。值得注意的是，词语只有在获得了感性的个人涵义而不是单纯作为"概念"存在的时候，它才能成为人类个体生命活动中的一个生气勃勃的细胞①，充满"生命的气息"。它们都是主体体验的对象，主体只有经由体验才能有所感知、感受、感悟。在维果茨基之后，列昂捷夫进一步指出："涵义不是由意义产生的，而是由生活产生的。"教育和教学的统一，在具体的心理学上是"涵义"与"意义"形成的统一。②泰戈尔认为教育的目的就是向人传递"生命的气息"。汪曾祺在《普通而又独特的语言》一文中举例说：

> 屠格涅夫的散文诗写伐木，有句云"大树缓慢地、庄重地倒下了"。"庄重"不仅写出了树的神态，而且引发了读者对人生的深沉、广阔的感慨。
>
> 阿城的小说里写"老鹰在天上移来移去"，这非常准确。老鹰在高空，是看不出翅膀搏动的，看不出鹰在"飞"，只是"移来移去"。同时，这写出了被流放在绝域的知青的寂寞的心情。③

由于我们往往只重"概念"并轻易地滑向"对象"，常常把前一例中的"感慨"和后一例"心情"给人为地阉割了，更谈不上有所体验，以致使我们的语文教学患上严重的半身不遂症。林庚在谈及"风萧萧兮易水寒，壮士一去兮不复还"时说："我们读到它时，何尝一定要有荆轲的身世，这正是艺术的普遍性，它超越了时间与空间而诉之于那永恒的情操……专

---

① 斯米尔诺夫.苏联心理科学的发展与现状［M］.李沂，等译.北京：人民教育出版社，1984：328-329.

② 列昂捷夫.活动　意识　个性［M］.李沂，冀刚，徐世京，等译.上海：上海译文出版社，1980：213-218.

③ 汪曾祺.塔上随笔［M］.北京：群众出版社，1993.

诸刺吴王，身死而功成，荆轲刺秦王，身死而事败，而我们久已忘掉了专诸，而在赞美荆轲。士固不可以成败论，而我们之更怀念荆轲，岂不正因为这首短诗吗？"① 林庚这里说的"情操"，就是语言中特别是文学语言中需要"体验"的部分。的确，这首诗一定与无数人内心的勇气和决绝碰撞和共鸣过，我们虽然可以"理解"关于荆轲的历史知识，但它们只属于林庚说的时间和空间，而对不同的个体，则可以呼唤出形态各异的"情操"体验，它是和我们的经验与想象、感觉和情绪交融在一起的。从这个意义上来说，"体验"比"理解"更切己。相对而言，"理解"还原的是语言的能指空间，也就是意义中清晰的部分；而"体验"还原的，是语言延伸性和暗示性因人而异的部分。

　　不同民族的语言，可能会有相同的"对象"，却有不同的"符形""符释"。洪堡特认为语言与世界观直接相关，民族语言就是民族的精神，民族的精神也就是民族的语言，这就是所谓语言相关性原理。民族语言之所以能够体现民族精神，主要在于不同的"符形"和"符释"以及其间的意指关系。像我们汉语中"缘分""折腾"，英语里就找不到相对应的"对象"，最能体现我们民族的特点。就是"对象"相同相类的，由于"符形""符释"的不同，也具有不甚相同甚至很不相同的涵义。"他是我的哥哥"与"He is my brother"之间，"哥哥"与"brother"并不完全对应，在汉语里，"哥哥""弟弟"这两个词隐含着一种长幼之序，附丽着不同的道德伦理意味，"哥哥""弟弟"有着并不完全相同的权利与义务；而"brother"则完全无视我们这种差异。对于浸润在汉语中的中国人而言，语文教学绝对不能把汉语的语词变成上文所说的"玻璃匣子"或"用烂了的纸币"，而要千方百计复原、增添它那无限生动活泼、洋溢着生命气息的"本相"，使之成为学生精神世界的因子。例如"努力"一词在多次读写听说之后，往往会让人没感觉，失去原初的生命力和新鲜感。在教《背影》一文时，教师如果抓住描写"父亲"穿过铁道，要爬上那边月台，"用两手攀着上面，两

---

① 林庚.唐诗综论［M］.北京：清华大学出版社，2006.

脚再向上缩；他肥胖的身子向左微倾，显出努力的样子"这一句中的"努力"，也许就能启发学生根据自身的经验对之有所"体验"，因为"努力"一词在这里显示出了本相，或者说呈现了原初的生命力和新鲜感——一个父亲怀着无限的爱为他的儿子所作的"努力"。"作"这个词，同样是一个意涵极其丰富生动的"人的意识的小宇宙"："舍瑟而作""日出而作，日入而息""周秦之际，诸子并作""始作俑者，其无后乎""生人作死别""青春作伴好还乡""浓雾半作半止""冻风时作""作法自毙""作计何不量""作困兽斗"……笔者并不主张要把它们一一罗列出来，而是希望语文教学能够注意到，几乎每一个汉字都是一幅画、一首诗、一个有待不断揭开的意义盒子。要激发学生的体验能力，指导体验的门径，以便更好地理解与运用。倘若语文教学不闻不问"对象"与"符释"之间的差异，不去引导学生体验"符释"所包含的丰富涵义、情绪和情感，以及符形与符释之间的意指关系，那么在客观上无疑就是在削弱我们民族精神的拓展力和增殖力，这绝非危言耸听，都德的《最后一课》的警示意义至今仍未过时。对于母语教学，"理解与运用"固然重要，千万不能也不应轻视；但如果淡化甚至忽视了对语言本身的体验，"理解与运用"往往就会是片面的、肤浅的甚至是跛脚的。"理解与运用"不能没有"体验"的基础。语文课程与教学应当把"体验"提高到和"理解与运用"同样重要的位置上来，进而把它们统一起来，使之相辅相成，相互为用，从而真正有效地提高学生的母语素养；否则，我们的母语教学对于学生精神的成长发展就不可能真正发挥它应有的作用。

我们要引导学生在语文学习中发现生活、发现自我，在语文学习中"去成为人"。我们必须记住：

> 我的语言自身已经以沉积的方式包含着它自己的韧性和进化的证据，反映出我的先辈们在个人和集体生活过程中所经历的政治、经济和社会变化。我的语言不仅包含了我的生活的开放性，

而且还以一种深刻而微妙的方式包含着它的一份期待——期待我在新的生活现实面前作自我更新。①

　关于语文课程的性质，新课标引进了"人文性"这一概念，并强调人文性与工具性的结合。二者结合是要在"语文"的根本上渗透进"人文"的源头活水，这就是开发汉语汉字本身的"人文"内涵，让学生的心灵对其真正有所体验，一方面更好地理解与运用，一方面把中华文化的基因深深植入学生的心田。

　笔者建议，关于语文课程基本目的、任务的完整表述是：培养学生自觉体验、正确理解和运用祖国的语言文字的能力。

① 史密斯.全球化与后现代教育学［M］.郭洋生，译.北京：教育科学出版社，2000：113-119.

后　记

这本书的主体是我2012年撰写成的博士论文。通过博士期间的学习，我算是进入了一个之前比较陌生的领域：认知语言学。如果这本小书尚有一些可取之处，要深深感谢我的导师唐孝威院士、黄华新教授对我的关心、指导和帮助，也十分感谢答辩老师的宽容以及提出的中肯意见，感谢我引用过著作或文章的众多作者，你们精彩的观点启发和点燃了我。书中肯定有太多不成熟的想法和阐释，这些都源于我个人能力的不足。另附录两篇我博士期间写成并发表的相关论文，感谢《浙江社会科学》《课程·教材·教法》的宽容和支持，感谢编辑老师和评审专家的慷慨指正。

2012年博士毕业至今，由于个人兴趣的发散和教学工作需要，我暂时放下了博士论文的选题，没有持续拓展相关研究。借这次出版之机，我花了半年多的时间，重温了许多认知语言学研究的论著，尽力追踪了过去这些年新出的成果，对文中相关文字作了改善和补充。为了突破论述的局限，我也学习了大量近来面世的相关历史文化著作，尽力修缮了初稿里的简陋。此外，我重新阅读了若干诗歌文献，为了补充和丰富的诗歌语料，数次翻阅几套大部头的百年新诗作品集成。跌宕起伏的20世纪，出现了无数才华横溢的诗人、不计其数的作品，而我能择取其中合适我论题的部分。在摩挲这些作品的过程中，我对个体、家国、历史、文化也有了新的感受和认知。时间如一根粗鄙的麻绳，串起了许多人名与诗篇，如今读来，仿佛更能体会到名字背后具体而复杂的人以及隐藏在文本中的历史与心境。

日本俳句诗人松尾芭蕉曾说："月日者百代之过客，来往之年亦旅人也。有浮其生涯于舟上，或执其马鞭以迎老者，日日行役而以旅次为家。"百年里明灭交替的诗心，在我的语言学分析里，希望不只是留下了只属于语言本身的部分。最近翻阅日本小说家村上春树的《我的职业是小说家》，非常羡慕村上春树可以自信地宣布："令作品日渐明朗的，就是时间……在当下这一刻，我只能说，我在写这些作品时毫不吝啬地投入了时间和心力，借用美国作家卡佛的话说，就是努力写出'力所能及的范围内最好的故事'。"我耗费了心力和华年，自以为获得了知识辨析的乐趣，但绝不敢承认这就是我"力所能及的最好"。

在写作和修改过程中，特别感谢徐慈华教授和杨更生老师的深情厚谊及宝贵意见，也感谢我的家人的各种支持。回想博士论文写作后期，也是我怀孕的阶段。在博士答辩后不久，女儿也顺利出生。她如今已亭亭玉立，这本小书的出版，也因此有着别样的纪念意义。

王诗客
2023 年夏于杭州

图书在版编目（CIP）数据

新隐喻的诞生：一个强力新诗意象的认知研究 / 王诗客著. —北京：
中国国际广播出版社，2024.9
ISBN 978-7-5078-5501-2

Ⅰ.①新… Ⅱ.①王… Ⅲ.①认知语言学－隐喻－研究 Ⅳ.①H0-06

中国国家版本馆CIP数据核字（2024）第012054号

新隐喻的诞生：一个强力新诗意象的认知研究

著　　者	王诗客	
责任编辑	笑学婧	
校　　对	张　娜	
版式设计	邢秀娟	
封面设计	王广福	

出版发行	中国国际广播出版社有限公司 ［010-89508207（传真）］	
社　　址	北京市丰台区榴乡路88号石榴中心2号楼1701	
	邮编：100079	
印　　刷	环球东方（北京）印务有限公司	

开　　本	710×1000　1/16	
字　　数	240千字	
印　　张	16.25	
版　　次	2024 年 9 月 北京第一版	
印　　次	2024 年 9 月 第一次印刷	
定　　价	48.00 元	